Stefan Bergmann

In zehn Stufen zum BGE

Stefan Bergmann

In zehn Stufen zum BGE

Über die Finanzierbarkeit und Realisierbarkeit eines bedingungslosen Grundeinkommens in Deutschland

Books on Demand

2., aktualisierte Auflage 2018
© 2014 Stefan Bergmann
Herstellung und Verlag:
BoD – Books on Demand, Norderstedt

ISBN 978-3-7357-9486-4

Inhalt

Vorwort zur zweiten Auflage

Als die erste Auflage dieses Buches 2013/2014 entstand, befand sich Deutschland mitten in der Bewältigung der sogenannten Finanzkrise. Die wirtschaftlichen Rahmendaten waren nicht besonders gut, die Arbeitslosigkeit noch vergleichsweise hoch und die Staatsschulden befanden sich auf einer Rekordhöhe von rund 80 Prozent des jährlichen Bruttoinlandsprodukts – weit über den erlaubten Defizitkriterien, die bei der Einführung des Euro unter den europäischen Staaten einmal vereinbart worden waren. Aus diesem Grund waren die Annahmen in diesem Buch allesamt sehr vorsichtig getroffen worden, und das vorgeschlagene Grundeinkommen war mit monatlich 750 Euro (zuzüglich Krankenversicherungskosten) für einen Erwachsenen relativ bescheiden angesetzt. Zugleich wurde jedoch betont, dass für die Zukunft mit einer erheblichen Verbesserung der staatlichen Finanzlage zu rechnen ist, was eine Anhebung des Grundeinkommens und eine Senkung der nötigen Steuern zur Gegenfinanzierung erlauben würde. Aus diesem Grund war auch darauf verzichtet worden, die damaligen statistischen Daten bis auf die dritte Stelle nach dem Komma zu berücksichtigen, sondern es wurde mit den maßgeblichen Größenordnungen kalkuliert.

Das damals Erwartete ist vollumfänglich eingetreten: die konjunkturelle und fiskalische Lage hat sich erheblich aufgehellt. Es kann nun überhaupt kein Zweifel mehr daran bestehen, dass ein bedingungsloses Grundeinkommen finanzierbar ist. Aus diesem Grund habe ich mich entschlossen, das Buch zu aktualisieren und mit neuen Annahmen zu kalkulieren, wohl wissend, dass auch diese in einigen Jahren wieder überholt sein werden. Aber wenn man eine Diskussion über Kosten und Nutzen eines Grundeinkommens führen möchte, sollte man für eine realistische Argumentation stets mit den aktuellen Preisen, Einkommen und Existenzminimumbeträgen rechnen.

Die starke Zunahme der Flüchtlingszahlen im Jahr 2015 hat mehrere Erkenntnisse gebracht. Erstens: Die Kosten für soziale Ausgaben werden von vielen Bürgern und den meisten politischen Entscheidungsträgern massiv überschätzt. Während in den Talkshows und Zeitungsartikeln bereits vor dem totalen Zusammenbruch der Staatsfinanzen gewarnt wurde, hat sich in der Praxis gezeigt, dass die vermehrten Ausgaben für die Flüchtlinge nicht einmal zu einer erkennbaren Delle im Staatshaushalt geführt haben – was jedem, der Statistiken lesen kann, von Anfang an klar sein musste. Das Anliegen dieses Buches, für eine realistische Abschätzung der Ausgaben für ein Grundeinkommen zu sorgen, ist daher nach wie vor aktuell.

Zweitens wurde deutlich, dass Sozialausgaben nie isoliert betrachtet werden dürfen: Jeder Euro, der im Inland für soziale Zwecke ausgegeben wird, spiegelt sich eins zu eins in einer Umsatzsteigerung der inländischen Unternehmen wider. Man darf also bei einem Grundeinkomme nicht nur in Kostenbegriffen denken, sondern muss sehen, dass es sich lediglich um eine Umverteilung der vorhandenen Kaufkraft handelt, in der Regel ohne Auswirkungen auf die Konjunktur.

Drittens hat sich auch gezeigt, dass der Staat auf die neue Aufgabe völlig unvorbereitet war und es über ein Jahr gedauert hat, bis ein geordnetes Verfahren für die Unterbringung und Versorgung der Flüchtlinge gefunden war. In der Übergangszeit mussten vor allem ehrenamtlich tätige Bürger und die Kirchen das Versagen des Staates auffangen. Bei der Einführung eines Grundeinkommens, das faktisch die gesamte inländische Bevölkerung erfasst, wäre ein solches Staatsversagen verheerend. Es ist also essentiell, dass die Einführung eines Grundeinkommens sorgfältig geplant wird. Noch besser wäre es, wenn die Einführung des Grundeinkommens schrittweise – so wie in diesem Buch vorgeschlagen – erfolgen würde, da man dann die Einführungsprobleme zeitlich entzerrt und beherrschbar macht.

Viertens schließlich hat die aufkommende Diskussion um die Flüchtlingszahlen auch gezeigt, dass es, bevor ein solch großes Projekt wie die Einführung eines bedingungslosen Grundeinkommens angegangen wird, einer breit angelegte Diskussion und einer tragfähige Vereinbarung mit allen relevanten Gruppen und zu allen relevanten Details braucht, damit alle das Gefühl haben, dass die Entscheidungsträger wissen, was auf uns zukommen wird. Sobald Probleme auftreten, mit nicht vorher einkalkuliert waren, werden in Teilen der Bevölkerung massive Ängste aufkommen, die nach unserem politischen System voraussichtlich dazu führen würden, dass der Einführungsprozess längerfristig blockiert würde und die Behörden nicht mehr arbeitsfähig wären. Auch diesbezüglich will dieses Buch einen ersten Beitrag leisten.

Daneben darf man aber die Idee eines bedingungslosen Grundeinkommens nicht lediglich ökonomisch und verwaltungstechnisch betrachten, sondern muss sich bewusst machen, dass es sich dabei vor allem um ein globales Zivilisationsprojekt handelt, vergleichbar mit der Abschaffung der Sklaverei und der Aufhebung der Wehrpflicht. Auch gegen diese Fortschritte hat es massive Widerstände gegeben: Die Plantagenbesitzer in den US-amerikanischen Südstaaten befürchteten bei einer Abschaffung der Sklaverei den Zusammenbruch der Wirtschaft, und es bedurfte erst eines blutigen Bürgerkriegs, ehe das selbstverständliche Menschenrecht – persönliche Freiheit für jeden Bürger, gleich welcher Hautfarbe – zumindest als Grundsatz durchgesetzt werden konnte. Die Abschaffung der Wehrpflicht in Deutschland in der jüngeren Vergangenheit war ebenfalls von Widerständen begleitet, die auch mit der Sorge um das Wohl des Landes – hier bezogen auf die Verteidigungsfähigkeit – begründet wurde.

So ist es auch bei den Widerständen gegen die Einführung eines bedingungslosen Grundeinkommens: Wer Deutschland bedroht sieht, sei es auch nur durch eine vermeintliche ökonomische Bedrohung, der möchte, dass die Wirtschaft vor allem schlagkräftig bleibt, und derjenige wird auch nicht wollen, dass die Schlagkraft der Wirtschaft vermeintlich dadurch gefährdet wird, dass die Arbeitnehmer die individuelle Freiheit erlangen, sich gegen schlechte Arbeitsbedingungen zu Wehr zu setzen – selbst wenn er selbst von schlechten Arbeitsbedingungen betroffen ist.

Gegen diese irrationalen Ängste sind weder die Ökonomen gefeit, die in den Talkshows über Deutschlands Wettbewerbsfähigkeit dozieren, noch die Politiker, die vorgeben, es vermeintlich gut mit den Bürgern zu meinen, wenn sie von einer aktivierenden Arbeitsmarktpolitik sprechen. Um es deutlich auszudrücken: Die Bedenken gegen das bedingungslose Grundeinkommen sind nicht ökonomisch, sondern nur emotional begründbar.

Natürlich erzeugt diese Kampfeinstellung auch auf Seiten des ökonomischen Gegners die entsprechenden Gegenmaßnahmen zur Steigerung seiner wirtschaftlichen Leistungsfähigkeit, sodass sich am Ende hochgerüstete Wirtschaftsblöcke gegenüberstehen, die sich im Handelskrieg miteinander wähnen. So hatte sich David Ricardo den Freihandel seinerzeit eigentlich nicht vorgestellt.

Das bedingungslose Grundeinkommen würde diesen fatalen Kreislauf durchbrechen. Wer weiß, dass er bedingungslos abgesichert ist, sieht sich nicht durch ausländische Wirtschaftsmächte bedroht und wendet sich den wirklich wichtigen Fragen des Lebens zu: Wie viel will ich leisten? Was brauche ich zum Leben? Wo kann ich mich einbringen?

Bis zu diesem fernen Zeitpunkt sind aber noch viele dicke Bretter zu bohren. Mit diesem Buch möchte ich ein wenig mithelfen, das Projekt bedingungsloses Grundeinkommen – sowohl als sinnvolles ökonomisches Projekt, aber auch als Friedensprojekt – weiter voranzubringen.

Vorwort zur ersten Auflage

Die Forderung, jedem Bürger seitens des Staates bedingungslos ein Grundeinkommen zur Sicherung des Existenzminimums zu gewähren, ist bereits weit über einhundert Jahre alt. Anfangs vertraten diese Idee nur einige wenige Visionäre. Im Laufe der Zeit gewann die Idee jedoch Stück für Stück immer mehr Anhänger. Inzwischen ist die Diskussion um die Einführung eines bedingungslosen Grundeinkommens in der Mitte der Gesellschaft angekommen. Von einer ursprünglich utopischen Vision hat sich das Grundeinkommenskonzept nunmehr zu einer ernstzunehmenden politischen Forderung entwickelt. Man kann mittlerweile von einer breiten, weltweit vernetzten Bewegung sprechen, die langsam, aber stetig immer mehr an Fahrt gewinnt. Und mit Brasilien gibt es inzwischen auch ein erstes Land, das ein Recht seiner Bürger auf ein bedingungsloses Grundeinkommen in die Verfassung aufgenommen hat.

Nahezu jedem ist also inzwischen die dahinter stehende Idee bekannt und man ist entweder ein glühender Anhänger oder ein entschiedener Gegner des Konzeptes. Die Gegner eines Grundeinkommens verweisen immer wieder darauf, dass die Idee zwar gut gemeint, aber nicht umsetzbar sei, weil nach Einführung eines bedingungslosen Grundeinkommens niemand mehr arbeiten gehen würde und daher Staat und Wirtschaft binnen kurzer Zeit bankrott wären. Dem widersprechen die Anhänger eines Grundeinkommens entschieden. Sie glauben daran, dass die Menschen auch dann noch Sinn in ihrer Arbeit finden würden, wenn sie nicht mehr aus existenzieller Not darauf angewiesen wären, jede sich bietende Arbeit anzunehmen. Die Anhänger der Grundeinkommensidee berufen sich auf den Freiheits- und Gerechtigkeitsgewinn, der eintreten würde, wenn man jedem Bürger zur Deckung seines Existenzminimums ein gleiches Einkommen überweisen würde, auf die enorme Vereinfachungswirkung bezüglich der Sozialsysteme und auf wegfallende Verwaltungskosten. So warb beispielsweise die belgische *Collectif Charles Fourier* 1984 mit folgenden mitreißenden Worten für ein Grundeinkommen:

> »Streichen Sie Arbeitslosengeld, gesetzliche Rentenversicherung, bestehende Sozialleistungen und garantierte Mindestlöhne, Kindergeld, Steuererleichterungen und -pauschalen für häusliche Pflegeleistungen, Stipendien, Beschäftigungsanreize, staatliche Subventionen für marode Unternehmen! Überweisen Sie jedem Bürger statt dessen jeden Monat eine zur Deckung der Grundbedürfnisse einer einzelnen Person hinreichende Summe, ob diese Person nun arbeitet oder nicht, ob sie arm ist oder reich, ob sie alleine lebt, Familie hat, mit einem Lebenspartner zusammenlebt oder verheiratet ist, ob sie früher gearbeitet hat oder nicht ... Tun Sie all dies und beobachten Sie dann, was passiert.«[1]

Nun, was würde eigentlich passieren, wenn man genau so verfahren und von einem bestimmten Stichtag an – unter Streichung aller anderen Sozialleistungen – ein regelmäßiges Grundeinkommen an alle Bürger auszahlen würde? Sicherlich würden einige Arbeitnehmer in der ersten Euphorie über das eingehende Geld ihren Beruf spontan an den Nagel hängen; andere würden in eine Teilzeitbeschäftigung wechseln und wieder andere würden weiter zur Arbeit gehen wie zuvor. Die Auswirkungen auf den Arbeitsmarkt wären sicherlich zunächst überschaubar.

Was man jedoch auf jeden Fall beobachten könnte, wäre, dass die Behörde, die mit der Auszahlung des Grundeinkommens beauftragt wäre, in der Anfangszeit hoffnungslos überfordert wäre. Berge von unbearbeiteten Anträgen würden sich in den Amtsstuben stapeln; auf den Behördenfluren würden sich wütende Horden von Arbeitslosen drängen, die die dringend benötigte Unterstützung für sich und ihre Familien einfordern würden. Telefonisch würden viele Bürger die Behörde wieder und wieder mit Nachfragen bombardieren, wann denn nun endlich mit dem Eingang der Zahlungen zu rechnen ist.

Dies wären jedoch nur die direkten Umstellungsprobleme, die sich sicherlich mit massivem Personaleinsatz innerhalb eines Jahres bewältigen ließen. Wären dies die einzigen Probleme bei der Einführung eines bedingungslosen Grundeinkommens, so könnte man sie in Kauf nehmen. Aber die Probleme gingen sehr wahrscheinlich auch nach der Einführungsphase weiter:

Man würde beobachten können, dass die Regierung mit dem Abbau der Subventionen und dem Streichen der Sozialleistungen bei Weitem nicht so schnell vorankommt wie gehofft. Bei den Gerichten würde es massenhaft zu Klagen von Bürgern und Unternehmen kommen, die geltend machen, dass gerade ihre Subvention oder ihre Sozialleistung nicht durch das Grundeinkommen entfallen dürfe, sondern weiter neben dem Grundeinkommen gezahlt werden müsse. Die Gerichte würden Jahre brauchen, ehe höchstrichterlich für alle Sozialleistungen und Subventionen geklärt wäre, inwieweit deren Abschaffung verfassungskonform war (oder eben nicht).

Viele Rentner, die nunmehr statt ihrer bisherigen Rente nur noch ein Grundeinkommen erhielten, würden gegen diese »Enteignung« protestieren und auf die Straße gehen. Der Staat wäre gezwungen, durch Zuschüsse zum Grundeinkommen das gewohnte Rentenniveau wieder herzustellen. Gegen diese Maßnahme würden wiederum die Jüngeren protestieren, die diese Zuschüsse mit ihren Steuern finanzieren müssten, aber infolge des Wegfalls der gesetzlichen Rentenversicherung selbst nicht mehr in der Lage wären, für sich ähnliche Rentenanwartschaften anzusparen.

Aufgrund dieser Probleme würde der Staat zunächst viel mehr Geld ausgeben als veranschlagt. Bei einem Land wie Deutschland wäre vermutlich zu beobachten, dass das Staatsdefizit binnen Jahresfrist um Hunderte Milliarden Euro ansteigen würde. Der

Staat wäre gezwungen, sich erheblich zu verschulden, um das Grundeinkommen regelmäßig und pünktlich auszahlen zu können. Doch die Geldanleger an den Kapitalmärkten würden auf die Rückzahlung der Staatsanleihen des betreffenden Landes nicht mehr vertrauen und würden dem Land entweder gar kein Geld mehr oder nur noch Gelder zu astronomischen Zinssätzen leihen. Dadurch würde die Staatsverschuldung weiter massiv ansteigen. Binnen zwei oder drei Jahren wäre das zuvor blühende Land dann tatsächlich bankrott und müsste die Auszahlung des Grundeinkommens wieder stoppen. Dass das angewandte Konzept des bedingungslosen Grundeinkommens zuvor von Finanzwissenschaftlern gründlich durchgerechnet worden war und die Gegenfinanzierung eigentlich als sicher erschien, würde dieses Desaster nicht verhindern können.

Würde irgendein Land dieser Erde auf die beschriebene Weise vorgehen und den Versuch der schlagartigen Einführung eines bedingungslosen Grundeinkommens unternehmen, so würde es sich selbst ins völlige ökonomische und finanzielle Abseits katapultieren und damit das Konzept eines bedingungslosen Grundeinkommens auf lange Zeit diskreditieren. Die Grundeinkommensbewegung wäre faktisch tot.

Um die Grundeinkommensidee aber einem solchen Risiko des katastrophalen Scheiterns auszusetzen, ist die Idee zu bedeutsam für das Überleben des Sozialstaates im 21. Jahrhundert. Die Befürworter eines Grundeinkommens müssen sich daher ihrer wachsenden Verantwortung bewusst werden. Ihre Forderungen könnten irgendwann verwirklicht werden und dann wird das bedingungslose Grundeinkommen den Realitätstest bestehen müssen. Die Diskussion um das Grundeinkommen muss sich deshalb weg von entfernt liegenden Visionen und hin zur Frage der konkreten Machbarkeit im Hier und Jetzt bewegen. Es genügt nicht, die Idee eines bedingungslosen Grundeinkommens lediglich für gut und gerecht zu halten und die Zukunft in leuchtenden Farben zu malen. Es genügt auch nicht, daran zu glauben, dass die meisten Menschen nach Einführung eines Grundeinkommens weiter arbeiten gehen würden. Es genügt schließlich auch nicht, rechnerisch nachweisen zu können, dass die zusätzlichen Ausgaben für ein bedingungsloses Grundeinkommen durch Wegfall anderer Sozialleistungen oder Subventionen gegenfinanziert werden können.

Was nunmehr benötigt wird, sind konkrete Überlegungen, in welchen Schritten ein bedingungsloses Grundeinkommen in einem so entwickelten Sozialstaat wie Deutschland, der ein höchst kompliziertes Geflecht der verschiedensten Sozialleistungen aufweist, tatsächlich eingeführt werden könnte. Viele Fragen sind dabei zu beantworten, wie z.B.: Welche Auswirkungen hat die Einführung eines bedingungslosen Grundeinkommens auf Steuern, Abgaben und Sozialversicherungssysteme? Welche Institutionen könnten entfallen, welche Institutionen würden neu hinzukommen? Wie viele Behördenmitarbeiter müssten eine neue Aufgabe erhalten? Um welche Beträge geht es ganz konkret, jeden Monat pro Person und pro Jahr für ganz Deutschland? Wie kann der Umstellungsprozess so gestaltet werden, dass auf der einen Seite bedürftige Personen nicht während der Umstellungsphase ohne durchsetzbare Ansprüche dastehen und der Staat nicht auf der anderen Seite Hunderte von Milliarden an Steuereinnahmen verliert? Wie kann gesichert werden, dass der Anreiz, eine Arbeitsstelle anzunehmen, stets ausreichend erhalten bleibt?

Diesen Fragen widmet sich das vorliegende Buch. Ausgangspunkt ist die feste Überzeugung, dass die Einführung eines bedingungslosen Grundeinkommens grundsätzlich gerecht wäre und nicht zu einem Zusammenbruch der Wirtschaft führen würde. Ausführlich soll geprüft werden, für wen und in welcher Höhe ein bedingungsloses Grundeinkommen eingeführt werden könnte, was das Grundeinkommen eigentlich pro Jahr kosten würde und ob dies ganz konkret mit den vorhandenen Steuern und Abgaben finanzierbar wäre.

An dieser Stelle will das vorliegende Buch aber nicht stehenbleiben. Da die Antwort hinsichtlich der grundsätzlichen Machbarkeit und Finanzierbarkeit positiv ausfällt, soll auch nach einem möglichen Weg gesucht werden, wie die Einführung praktisch vonstatten gehen könnte. Denn erst wenn man ganz konkret darlegen kann, wie und an welchen Stellen der vorhandene Sozialstaat Schritt für Schritt umgestaltet werden müsste und welche konkreten Auswirkungen diese Schritte hätten, kann man letztlich auch überzeugend vertreten, dass die Einführung eines bedingungslosen Grundeinkommens tatsächlich machbar und wünschenswert ist. Nur durch einen detaillierten Reformplan, der stimmig und umsetzbar erscheint, wird man hartnäckige Zweifler überzeugen können. Für die hierfür nötige breite Diskussion möchte dieses Buch einen Beitrag leisten.

Einführung

Zunächst soll zur Einführung kurz die Idee eines bedingungslosen Grundeinkommens skizziert werden; die wesentlichen dafür und dagegen sprechenden Argumente sollen zusammengefasst dargestellt werden. Schließlich wird am Ende dieses Abschnitts das hier vertretene Modell, dessen Finanzierbarkeit und Realisierbarkeit untersucht werden soll, in seinen Grundzügen vorgestellt.

Bedingungsloses Grundeinkommen – die Grundidee

Beginnen wir mit einer Begriffsklärung: Was ist eigentlich ein »bedingungsloses Grundeinkommen« (BGE)? Unter einem Grundeinkommen versteht man allgemein eine staatliche Sozialleistung, die unterschiedslos an alle Bürger zur Sicherung ihres Existenzminimums geleistet werden soll. Bedingungslos ist das Grundeinkommen dann, wenn es an jede Person auch ohne deren Bedürftigkeit und ohne die Erwartung einer Gegenleistung (z.B. Arbeitsbereitschaft) gezahlt werden würde[2]. Eine solche Sozialleistung gibt es bisher weder in Deutschland noch irgendwo anders. Das bedingungslose Grundeinkommen existiert bislang nur als Vorschlag bzw. als politische Forderung; weltweit hat es bis auf Ansätze noch keinen ernsthaften Versuch der Realisierung gegeben. Dennoch fasziniert die dahinter stehende Idee immer mehr Menschen wegen ihrer Einfachheit, Konsequenz und Radikalität:

♦ Im Unterschied zu den derzeit üblichen Sozialleistungen (wie z.B. der Sozialhilfe) soll das bedingungslose Grundeinkommen an jeden – unabhängig von einer etwaigen finanziellen Bedürftigkeit – gezahlt werden. Das Vorhandensein von Vermögen schließt den Anspruch auf das Grundeinkommen nicht aus. Alle Bürger, ob arm oder vermögend, sollen das gleiche Grundeinkommen erhalten. Das bedingungslose Grundeinkommen ist somit Ausdruck der Gleichbehandlung jedes Bürgers durch den Staat.

- Das Grundeinkommen soll auch dann gezahlt werden, wenn der Betreffende über eigenes Erwerbseinkommen verfügt. Eine Anrechnung des Erwerbseinkommens auf das Grundeinkommen soll nicht stattfinden. Das Grundeinkommen stellt somit eine Art Basiseinkommen dar, das jeder durch Erwerbsarbeit beliebig aufstocken kann. Damit wird in perfekter Weise das sogenannte Lohnabstandsgebot verwirklicht: Jeder, der arbeitet, hat mehr als derjenige, der nicht arbeitet. Die Gefahr, dass das Grundeinkommen die Erwerbsbereitschaft mindert, ist somit gering.

- Das Grundeinkommen soll auch dann gezahlt werden, wenn der Betreffende überhaupt nicht erwerbstätig sein möchte (oder wenn er nur unentgeltliche gemeinnützige Arbeit leistet). Damit soll der Arbeitsmarkt von nicht arbeitswilligen Personen entlastet werden, die gemeinnützigen Arbeiten sollen gesellschaftlich honoriert werden, und Kreative sowie Existenzgründer sollen die Möglichkeit erhalten, frei von wirtschaftlicher Not ihre Talente zu entfalten.

- Durch die Zahlung eines bedingungslosen Grundeinkommens mindestens in Höhe des soziokulturellen Existenzminimums könnte die momentan gegebene undurchschaubare Vielfalt an Sozialleistungen abgeschafft werden. Alle ähnlichen bzw. gleichgerichteten Sozialleistungen würden durch die eine neue Sozialleistung »Grundeinkommen« ersetzt.

- Durch das Entfallen jeder Bedürftigkeitsprüfung würden die tatsächlich Bedürftigen gegenüber den Sozialbehörden nicht mehr zu Bittstellern herabgewürdigt; zudem würden Verwaltungskosten eingespart.

Die Gegenargumente (und ihre Widerlegung)

Die genannten Gründe sind gewichtige und überzeugende Argumente, sodass man sich fragen kann, weshalb man eine solche Idee ablehnen sollte. Gleichwohl gibt es nach wie vor viele ernstzunehmende Gegner eines bedingungslosen Grundeinkommens. Gegen die Einführung eines bedingungslosen Grundeinkommens werden im Wesentlichen zwei Haupteinwände vorgebracht:

◆ Ein Grundeinkommen für alle in Höhe des soziokulturellen Existenzminimums sei nicht finanzierbar. Die aufzuwendenden Beträge überstiegen die Finanzkraft des Staates bei Weitem.
◆ Nach Einführung eines bedingungslosen Grundeinkommens würden die meisten nicht mehr bereit sein zu arbeiten, sodass die Wirtschaft kollabieren würde.

Je nach politischem Standpunkt des Kritikers werden häufig auch folgende weitere Einwände vorgebracht:

◆ Die Einführung eines bedingungslosen Grundeinkommens würde zu einer massenhaften Zuwanderung von Ausländern in das Sozialsystem führen. Dadurch würde das Grundeinkommen letztlich weit teurer als prognostiziert.
◆ Das bedingungslose Grundeinkommen verschwende ohne Not Steuergelder an Reiche und nicht Bedürftige. Dadurch würden dem Staat die benötigten Gelder für die wirklich Bedürftigen entzogen.
◆ Da die Arbeitnehmer für ihre Existenzsicherung nach Einführung eines Grundeinkommens nicht mehr auf Lohnzahlungen angewiesen sind, könnten die Arbeitgeber das

Grundeinkommen als Vorwand nehmen, um die Löhne massiv zu drücken. Die Gewerkschaften als Interessenvertreter der Arbeitnehmer würden geschwächt.

Mit der Frage der Finanzierbarkeit eines Grundeinkommens haben sich bereits etliche Autoren und Wirtschaftsinstitute beschäftigt. Dabei hängt das gefundene Ergebnis hauptsächlich von der Erwartungshaltung der Autoren ab. Treffen sie optimistische Prognosen bezüglich der möglichen Einsparungen, so kommen sie zu dem Ergebnis, dass eine Finanzierung problemlos möglich ist (das »Institut für neue soziale Antworten« ermittelt beispielsweise einen jährlichen Überschuss von gut 58 Milliarden Euro[3]). Treffen sie pessimistische Annahmen über die künftige Erwerbsbereitschaft der Menschen, so müssen sie zu dem Ergebnis kommen, dass eine Finanzierung scheitert (der Sachverständigenrat der Bundesregierung geht beispielsweise von einer Unterfinanzierung im Umfang von 227 Milliarden Euro jährlich aus[4]).

Das vorliegende Buch widmet sich an späterer Stelle ebenfalls ausführlich der Finanzierbarkeit und kommt bei realistischen bis eher skeptischen Grundannahmen zu dem Ergebnis, dass die Finanzierbarkeit grundsätzlich gegeben ist. Voraussetzung ist allerdings das Vorhandensein einer produktiven und hoch entwickelten Volkswirtschaft wie die der Bundesrepublik Deutschland. Noch leichter wäre die Einführung eines bedingungslosen Grundeinkommens natürlich in wirtschaftlich noch stärkeren Ländern wie z.B. der Schweiz, in der die Idee eines bedingungslosen Grundeinkommens auch viele Anhänger hat. Mit Blick auf die notwendigen ökonomischen Rahmenbedingungen kann man sagen, dass sich das Fenster für eine mögliche Einführung eines bedingungslosen Grundeinkommens in Höhe des Existenzminimums für die wirtschaftlich stärksten Länder dieser Erde gerade erst zu öffnen beginnt. Für Entwicklungsländer dürfte dagegen noch auf lange Sicht keine Aussicht auf eine Finanzierbarkeit eines existenzsichernden bedingungslosen Grundeinkommens gegeben sein, es sei denn, sie verfügen über reiche Vorkommen an Bodenschätzen.

Zudem sollten sich die Befürworter eines bedingungslosen Grundeinkommens davor hüten, überzogene Wünsche und Erwartungen zu wecken: Nach dem jetzigen Stand der gesamtwirtschaftlichen Entwicklung könnte ein bedingungsloses Grundeinkommen in Deutschland nur in ungefährer Höhe des Existenzminimums bzw. knapp darüber finanziert werden (etwa 800 bis 1.000 Euro pro Person und Monat). Ein monatliches Grundeinkommen von bis zu 2.000 Euro, das zum Teil vorgeschlagen wird, wäre hingegen absolut utopisch und könnte aus der Wirtschaftskraft Deutschlands jetzt und auf absehbare Zeit keinesfalls aufgebracht werden.

Die Frage der Finanzierbarkeit steht und fällt natürlich mit der weiteren Erwerbsbereitschaft der Menschen nach Einführung eines Grundeinkommens. Die Meinungen darüber gehen weit auseinander. Dabei handelt es sich offensichtlich um eine Glaubensfrage. Je nachdem, welches Menschenbild man von seinen Mitbürgern hat, wird man annehmen, dass die weitaus meisten Menschen nach Einführung eines Grundeinkommens weiter arbeiten gehen würden oder man befürchtet, dass zu viele Menschen ihren Job an den Nagel hängen würden. Das FORSA-Institut hat durch eine Umfrage im Oktober 2010 herausgefunden, dass bei einem Grundeinkommen von 800 Euro monatlich insgesamt nur 12 % der Befragten sich vorstellen könnten, ihren Job aufzugeben[5]. Doch sind solche Umfragen mit Vorsicht zu genießen: Kein Befragter, der angegeben hat, er würde trotz Grundeinkommens weiter arbeiten gehen, kann seriös vorhersagen, ob er nicht doch im Fall eines heftigen Streits mit seinem Chef kündigen würde. Und kein Befragter, der angegeben hat, er würde seinen Job aufgeben, kann sicher vorhersagen, dass er sich nicht nach einem Jahr freiwilliger Arbeitslosigkeit so sehr langweilen würde, dass er dann doch wieder auf Arbeitssuche ginge. Zu bedenken ist auch, dass sich die Arbeitgeber nach Einführung eines Grundeinkommens sicher sehr schnell auf die veränderten Umstände einstellen würden und sich bemühen würden, Arbeitsbedingungen zu bieten, unter denen sich ihre Arbeitnehmer am Arbeitsplatz deutlich wohler fühlen würden, als dies jetzt der Fall ist, um ihre Beschäftigten zu halten. Dagegen würde die Höhe der Entlohnung der Arbeit für die Arbeitnehmer an Bedeutung verlieren.

Zum Glück lässt sich die Beantwortung dieser Frage auf die lange Bank schieben: Die Frage, ob ein Grundeinkommen wirklich bedingungslos gewährt werden kann und soll, wird sich erst am Ende eines mehrjährigen Reformprozesses stellen. Dieser Reformprozess wird für alle Menschen mit erheblichen Veränderungen ihres verfügbaren Einkommens verbunden sein. Erst nach Durchführung aller nötigen Reformschritte ist es seriös, die dann erwerbstätige Arbeitnehmergeneration angesichts ihres nunmehr verfügbaren Einkommens zu befragen, ab welcher Höhe eines Grundeinkommens sie sich vorstellen könnten, ihren Beruf tatsächlich aufzugeben. Vor dem Hintergrund des gegenwärtigen Steuer- und Sozialsystems machen hingegen Umfragen zur hypothetischen Erwerbsbereitschaft nach Einführung eines Grundeinkommens keinen Sinn.

Ein weiterer Unsicherheitsfaktor kommt hinzu: Bis zur möglichen Einführung eines Grundeinkommens wird die Wirtschaft weiter wachsen und sich dabei strukturell verändern. Niemand kann jetzt sicher vorhersagen, wie hoch das Volkseinkommen in zehn oder fünfzehn Jahren sein wird und welchen Arbeitskräftebedarf die Volkswirtschaft dann haben wird. Erst in der Zukunft wird man auch zuverlässig errechnen können, wie hoch ein Grundeinkommen tatsächlich sein kann und welche Abgabenbelastung dadurch auf die Erwerbstätigen zukommen wird. Erst dann kann man auch belastbare Aussagen darüber treffen, ob nach Einführung eines Grundeinkommens noch genügend Anreize zur Arbeitsaufnahme verbleiben würden. Die jetzt getroffene Behauptung, bei Einführung eines bedingungslosen Grundeinkommens würden zu viele Menschen ihre Erwerbstätigkeit aufgeben, ist jedenfalls weder durch Fakten belegt noch empirisch untersetzbar.

Auch die anderen Gegenargumente, die oben genannt wurden, greifen nach meinem Dafürhalten nicht durch: Natürlich müsste sich Deutschland im Fall der Einführung eines bedingungslosen Grundeinkommens vor einer unkontrollierten Zuwanderung in die Sozialsysteme schützen, aber das muss Deutschland jetzt auch schon. Das bedingungslose Grundeinkommen würde in dieser Hinsicht keine neuartigen Probleme aufwerfen.

Ein Grundeinkommen stellt auch keine Verschwendung öffentlicher Gelder an Reiche dar. Wie noch gezeigt werden wird, ist die Auszahlung eines Grundeinkommens gerade auch an Reiche die hinreichende Rechtfertigung dafür, dass die Grundfreibeträge im Steuerrecht abgeschafft und die Steuersätze angehoben werden können. Durch diese Maßnahmen werden die Zahlungen an die Reichen überkompensiert und es findet im Gegenteil sogar eine Umverteilung von oben nach unten statt.

Schließlich greift auch das Argument der Erleichterung der Lohndrückerei und der Schwächung der Gewerkschaften nicht durch. Erst nach Einführung eines bedingungslosen Grundeinkommens kann es sich ein Arbeitnehmer überhaupt leisten, wie der Arbeitgeber als *homo oeconomicus* zu agieren, selbstbewusst um einen angemessenen Lohn zu verhandeln und ein zu schlechtes Lohnangebot auszuschlagen. Die Arbeitsplatzmobilität wird zunehmen und die Arbeitgeber werden gezwungen, konkurrenzfähige Löhne anzubieten. So werden viele Arbeitnehmer letztlich erst durch ein Grundeinkommen in die reale Lage versetzt, Löhne auszuhandeln, von denen sie sich Gewerkschaftsbeiträge überhaupt leisten können (gegenwärtig ist der gewerkschaftliche Organisationsgrad der Beschäftigten gerade im Niedriglohnsektor eher gering). Die Gewerkschaften werden somit als Interessenvertreter der Arbeitnehmer gestärkt.

Was die Frage der Finanzierbarkeit eines bedingungslosen Grundeinkommens betrifft, so wäre die Befürchtung einer möglichen Lohnsenkung auf breiter Front ohnehin kein durchgreifendes Gegenargument: Senkt der Arbeitgeber den Lohn seiner Arbeitnehmer, so steigert er damit seinen Gewinn. Löhne und Gewinne würden im Fall der Einführung eines Grundeinkommens gleich besteuert. So ist es für die Frage der Finanzierbarkeit eines Grundeinkommens letztlich egal, ob die nötigen Steuermittel aus den Löhnen der Arbeitnehmer oder aus den Gewinnen der Arbeitgeber aufgebracht werden.

Die genannten Gegenargumente sind daher nicht überzeugend; jedenfalls stehen sie der Inangriffnahme des Reformprojekts nicht von vorherein entgegen.

Die Notwendigkeit der Einführung eines bedingungslosen Grundeinkommens auf lange Sicht

Die Einführung eines bedingungslosen Grundeinkommens ist nicht nur eine interessante Idee oder eine wünschenswerte Maßnahme zur Verbesserung des Gerechtigkeitsempfindens der Bevölkerung. Das bedingungslose Grundeinkommen stellt vielmehr die einzige tragfähige Antwort auf drei wesentliche Probleme unserer Gesellschaft dar, die in der Zukunft massive Belastungen verursachen werden, sodass die Einführung eines bedingungslosen Grundeinkommens nicht nur als möglich und denkbar erscheint, sondern auf lange Sicht sogar zwingend geboten sein dürfte:

- ◆ Erstes Problem: Der wissenschaftlich-technische Fortschritt wird auf absehbare Zeit dazu führen, dass immer mehr einfache Arbeiten durch Maschinen bzw. Computer ersetzt werden. Das Ziel der Vollbeschäftigung wird sich dadurch langfristig als nicht mehr erreichbar herausstellen. Für viele Menschen wird eine Integration in den ersten Arbeitsmarkt auf Lebenszeit nicht möglich sein. Für diese Menschen wird die gemeinnützige bzw. ehrenamtliche Arbeit das einzig sinnvolle Betätigungsfeld darstellen. Das bedingungslose Grundeinkommen stellt die einzige tragfähige

Antwort auf die Frage dar, woraus diese Menschen künftig ihren Lebensunterhalt bestreiten sollen.

♦ Zweites Problem: Die Vermögensungleichheit in Deutschland nimmt immer mehr zu. Durch den Zinseszinseffekt wachsen große Kapitalvermögen seit geraumer Zeit exponentiell an. Die unteren Schichten und der Mittelstand verlieren dagegen. Noch 2002 besaß das reichste Zehntel der Bevölkerung 58 % des Privatvermögens in Deutschland, 2007 waren es schon 61 % und inzwischen dürften es mehr als zwei Drittel sein[6]. Das bedingungslose Grundeinkommen stellt die einzige realistische Lösung dar, wie diese Zunahme der Ungleichheit gestoppt werden kann. Der Grund hierfür ist, dass die Geldmengen, die nach Einführung eines Grundeinkommens künftig durch den Staat zusätzlich umverteilt würden, so groß sind, dass sie Steuererhöhungen auch und gerade für die Vermögenden erzwingen. Damit würde ein Umverteilungsmechanismus »von oben nach unten« in Gang gesetzt, der den vorhandenen Umverteilungsmechanismus »von unten nach oben« effektiv ausgleichen kann.

♦ Drittes Problem: Das Großziehen der Kinder ist in finanzieller Hinsicht so aufwändig geworden, dass kinderreiche Familien damit zunehmend überfordert sind. Kinder stellen heute ein Hauptarmutsrisiko dar. Noch vor 100 Jahren waren Kinder in der Regel mit ungefähr 14 Jahren mit der Schule fertig und wurden als Lehrlinge oder ungelernte Arbeiter wirtschaftlich unabhängig von ihren Eltern. Heute treten etliche Hochschulabsolventen erst mit 30 Jahren ihre erste Stelle an. Davor liegen Zeiten mit – selbstverständlich von den Eltern finanzierter – frühkindlicher Förderung, Inanspruchnahme von Nachhilfeunterricht, Musikschule und Sportverein, dem High-School-Jahr in den USA, später mit Auslandssemestern und unbezahlten Praktika. Verdienen diese perfekt ausgebildeten Akademiker dann endlich gutes Geld, kommt diese Finanzkraft nicht ihren Eltern, sondern dem Fiskus zugute. Das familiäre Gleichgewicht hat sich massiv zu Lasten der Eltern verschoben. Die finanzielle Überforderung der Eltern dürfte ein Hauptgrund für die geringe Geburtenrate in Deutschland sein. Das bedingungslose Grundeinkommen würde dem entgegenwirken. Familien erhielten die notwendigen Kosten für den Kindesunterhalt vom Staat erstattet und wären deutlich besser vor Armut geschützt als jetzt.

Die verschiedenen Modelle

An der Einführung eines bedingungslosen Grundeinkommens wird daher auf lange Sicht wohl kein Weg vorbeiführen. Aber wie soll dieses künftige Grundeinkommen im Einzelnen aussehen? Was genau hätten die Bürger zu erwarten? Zu dieser Frage wurde inzwischen eine Vielzahl von möglichen Modellen ausgearbeitet, die sich teils erheblich unterscheiden. Es würde den Rahmen dieses Buches sprengen, alle vorgelegten Modelle auch nur vorzustellen. Es sollen lediglich die typischen Merkmale kurz umrissen werden, die die einzelnen Modelle unterscheiden:

♦ *Geld- oder Sachleistungen?* Die Sicherstellung des Existenzminimums kann erfolgen, indem den Bürgern eine Geldsumme zur Verfügung gestellt wird, von der sich die Bürger die benötigten Güter (z.B. Lebensmittel) kaufen können. Oder der Staat stellt Grundgüter kostenlos bzw. subventioniert zur Verfügung oder er vergibt Sachbezugsscheine (z.B. Lebensmittelmarken). Die Zurverfügungstellung von Sachleistungen hat den Nachteil, dass damit massiv in das marktwirtschaftliche System eingegriffen wird. Die kostenlos angebotenen Güter werden häufig verschwendet. Personen, die andere als die subventionierten Güter benötigen, werden nicht erreicht. Kostenlose Sachleistungen sind daher keine gute Lösung. Insgesamt gehen inzwischen die meisten Verfechter eines Grundeinkommens davon aus, dass es der freiheitlichen Idee eines bedingungslosen Grundeinkommens am besten entspricht, den Bürgern eine Geldsumme zur freien Verfügung auszuzahlen.

- *Einmalige oder regelmäßige Zahlungen?* Im 19. Jahrhundert wurde die Idee, allen Bürgern eine Geldsumme zu gewähren, noch darauf gestützt, dass die Bürger dafür entschädigt werden müssten, dass alle Naturschätze (Ackerland und Weideflächen, Wälder, Bodenschätze) privatisiert worden waren. Die Bürger seien dadurch gehindert, wie gewohnt die Naturschätze unentgeltlich zu nutzen. Darauf gestützt wurde eine einmalige Entschädigungszahlung, zahlbar mit Eintritt in das Erwachsenenalter, gefordert. Inzwischen gehen aber fast alle Befürworter eines Grundeinkommens von einer regelmäßigen monatlichen Zahlung aus, weil nur so das Existenzminimum aller Personen dauerhaft gesichert werden kann.

- *Berechtigter Personenkreis:* Die verschiedenen Modelle unterscheiden sich u.a. danach, wer Begünstigter eines Grundeinkommens sein soll. Manche wollen das Grundeinkommen (zunächst) nur an Kinder zahlen (»Kindergrundeinkommen«), andere wollen alle Erwachsenen mit Ausnahme der Rentner mit einbeziehen, wieder andere wollen alle Personen von der Geburt bis zum Tod gleich behandeln.

- *Höhe der Zahlungen:* Nach der vorgeschlagenen Höhe der Zahlungen unterscheiden sich die Modelle stark. Es gab Vorschläge, wonach allen Bürgern monatliche Zahlungen im Bereich von 1.500 bis 2.000 Euro zugestanden werden sollen. Dies würde aber jährliche Kosten in Deutschland im Bereich von 1,4 bis 1,9 Billionen Euro verursachen. Die Steuersätze bei der Einkommensteuer müssten auf nahezu 100 % angehoben werden. Nunmehr gehen die meisten Modelle von monatlichen Zahlungen etwa in Höhe des Existenzminimums (800 bis 1.000 Euro) aus.

- *Differenzierung der Zahlungen?* Die Modelle unterscheiden sich auch wesentlich danach, ob die Zahlungshöhe nach Bedürftigkeit differenziert werden soll. Manche Modelle sehen für Kinder geringere Zahlungen vor, andere Modelle wollen alle Personen »von der Wiege bis zur Bahre« gleich behandeln. Umstritten ist auch, ob es bei zusammen lebenden Paaren Abschläge wegen der Einsparungen durch die gemeinsame Haushaltsführung geben soll.

- *Behandlung der Mietkosten:* Große Unterschiede gibt es bezüglich der Frage, wie die Mietkosten behandelt werden sollen. Einige Modelle wollen diese Kosten aus einem Grundeinkommen grundsätzlich herausnehmen. Die Wohnkosten sollen nur bei nachgewiesener Bedürftigkeit in angemessener Höhe erstattet werden. Andere Modelle sehen Pauschalzahlungen vor, die die typischen Mietkosten mit umfassen. Je mehr man diese Kosten pauschaliert, umso teurer wird das Modell, weil man Sicherheitszuschläge für schwankende Kosten mit einkalkulieren muss. Will man die Kosten hingegen nur im Einzelfall und nur in der nachgewiesenen Höhe erstatten, geht der Gewinn der Verwaltungsvereinfachung verloren.

- *Behandlung anderer Sozialleistungen:* Strittig ist, ob ein Grundeinkommen tatsächlich *alle* anderen Sozialleistungen ersetzen könnte oder ob nicht einige andere Sozialleistungen neben dem Grundeinkommen bzw. als dessen Ergänzung bestehen bleiben müssten. Manche gehen auch davon aus, dass trotz eines Grundeinkommens alle anderen Sozialleistungen in der derzeitigen Form erhalten bleiben müssten.

- *Bedingungslosigkeit der Zahlungen?* Wesentliche Unterschiede gibt es bezüglich der Frage, ob die Zahlungen wirklich bedingungslos an alle erfolgen sollen. Die Grundidee eines bedingungslosen Grundeinkommens ist natürlich, diesbezüglich keine Bedingungen zu stellen. Auch die Personen, die nicht arbeiten wollen, sollen in den Genuss eines

Grundeinkommens kommen. Andere Modelle knüpfen dagegen die Zahlung an die Erwerbsbereitschaft des Begünstigten. Für solche Modelle hat sich der Begriff »Bürgergeld« eingebürgert. Eine vermittelnde Meinung will die Zahlung ebenfalls an eine Gegenleistung knüpfen, lässt aber bereits das ehrenamtliche Engagement genügen.

♦ *Gegenfinanzierung:* Die größten Unterschiede gibt es bezüglich der Frage der Gegenfinanzierung der entstehenden Kosten. Die meisten Modelle wollen zugleich das Steuer- und Abgabensystem radikal mit umgestalten. So wird u.a. vertreten, dass die Sozialversicherungsbeiträge und die Einkommensteuer abgeschafft werden sollen und die Finanzierung ausschließlich über eine »Konsumsteuer« erfolgen soll[7]. Andere Modelle wollen eine »Bürgergeldumlage« von den Arbeitnehmern oder eine »Lohnsummenabgabe«[8] von den Arbeitgebern erheben. Noch weiter gehen die Modelle, die gleich das ganze Geldsystem mit umgestalten wollen. Die Verfechter dieser Modelle wollen das umlaufende Geld so verändern, dass es stetig an Wert verliert. Auf diese Weise wollen sie gegen konjunkturelle Krisen vorgehen und es zugleich dem Staat ermöglichen, ständig neues Geld auszugeben.

♦ *Gestaltung des Einführungsprozesses eines Grundeinkommens:* Noch kaum Stellungnahmen gibt es zu der Frage, durch welchen Reformprozess ein Grundeinkommen eingeführt werden könnte. Die Modelle beschränken sich zumeist darauf, den künftigen Endzustand zu beschreiben. Vertieft diskutiert wird lediglich der Vorschlag, ein künftiges Grundeinkommen zunächst nur für Kinder und erst später für Erwachsene einzuführen. Bezüglich der Einführung des Grundeinkommens für Erwachsene schlagen manche eine längere Einführungsphase mit sukzessive ansteigenden Zahlungen vor, was jedoch für diesen Zeitraum einen erheblichen Verwaltungsmehraufwand mit sich brächte, weil neben dem neuen partiellen Grundeinkommen auch noch die bisherigen sozialen Sicherungssysteme für die Bedürftigen fortgeführt werden müssten.

Das hier vorgeschlagene und untersuchte Modell

Wie bereits dargelegt, würde es den Rahmen dieses Buches sprengen, die Finanzierbarkeit und Realisierbarkeit aller Modelle nachzuverfolgen, zumal vielen Modellen auch offensichtlich unrealistische Grundannahmen zu Grunde liegen. Es soll im Folgenden lediglich die Finanzierbarkeit und Realisierbarkeit *eines* Modells untersucht werden, und zwar ein Modell mit den folgenden Grundmerkmalen:

- Das Grundeinkommen soll in Höhe von 860,00 Euro monatlich an jede erwachsene Person gezahlt werden (Stand nach der Kaufkraft des Jahres 2018).
- Zusätzlich zu diesem Grundeinkommen sollen die notwendigen Beiträge für die gesetzliche Kranken- und Pflegeversicherung übernommen werden.
- Leben zwei Erwachsene zusammen, so sollen beide Personen Anspruch auf den vollen Betrag von 860,00 Euro erhalten; eine Minderung des Anspruchs eines der beiden wegen der gemeinsamen Haushaltsführung soll nicht erfolgen.
- Kinder und Jugendliche bis 17 Jahre sollen einen geringeren Anspruch von 450,00 Euro entsprechend ihres geringeren finanziellen Bedarfs erhalten.
- Rentner bzw. Pensionäre sollen generell keinen Anspruch auf ein Grundeinkommen haben. Die Rentenversicherungen sollen stattdessen wie bisher das Grundeinkommen im Alter sicherstellen; ergänzend soll weiterhin die Grundsicherung im Alter für Härtefälle eingreifen.
- Die Frage der völligen Bedingungslosigkeit des Grundeinkommens soll erst am Ende des mehrjährigen Reformprozesses entschieden werden. Die Bedingungslosigkeit soll

Schritt für Schritt, differenziert nach unterschiedlichen Personengruppen, eingeführt werden.

♦ Finanziert werden soll das Grundeinkommen – außer durch das Entfallen aller gleichgerichteten Sozialleistungen – durch eine konsequente Ausnutzung der gegebenen Besteuerungsmöglichkeiten. Insbesondere soll bei der Einkommensteuer eine sogenannte »Flat Tax« (linearer Steuertarif) von 50 bis 60 % auf alle Einkünfte eingeführt werden. Grund- und Kinderfreibeträge im Einkommensteuerrecht würden vollständig entfallen, sodass diese Flat Tax ab dem ersten Euro des zu versteuernden Einkommens greifen würde.

Im Folgenden sollen Plausibilität, Finanzierbarkeit und Realisierbarkeit eines solchen Modells näher untersucht werden. Eines soll jedoch gleich vorab klargestellt werden:

Anders als dies etliche andere Darstellungen suggerieren, die für ein Grundeinkommen werben, ist es selbstverständlich nicht möglich, dass *alle* von der Einführung eines Grundeinkommens finanziell profitieren[9]. Im Gegenteil: Das Grundeinkommen stellt ja nur eine neue Form dar, wie Geldmittel für Sozialleistungen künftig umverteilt werden. Die reale Wirtschaftsleistung und die Menge der zur Verfügung stehenden Konsumgüter bleiben dagegen unverändert. Die Kaufkraft kann daher nicht für alle erhöht werden, ja es kann nicht einmal die Kaufkraft im Durchschnitt erhöht werden. Was die einen (z.B. kinderreiche Familien) effektiv hinzugewinnen, müssen die anderen (z.B. gut verdienende Singles) draufzahlen. Es wird somit Nettogewinner und Nettoverlierer geben. Umso wichtiger ist es, den Reformprozess zur Einführung eines Grundeinkommens so zu gestalten, dass sich niemand ungerecht übervorteilt fühlt. Zumindest der weit überwiegende Teil der Bevölkerung sollte das angestrebte Ziel für gerecht halten und die einzelnen Umsetzungsschritte auch dann noch mittragen, wenn sich bei einem Reformschritt eine gewisse Belastung der eigenen Geldbörse ergeben sollte. Hierfür versucht das vorliegende Buch Verständnis zu wecken und die notwendige breite Diskussion mit zu befördern.

Die historische Entwicklung der Grundeinkommensidee und der deutsche Sozialstaat

Die Forderung, jedem Bürger ein gleiches Grundeinkommen auszuzahlen, stellt ein Alternativentwurf zum gegenwärtig praktizierten Sozialstaatsmodell dar. Der Sozialstaat wiederum hat sich vor dem Hintergrund der jeweils gegebenen ökonomischen und sozialen Verhältnisse seit dem Beginn der Industrialisierung im 19. Jahrhundert entwickelt. Die gegebenen Produktionsverhältnisse und der Sozialstaat wirkten zu jeder Zeit auf die weitere Entwicklung der Grundeinkommensidee ein. Es erscheint daher als sinnvoll, in einem kurzen geschichtlichen Überblick die Entwicklung des Sozialstaats in Deutschland und die Entwicklung der Grundeinkommensidee einmal gegenüberzustellen.

Bereits erwähnt wurde, dass die Grundeinkommensidee im Grunde keine neue Idee ist. Oft wird als Ausgangspunkt der Diskussion auf den Roman »Utopia« (1517) von *Thomas Morus* verwiesen. Angesichts der vorherrschenden Armut und Ungerechtigkeit dieser Zeit in England entwarf *Morus* in diesem Roman das Ideal eines gerechten Staates, in dem alle gleichermaßen arbeiten, demokratische Mitsprache haben und in dem die materielle Versorgung aller gewährleistet ist. *Morus* befürwortete in dem Roman allerdings kein Recht auf Nichtstun, mithin plädierte er nicht für eine *bedingungslose* materielle Versorgung aller. Von einem bedingungslosen Grundeinkommen für alle war *Morus* daher noch weit entfernt.

Fragen der gerechten Arbeit und der gerechten Entlohnung wurden allerdings auch schon weit früher aufgeworfen. Im Neuen Testament findet sich in Matthäus 20, 1-16 das Gleichnis von den Arbeitern im Weinberg: Ein Weinbergsbesitzer stellt im Laufe eines Arbeitstages mehrere Arbeiter ein und bezahlt am Ende des Arbeitstages allen Arbeitern, ob sie nun eine Stunde oder zwölf Stunden gearbeitet haben, den gleichen Lohn. Hiergegen protestieren die Arbeiter, die zwölf Stunden gearbeitet haben, worauf der Weinbergsbesitzer auf seinem Recht beharrt, die letzten Arbeiter genau so zu behandeln wie die ersten Arbeiter. Das Gleichnis wirft die schwierige Frage auf, ob es für die gerechte Entlohnung einer Person nur auf die Arbeitsleistung der Person oder auch auf ihre materiellen Bedürfnisse ankommen soll. Die marktwirtschaftliche Logik plädiert für eine ausschließlich an der Leistung orientierte Entlohnung (wobei freilich der bloße Kapitaleinsatz, sogar wenn er nur mit ererbten Vermögen erfolgt, als hinreichende »Leistung« einer Person angesehen wird, die angemessen entlohnt werden soll). Die kommunistische Ideologie plädiert dagegen für eine Verteilung der Produktionsergebnisse anhand der materiellen Bedürfnisse der Arbeiter. Um dies zu erreichen, seien die Arbeiter berechtigt, den Vermögensbesitzern die Produktionsmittel gewaltsam zu entreißen. Die Grundeinkommensidee stellt nun gewissermaßen eine vermittelnde Meinung zwischen den beiden Extremen dar: Es soll auf der einen Seite eine materielle Grundversorgung aller, unabhängig von der Leistung, stattfinden, auf der anderen Seite sollen alle berechtigt sein, Lohn entsprechend ihrer Leistung hinzuzuverdienen.

Die Idee, auch den nicht Bedürftigen oder nicht Arbeitswilligen ein staatliches Einkommen zu gewähren, erschien bis zur Industrialisierung allerdings noch als völlig abwegig. Bis weit ins 19. Jahrhundert hinein hatte man Mühe, auch nur das Verhungern der Ärmsten der Armen zu verhindern. Die Versorgung der Armen oblag bis zum 19. Jahrhundert der Mildtätigkeit von Spendern, den Kirchen und den Kommunen. Die Armen hatten keinen einklagbaren Anspruch auf die Almosen. Die Gewährung von Leistungen an die Armen durch die Kommunen wurde oft an die Bedingung geknüpft, dass der Empfänger bereit ist, gemeinnützige Arbeit zu verrichten. Bedingungslose Zahlungen an alle wurden nicht gefordert.

Diesbezüglich begannen sich die Auffassungen im 19. Jahrhundert langsam zu ändern. Beobachtet wurde, dass die industrielle Nutzung der Bodenschätze (insbesondere Kohle und Erze) den Bergwerksbesitzern und Fabrikanten große Gewinne einbrachte. In England verdrängten die Grundherren die freien Bauern von ihren angestammten Flächen und nutzten das Land für die gewinnbringende Woll- und Tuchproduktion. Die Armen wanderten gezwungenermaßen in die Städte ab und mussten nun für Unterkunft und Lebensmittel bezahlen, während sie zuvor auf dem Land noch jagen und fischen konnten und Weideflächen nutzen durften. *Charles Fourier* (1772 bis 1837) und *Joseph Charlier* (1816 bis 1896) leiteten aus dieser Beobachtung das Recht aller ab, eine bedingungslose Entschädigung für die verloren gegangenen Nutzungsmöglichkeiten der Naturschätze zu verlangen.

Angesichts des Erstarkens der Sozialdemokratie in der zweiten Hälfte des 19. Jahrhunderts leitete Reichskanzler *Otto von Bismarck* in Deutschland umfangreiche Sozialstaatsreformen ein. 1883 wurde die *gesetzliche Krankenversicherung* und 1889 die *gesetzliche Rentenversicherung* eingeführt. Damit erwarben erstmals größere Teile der Bevölkerung gesetzliche Ansprüche gegen den Staat auf Versorgung. Die Rentenzahlungen an die Altersrentner stellen natürlich in gewisser Weise ein »bedingungsloses« Grundeinkommen dar, allerdings sind die Rentenleistungen selbstverständlich an die vorherigen Einzahlungen in die Rentenversicherung während des Arbeitslebens geknüpft. Es handelt sich somit eher um ein staatlich organisiertes eigennütziges Ansparen von Vorsorgevermögen als um den Beginn der Verwirklichung der Grundeinkommensidee (zumal die Rente zunächst auch noch nach dem Kapitaldeckungsprinzip arbeitete). Begründet wird mit diesen Sozialstaatsreformen die Tradition der paritätischen Beitragszahlung (hälftige Zahlung jeweils durch Arbeitnehmer und Arbeitgeber) der Sozialversicherungsbeiträge in Deutschland. Zugleich wird die für das deutsche Sozialversicherungssystem typische Begrenzung des Kreises der einbezogenen Personen auf die Gruppe der fest angestellten Arbeitnehmer begründet.

Auch die später eingeführte *Arbeitslosenversicherung* knüpft die Unterstützungsleistungen für Arbeitslose an die vorherige Versicherungszeit, zudem werden Leistungen nur dann gewährt, wenn der Arbeitslose dem Arbeitsmarkt zur Verfügung steht. Bis heute gewährt die Arbeitslosenversicherung stets nur befristet Leistungen (heute: ALG I). Nach Ablauf der Bezugsfrist ist eine Person, die weiter arbeitslos ist, auf steuerfinanzierte Leistungen (heute: ALG II) angewiesen.

Die Industrialisierung im 19. Jahrhundert brachte neben katastrophalen sozialen Verhältnissen auch eine sprunghaft steigende Arbeitsproduktivität mit sich. Es erschien jetzt als absurd, wieso die Arbeiter trotz steigender Produktivität immer länger arbeiten mussten und kaum genug Lohn zum Überleben hatten. Erstmals propagierte der Franzose *Paul Lafargue* (1842 bis 1911), ein Schwiegersohn von *Karl Marx*, angesichts des technischen Fortschritts in seiner gleichnamigen Schrift von 1883 »Das Recht auf Faulheit«. Auch der berühmte britische Nationalökonom *John Maynard Keynes* (1883 bis 1946) sah angesichts der dramatisch steigenden Arbeitsproduktivität binnen 100 Jahren ein »Zeitalter der Freizeit und des Überflusses« (»age of leisure und abundance«) heraufziehen. Der technische Fortschritt solle zur Verringerung der Arbeitszeit genutzt werden; auch erscheint es damit nicht mehr als abwegig, der gesamten Bevölkerung ein bedingungsloses Grundeinkommen zu gewähren.

Das *Kindergeld* wurde in Deutschland ab dem Jahr 1935 schrittweise eingeführt. Zunächst waren nur kinderreiche Familien begünstigt, seit 1975 wird das Kindergeld dann für alle Kinder gezahlt. Es handelt sich beim Kindergeld um die Einführung einer bedingungslos gewährten Sozialleistung für bestimmte Teile der Bevölkerung (Kinder bzw. ihre unterhaltsverpflichteten Eltern) aus Steuermitteln, allerdings zunächst nur in Höhe von

50 DM monatlich im Jahr 1975 für das erste Kind (ab dem dritten Kind wurden damals 120 DM gezahlt). Ab 2018 beträgt das Kindergeld 194 Euro monatlich für das erste und zweite Kind (200 Euro für das dritte Kind und 225 Euro ab dem vierten Kind). Damit ist diese Sozialleistung noch weit davon entfernt, das soziokulturelle Existenzminimum der Kinder abzusichern, jedoch handelt es sich bei dem Kindergeld zumindest seiner Art nach um ein bedingungsloses Grundeinkommen, da es für alle Kinder unabhängig von einer Bedürftigkeitsprüfung und selbstverständlich ohne Arbeitsbereitschaft gezahlt wird.

In der Zeit nach dem Zweiten Weltkrieg erfolgte in Deutschland schrittweise ein gesetzlicher Ausbau des Sozialstaates, der sich allerdings in vielen Punkten auf die Gruppe der fest angestellten Arbeitnehmer beschränkte (Bundesurlaubsgesetz, Kündigungsschutzgesetz, Lohnfortzahlungsgesetz, Arbeitszeitgesetz usw.). Daneben wurden nunmehr aber auch steuerfinanzierte Sozialleistungen etabliert (z.B. Bundessozialhilfegesetz, Bundesausbildungsförderungsgesetz).

1962 stellte der US-amerikanische Ökonom *Milton Friedman* (1912 bis 2006), zurückgehend auf die britische Ökonomin *Juliet Rhys-Williams* (1898 bis 1967), sein Modell einer negativen Einkommensteuer (negative income tax – NIT) vor. Die dahinter stehende Grundidee ist die, dass die Steuerbehörden nicht nur Steuern eintreiben, sondern auch in den Fällen, in denen das Einkommen gering ist, den Steuerpflichtigen Beträge auszahlen sollen, maximal bis zur Höhe des soziokulturellen Existenzminimums. Auf diese Weise soll durch ein einfaches Verfahren unter Berücksichtigung des Einkommens das Existenzminimum aller Bürger sichergestellt werden. Allerdings propagierte Friedman nicht, dass die Steuerbehörden *allen* Steuerpflichtigen das gleiche soziokulturelle Existenzminimum auszahlen sollen. Jedoch würde als Nachweis der Bedürftigkeit lediglich das geringe Einkommen genügen, somit erscheint auch eine Steuergutschrift an freiwillig nicht erwerbstätige Personen als denkbar.

1995 erfolgte in Deutschland die Einführung der *gesetzlichen Pflegeversicherung* und damit ein weiterer Ausbau des Sozialstaates, allerdings wiederum begrenzt auf die Gruppe der angestellten Arbeitnehmer. Da das reguläre »Normalarbeitsverhältnis« (unselbstständige und unbefristete Beschäftigung bei einem Arbeitgeber) aber mittlerweile immer mehr an Boden verliert und stattdessen befristet Beschäftigte, Selbstständige, Werkdienstleister, Mini- und Multijobber einen immer größeren Teil der Erwerbsbevölkerung stellen, erscheint das Anknüpfen an der Arbeitnehmereigenschaft für eine Sozialleistung inzwischen als völliger Anachronismus.

Die sogenannte »*Agenda 2010*« – erarbeitet unter dem Eindruck der damaligen schlechten Konjunktur in Deutschland – stellte eine umfassende Sozialstaatsreform in den Jahren 2003 bis 2005 unter der Regierung *Gerhard Schröder* dar. Sie brachte vor allem massive Verschlechterungen für Langzeitarbeitslose mit sich. Der Niedriglohnsektor breitete sich aus. Unter dem Eindruck der durch diese Reformen bewirkten Verschlechterung der Verhandlungsposition der Arbeitnehmer und der zunehmenden Ungleichheit der Vermögensverteilung gewinnt die Grundeinkommensidee als Gegenentwurf nunmehr verstärkt an Boden. War die Grundeinkommensidee zuvor eine eher »linke« Utopie, findet sie jetzt auch in konservativen Kreisen immer mehr Anhänger.

Ein sozialpolitisches Novum stellt das in Deutschland 2007 eingeführte steuerfinanzierte *Elterngeld* dar. Das Elterngeld soll für maximal zwölf Monate nach der Geburt eines Kindes (zuzüglich zweier weiterer Monate, falls auch der andere Elternteil Elternzeit nimmt) dem betreuenden Elternteil einen Teil des durch die Betreuung ausfallenden Verdienstes ersetzen. Es handelt sich um ein Grundeinkommen, das insoweit ohne Bedürftigkeitsprüfung gezahlt wird, als vorhandenes Vermögen nicht anspruchsausschließend ist. Dieses Merkmal hat das Elterngeld mit der Grundeinkommensidee gemeinsam. Während der Elternzeit bezogenes Einkommen wird allerdings angerechnet. Kurios ist diese Sozialleistung dennoch, weil das Elterngeld abgestuft nach dem

Einkommen des betreuenden Elternteils vor der Geburt des Kindes geleistet wird. Während die Grundeinkommensidee dafür plädiert, dass alle Bürger den *gleichen* Betrag erhalten sollen, erhalten die Eltern mit höherem Einkommen vor der Geburt (und damit geringerer Bedürftigkeit) ein höheres Elterngeld als die Eltern mit geringerem Einkommen (und damit höherer Bedürftigkeit). Das Elterngeld bevorzugt somit Gutverdiener. Besonders eigentümlich ist, dass man, wenn man durch die gezielte Inanspruchnahme von Steuerfreibeträgen die vorhergehende Lohnsteuerzahlung an den Staat *verringert*, während der Auszahlungsphase eine *Erhöhung* der Elterngeldzahlung bewirken kann. Gezielte Steuervermeidung wird damit durch den Staat finanziell belohnt. Das Elterngeld in der derzeitigen Form läuft den Gleichheits- und Gerechtigkeitsvorstellungen aller Grundeinkommenskonzepte fundamental zuwider und sollte dringend reformiert werden[10].

Seit der zweiten Hälfte des 20. Jahrhunderts findet die Idee eines bedingungslosen Grundeinkommens für alle immer mehr Anhänger. Es gründen sich verschiedene private Initiativen, die für die Grundeinkommensidee werben und es werden in etlichen Ländern der Erde Kommissionen eingesetzt, die die Umsetzbarkeit und Finanzierbarkeit eines Grundeinkommens prüfen. Auch werden einige Versuche der befristeten Einführung eines bedingungslosen Grundeinkommens unternommen (siehe den folgenden Abschnitt).

Derzeit wird die Grundeinkommensidee vor allem wissenschaftlich diskutiert, findet aber auch in der Bevölkerung mehr und mehr Rückhalt. Seit 2004 gibt es in Deutschland das »Netzwerk Grundeinkommen«, das Mitglied des globalen Netzwerks »Basic Income Earth Network (BIEN)« ist. Der Unternehmer *Götz W. Werner* plädiert 2007 mit seinem Buch »Einkommen für alle« für ein Grundeinkommen in Höhe von 1.500 Euro monatlich und macht damit die Idee eines bedingungslosen Grundeinkommens größeren Teilen der Bevölkerung bekannt. Der ehemalige thüringische Ministerpräsident *Dieter Althaus* tritt unter dem Begriff

»Solidarisches Bürgergeld« ebenfalls für ein bedingungsloses Grundeinkommen ein. Das Konzept eines bedingungslosen Grundeinkommens ist inzwischen der Mehrheit der Bevölkerung bekannt und wird überwiegend positiv aufgenommen[11]. Ein ernsthafter Versuch der Einführung wurde jedoch in Deutschland bislang noch nicht politisch initiiert, wenngleich einige politische Parteien dem Grundeinkommen mittlerweile positiv gegenüberstehen[12].

In der Schweiz scheiterte 2016 eine Volksabstimmung zu Gunsten der Einführung eines bedingungslosen Grundeinkommens. Die Initiatoren sahen dennoch die breite Diskussion als Erfolg an und wollen das Projekt weiterverfolgen. In Finnland wird seit 2017 ein bedingungsloses Grundeinkommen getestet, allerdings nur mit einigen Teilnehmern, befristet und mit äußerst geringen monatlichen Beträgen. Das Projekt soll dennoch ein Erfolg sein (von offizieller Seite wurden noch keine Ergebnisse verkündet).

Realisierungsansätze für ein bedingungsloses Grundeinkommen

Bereits erwähnt wurde, dass das bedingungslose Grundeinkommen bislang nur als Idee und politische Forderung existiert. Weltweit gibt es noch kein politisches Gemeinwesen, das ohne Bedürftigkeitsprüfung allen seinen Bürgern dauerhaft Leistungen mindestens in Höhe des soziokulturellen Existenzminimums zur Verfügung stellen würde. Das bedeutet jedoch nicht, dass es bislang ausschließlich um eine rein theoretische Diskussion geht. Die Grundeinkommensbewegung hat es bereits geschafft, zumindest in Ansätzen in verschiedenen Ländern der Erde auf die praktische Politik Einfluss zu nehmen. Vier dieser vielversprechenden Ansätze sollen im Folgenden kurz vorgestellt werden:

- Im US-Bundesstaat *Alaska* wurde 1976 durch Volksentscheid der Alaska Permanent Fund (APF) eingerichtet. Er verwaltet die staatlichen Gewinne aus der Ölförderung Alaskas. Aus den Gewinnen erhält jeder Einwohner Alaskas auf Antrag eine jährliche Dividende. Diese Dividende stellt ein bedingungsloses, allerdings steuerpflichtiges Grundeinkommen dar. Doch sind die ausgeschütteten Beträge noch bei Weitem nicht existenzsichernd: Die Ausschüttung lag im Jahr 2008 bei 2.069 US-Dollar pro Person, im Jahr 2012 waren es gar nur 878 US-Dollar pro Person[13].
- In *Kanada* gab es in den 1970er Jahren unter dem Schlagwort »Mincome« ein soziales Experiment, das die Wirkung

einer negativen Einkommensteuer auf die Arbeitsbereitschaft untersuchen sollte. Die Bewohner der Stadt Dauphin
erhielten eine jährliche garantierte Geldzahlung, wenn ihr
Einkommen unter einer bestimmten Grenze lag. Obwohl
die Ergebnisse des Experiments nie offiziell veröffentlicht
wurden, wurde bekannt, dass es nur einen geringen Rückgang der Arbeitsbereitschaft gegeben hat. Dennoch wurde
das Experiment 1977 endgültig beendet.

- *Brasilien* hat 2004 das Recht auf ein bedingungsloses
  Grundeinkommen (»renda básica«) in die Verfassung aufgenommen. Anspruchsberechtigt sollen alle Personen sein,
  die seit mindestens fünf Jahren in Brasilien leben. Jedoch
  soll die Einführung des Grundeinkommens schrittweise erfolgen und bisher ist man über Leistungen an die ärmsten
  Familien unter Beibehaltung einer Bedürftigkeitsprüfung
  (»Bolsa Familia«) nicht hinausgekommen. Dies ist angesichts des brasilianischen Bruttoinlandsprodukts von nur
  2.180 US-Dollar pro Kopf und Jahr (2010)[14] nicht weiter
  verwunderlich. Die Nichtregierungsorganisation ReCivitas
  zahlt immerhin im Rahmen eines sozialen Experiments aus
  Spendengeldern den Bewohnern des Dorfes Quatinga Velho
  ein bedingungsloses Grundeinkommen in Höhe von 30 Real
  monatlich (entspricht rund 11 Euro).

- In *Namibia* wurde den Einwohnern der Ortschaft Otjivero-
  Omitara in den Jahren 2008 und 2009 im Rahmen eines sozialen Experiments ein als »Basic Income Grant (BIG)« be-
  zeichnetes Grundeinkommen gezahlt. Es sollte herausgefunden werden, wie die Bewohner auf die bedingungslosen
  Zahlungen reagieren würden. Die Zahlungen lagen bei
  100 namibischen Dollar monatlich (entspricht rund 10 Euro). Die meisten Einwohner nutzten die Leistungen produk-
  tiv und versuchten, sich hieraus eine wirtschaftliche Existenz aufzubauen. Eine allgemeine Tendenz zur Faulheit war
  nicht festzustellen. Armut und Unterernährung konnten
  signifikant gesenkt werden. Nach dem offiziellen Projekt-

ende Ende 2009 wurden die Zahlungen zunächst reduziert weitergeführt, jedoch im Jahr 2013 gänzlich eingestellt.

Weitere Realisierungsansätze gibt es u.a. in Indien und der Mongolei. In der Regel geht es bei den Realisierungsansätzen entweder darum, aus Spendengeldern Entwicklungshilfe für die ärmsten Bevölkerungsgruppen in der Dritten Welt zu leisten oder es geht um die gerechte Verteilung der Erträge aus der Förderung der Bodenschätze eines Landes.

So interessant die vorgestellten Beispiele daher auch sein mögen, für die Einführung eines Grundeinkommens in Deutschland lassen sich hieraus keine Erkenntnisse gewinnen. Die durchgeführten sozialen Experimente waren nicht darauf angelegt, die Wirkung einer dauerhaften Einführung eines echten Grundeinkommens auf Wirtschaft und Bevölkerung eines ganzen Landes zu untersuchen. Entweder waren die Leistungen nur befristet oder nicht in existenzsichernder Höhe, oder sie waren nur für einen ausgewählten Bevölkerungskreis vorgesehen. Am ehesten entsprechen noch die Dividenden aus dem Alaska Permanent Fund einem bedingungslosen Grundeinkommen. Diese Dividenden haben jedoch nicht den Anspruch, existenzsichernd zu sein und andere Sozialleistungen zu ersetzen. Zudem geht es beim Alaska Permanent Fund nur darum, den Reichtum der Bodenschätze des Landes gerecht zu verteilen. Deutschland verfügt jedoch nicht über derartige Bodenschätze. Hier müssten die Zahlungen für ein bedingungsloses Grundeinkommen allein aus der Erwerbsarbeit der Bevölkerung und den Steuereinnahmen aufgebracht werden. Die schwierige Frage dabei ist, wie durch Steuern und Abgaben hohe Staatseinnahmen erwirtschaftet und wieder umverteilt werden können, ohne dass die Arbeitsbereitschaft der Bevölkerung nennenswert darunter leidet. Diese Frage können die oben erwähnten Beispiele nicht beantworten. Würde es allerdings Deutschland gelingen, erfolgreich ein bedingungsloses Grundeinkommen für alle einzuführen, so hätte dies sicherlich Vorbildcharakter für die künftige Gestaltung der sozialen Sicherungssysteme der anderen entwickelten Industrienationen der Welt.

Existenzminimum, soziale Fürsorge und Einkommensteuer

Durch die Einführung eines bedingungslosen Grundeinkommens würde das deutsche Steuer- und Sozialsystem grundlegend umgestaltet. Bevor dargestellt wird, wie das System der sozialen Absicherung nach Einführung eines Grundeinkommens aussehen könnte, soll zunächst ein Überblick über die derzeit geltende Rechtslage in Deutschland gegeben werden. Denn natürlich versucht auch das geltende Recht, passende Antworten auf die Frage zu geben, wie das Existenzminimum jeder Person angemessen gesichert werden kann, ohne dass die Kosten hierfür ausufern und ohne, dass die Erwerbsbereitschaft gemindert wird.

Betrachtet man die einschlägigen Rechtsnormen, so fällt auf, dass das geltende Recht in diesem Bereich zwei grundlegende Schwächen enthält: zum einen eine zu geringe Höhe des Grundfreibetrages im Einkommensteuerrecht, zum anderen eine zu starke Anrechnung der Erwerbseinkünfte im Rahmen des Arbeitslosengeldes (ALG) II. Beides führt dazu, dass die Nettoeinkünfte von Geringverdienern zu gering ausfallen und ihnen zu wenig Anreize für die Aufnahme einer besser bezahlten Tätigkeit gesetzt werden.

Dies sollte reformiert werden. Die hierfür nötigen Reformen sind auch dann als sinnvoll anzusehen, wenn man nicht die Einführung eines bedingungslosen Grundeinkommens plant. Allerdings würden die richtigen Reformen im Einkommensteuerrecht und im Sozialrecht die spätere Einführung eines bedingungslosen Grundeinkommens erheblich erleichtern. Es wird sozusagen der Einführung des Grundeinkommens der Boden bereitet.

Was also bereits vor der Einführung eines bedingungslosen Grundeinkommens steuer- und sozialrechtlich geändert werden sollte, wird in diesem Abschnitt erläutert. Im nächsten Abschnitt wird dann dargelegt, wie sich nach Umsetzung dieser Reformen der Weg zu einem (bedingungslosen) Grundeinkommen als logische Folge fast zwangsläufig ergeben würde.

Grundgesetz und Sozialhilfe

Zunächst soll ein Blick auf die soziale Absicherung des Existenzminimums durch die Sozialhilfe geworfen werden: In den Grundrechtsteil des Grundgesetzes für die Bundesrepublik Deutschland (GG) wurde kein Grundrecht auf Sicherstellung des Existenzminimums aufgenommen. Das Bundesverwaltungsgericht hat jedoch bereits in einer Entscheidung vom 24. Juni 1954[15] klargestellt, dass sich aus Artikel 1 GG (Schutz der Menschenwürde) und Artikel 20 GG (u.a. Sozialstaatsprinzip) ein gerichtlich durchsetzbarer Anspruch Hilfebedürftiger auf staatliche Fürsorgeleistungen ergibt. Die Fürsorge für Hilfebedürftige sei gesetzlich zu regeln. Um dieser Pflicht nachzukommen, erließ der Bund 1961 das Bundessozialhilfegesetz (BSHG).

Die Sicherstellung des Existenzminimums durch die Sozialhilfe erfolgt, indem den Begünstigten monatlich Geldbeträge in Höhe der jeweils geltenden Sozialhilfesätze überwiesen werden, aus denen die Begünstigten ihren Lebensunterhalt bestreiten. Die Sozialhilfesätze werden regelmäßig entsprechend der Kaufkraftentwicklung angepasst. Um die jeweils geltenden Sozialhilfesätze festzulegen, ermittelt die Bundesregierung aus den statistischen Daten über die Preisentwicklung alle zwei Jahre das sogenannte »sächliche Existenzminimum«. Nach dem aktuell (2018) gültigen Existenzminimumbericht[16] beträgt das sächliche Existenzminimum für eine allein lebende erwachsene Person 750 Euro monatlich, also 9.000 Euro pro Jahr. Da auf das sächliche Existenzminimum in diesem Buch noch häufiger zurückgegriffen werden wird, seien hier die einzelnen Bestandteile aufgeschlüsselt:

	monatlich	jährlich
Regelbedarf	414 Euro	4.968 Euro
+ Unterkunftskosten	283 Euro	3.396 Euro
+ Heizkosten	53 Euro	636 Euro
= Existenzminimum	750 Euro	9.000 Euro

Die Bundesregierung geht somit davon aus, dass eine einkommenslose Person aus 414 Euro monatlich ihren gesamten Bedarf mit Ausnahme der Kosten für die Wohnung decken kann. Bei einem Paar beträgt das gemeinsame sächliche Existenzminimum 14.856 Euro jährlich, d.h. der Mehrbedarf für den mit im Haushalt lebenden Ehegatten/Lebenspartner beträgt somit nur 5.856 Euro (488 Euro monatlich).

Für Kinder wurde das sächliche Existenzminimum für das Jahr 2018 wie folgt ermittelt:

	monatlich	jährlich
Regelbedarf	281 Euro	3.372 Euro
+ Bildung und Teilhabe	19 Euro	228 Euro
+ Unterkunftskosten	85 Euro	1.020 Euro
+ Heizkosten	14 Euro	168 Euro
= Existenzminimum	399 Euro	4.788 Euro

Zu diesen genannten Beträgen kommen noch die Beiträge für eine angemessene Kranken- und Pflegeversicherung hinzu, die der Staat im Regelfall ebenfalls übernimmt.

Entsprechend dieser Bedarfsermittlung wurde im Bundessozialhilfegesetz der Regelbedarf für einen allein lebenden erwachsenen Sozialhilfeempfänger (Regelbedarfsstufe 1) für 2018 auf 416 Euro monatlich festgesetzt, zuzüglich der Erstattung angemessener Kosten für Miete, Heizung und Warmwasser. Der Regelbedarf nach dem sächlichen Existenzminimum wird somit grundsätzlich pauschaliert gewährt, während die Kosten für die Unterkunft und die Mietnebenkosten nach den tatsächlich anfallenden Kosten erstattet werden. Sind die Mietkosten unangemessen hoch, so wird dem Sozialhilfebezieher nahegelegt, in eine günstigere Mietwohnung umzuziehen.

Die Sozialhilfe ist der Höhe nach eine Art Grundeinkommen, sie stellt jedoch kein »bedingungsloses« Grundeinkommen dar, denn Vermögen und Einkünfte werden auf die Transferzahlungen angerechnet. Zudem ist die Sozialhilfe nachrangig hinter privatrechtlichen Unterhaltsansprüchen gegen Verwandte.

Seit der Umsetzung der sogenannten »Agenda 2010« beschränken sich Sozialhilfeleistungen auf nicht arbeitsfähige Hilfebedürftige. Arbeitsfähige Hilfebedürftige haben einen der Höhe nach gleichen Anspruch auf das ALG II (allgemein »Hartz IV« genannt).

Existenzminimum und Grundfreibetrag

Das sächliche Existenzminimum spielt nicht nur bei der Sozialhilfe, sondern auch bei der Einkommensteuer eine wichtige Rolle. Das Existenzminimum stellt nämlich die Trennlinie zwischen Bedürftigkeit und Leistungsfähigkeit dar: Personen, deren Einkommen unterhalb des Existenzminimums liegt, sind bedürftig und erhalten Unterstützungsleistungen; Personen, deren Einkommen oberhalb des Existenzminimums liegt, sind leistungsfähig und können zur Einkommensteuer herangezogen werden.

Viele Jahre hatte jedoch das Einkommensteuerrecht auf die Sicherstellung des Existenzminimums nur unzureichend Rücksicht genommen. Der Grundfreibetrag (also der Einkommensteil, der generell steuerfrei bleibt), war lange Zeit so gering, dass Personen, die hilfebedürftig waren und Sozialhilfe beantragen mussten, gleichwohl steuerpflichtig im Sinne des Einkommensteuerrechts waren. Dies war verfassungswidrig. Das Bundesverfassungsgericht verlangte in einer Reihe von Entscheidungen, dass das Existenzminimum im Einkommensteuerrecht steuerfrei bleiben muss.

Die Politik kam dem erstmals im Jahr 1997 nach, als der jährliche Grundfreibetrag von zuvor nur 5.616 DM auf 12.095 DM (entspricht 6.184,08 Euro) angehoben wurde. Derzeit (2018) beträgt der Grundfreibetrag 9.000 Euro und entspricht somit exakt dem sächlichen Existenzminimum. Durch das System des Ehegattensplittings verdoppelt sich der Grundfreibetrag jedoch bei Paaren, sodass Paare, deren gemeinsames sächliches Existenzminimum eigentlich nur 14.856 Euro beträgt, bei der Einkommensteuer einen gemeinsamen Grundfreibetrag von 18.000 Euro in Anspruch nehmen können.

Anrechnung eigener Einkünfte im Rahmen des ALG II

Man könnte nun meinen, dass die Gesetze damit Bedürftigkeit und Leistungsfähigkeit anhand der Grenze des Existenzminimums sinnvoll voneinander abgegrenzt haben, doch ist dies leider nicht der Fall. Es ist nämlich nicht so, dass nur Personen mit einem Einkommen unterhalb des sächlichen Existenzminimums bzw. Grundfreibetrages Anspruch auf Fürsorge haben.

Erzielt eine Person ein geringes Einkommen, so hat sie gleichwohl Anspruch auf Sicherstellung des Existenzminimums, wobei das Einkommen auf die Sozialhilfe bzw. auf das ALG II angerechnet wird. Würde die Anrechnung allerdings zu 100 % erfolgen, so hätte diese Person keinerlei Anreiz, eine Arbeit aufzunehmen bzw. ihre Tätigkeit auszuweiten. Nehmen wir an, eine Person mit einem individuellen Bedarf von 700 Euro monatlich erzielt ein Nettoeinkommen aus Erwerbsarbeit von 200 Euro und erhielte eine Stütze von 500 Euro. Damit hätte sie ihr Existenzminimum gerade so gedeckt. Würde sie jetzt verstärkte Arbeitsanstrengungen unternehmen, ihr Nettoeinkommen auf 300 Euro ausweiten und würde dann die Stütze auf 400 Euro abgesenkt, so hätte sie jetzt keinen

Cent mehr als zuvor in der Tasche. Es würde sich für diese Person überhaupt nicht lohnen, diese Anstrengung auf sich zu nehmen. Und auch für ihren Arbeitgeber gäbe es keinerlei Anreiz, der Person einen höheren Lohn anzubieten. Alle bedürftigen Personen würden auf Dauer passiv in ihrer Bedürftigkeit verharren.

Aus diesem Grund wird erzieltes Einkommen beim ALG II nicht zu 100 % angerechnet. Stattdessen wird wie folgt vorgegangen: Gemäß § 11b SGB II bleibt zunächst ein Einkommen bis 100 Euro monatlich anrechnungsfrei, das weitere Einkommen von 101 Euro bis 1.000 Euro wird zu 80 % angerechnet, das weitere Einkommen von 1.001 Euro bis 1.200 Euro[17] wird zu 90 % angerechnet und erst das darüber liegende Einkommen wird voll angerechnet. Mit diesen Anrechnungsvorschriften wird versucht, einen Anreiz zur Aufnahme oder Ausweitung einer Erwerbstätigkeit zu setzen.

Bedürftigkeit und Leistungsfähigkeit zugleich – Erhöhung des Grundfreibetrages

Wie verhalten sich nun die Anrechnung des erzielten Einkommens auf das ALG II und die Einkommensteuerpflicht dieser Person zueinander? Dargelegt wurde, dass erzieltes Einkommen grundsätzlich nicht voll angerechnet wird. Von dem erzielten anrechenbaren Einkommen werden vielmehr entsprechend der erwähnten Anrechnungsvorschriften folgende Freibeträge abgesetzt:

Erzieltes Bruttoeinkommen	Freibetrag
100 Euro	100 Euro
200 Euro	120 Euro
300 Euro	140 Euro
400 Euro	160 Euro
500 Euro	180 Euro
600 Euro	200 Euro
700 Euro	220 Euro
800 Euro	240 Euro
900 Euro	260 Euro
1.000 Euro	280 Euro
1.100 Euro	290 Euro
1.200 Euro	300 Euro

(Bei einem Einkommen über 1.200 Euro bleibt der Freibetrag bei 300 Euro, es sei denn, in der Bedarfsgemeinschaft lebt ein minderjähriges Kind: Dann kann der Freibetrag bis zu einem Einkommen von 1.500 Euro noch auf 330 Euro ansteigen. Zu diesem Freibetrag kommen noch Freibeträge u.a. für abgeführte Lohnsteuer und Sozialversicherungsbeiträge hinzu.)

Die Freibetragsregelung führt dazu, dass auch Personen, die eigentlich ihr Existenzminimum selbst decken können, möglicherweise Anspruch auf ergänzende ALG-II-Leistungen haben, was anhand eines Beispiels gezeigt werden soll. Nehmen wir an, ein allein lebender Arbeitnehmer habe durchschnittliche Miet- und Heizkosten entsprechend des sächlichen Existenzminimums. Sein monatlicher Bedarf im Rahmen des ALG II liegt dann bei 750,00 Euro:

Regelbedarf:	414,00 Euro
Kosten der Unterkunft:	283,00 Euro
Heizkosten:	53,00 Euro
Bedarf:	750,00 Euro

Nehmen wir nun weiter an, der Arbeitnehmer erziele ein monatliches Bruttoeinkommen von 1.300 Euro. Er könnte dann typischerweise folgende Abzüge haben[18]:

Bruttoeinkommen:	1.300,00 Euro
Sozialversicherungsbeiträge:	- 269,43 Euro
Lohn- und Kirchensteuer:	- 39,59 Euro
Nettoeinkommen:	990,98 Euro

Das erzielte Nettoeinkommen liegt damit deutlich über dem individuellen Bedarf. Gleichwohl hat der Arbeitnehmer Anspruch auf ergänzende ALG-II-Leistungen. Macht er diesen Anspruch geltend, so ist er ein sogenannter »Aufstocker«. Der Aufstockungsbetrag berechnet sich wie folgt: Infolge der Freibetragsregelung verbleibt dem Arbeitnehmer bei einem Bruttoeinkommen von 1.300 Euro ein Freibetrag von 300 Euro, und der darüber hinaus gehende Betrag wird nicht voll angerechnet. Das erzielte Nettoeinkommen wird somit nicht in Höhe von 990,98 Euro, sondern nur in Höhe von (abgerundet) 690 Euro angerechnet. Damit ergibt sich folgender ALG-II-Anspruch:

Bedarf:	750,00 Euro
Anzurechnendes Einkommen:	- 690,00 Euro
ALG II:	60,00 Euro

Der Arbeitnehmer erhält somit wegen seiner Armut eine staatliche Unterstützung in Höhe von 60,00 Euro monatlich, zugleich muss er wegen seiner angeblichen Leistungsfähigkeit knapp 40 Euro Steuern zahlen. Der Arbeitnehmer erhält somit aus Steuermitteln eine finanzielle Unterstützung des Staates, und diese Unterstützungsleistung hat der Arbeitnehmer sodann wieder an den Staat als Steuerzahlung zurückzuerstatten.

Dies ist absolut widersinnig. Eine Person kann nur eines sein: entweder bedürftig oder leistungsfähig. Wenn man zulässt, dass auch (an sich) nicht bedürftige Personen einen ergänzenden Anspruch auf ALG II haben können, dann muss man zugleich dafür sorgen, dass diese Personen nicht einkommensteuerpflichtig werden können. Die Lösung dieses Problems kann daher nur darin liegen, dass die Grundfreibeträge im Einkommensteuerrecht angehoben werden. Es sollte nicht bereits derjenige einkommensteuerpflichtig werden, der ein bisschen mehr als das Existenzminimum verdient, sondern nur der, der *deutlich* mehr als das Existenzminimum verdient. Die Einkommensteuer sollte von einer Steuer, die fast alle erfasst, zu einer Steuer, die nur mittlere und höhere Einkommensbezieher erfasst, umgestaltet werden. Die unteren Einkommensbezieher sollten von der Einkommensteuer befreit werden. Sie leisten bereits einen ausreichenden Beitrag an das Gemeinwesen durch die Zahlung anderer Steuern (z.B. Umsatzsteuer, Kfz-Steuer, Energiesteuer usw.).

Es wird daher vorgeschlagen, die Grundfreibeträge im Einkommensteuerrecht deutlich anzuheben. Konkret wird für einen Erwachsenen ein Grundfreibetrag von künftig 17.200 Euro jährlich (statt jetzt 9.000 Euro), für Kinder ein Freibetrag von künftig 9.000 Euro jährlich (statt jetzt 7.428 Euro) vorgeschlagen. (Warum gerade diese Beträge gefordert werden, wird in einem späteren Abschnitt begründet.) Die gesamten Freibeträge für das zu versteuernde Jahreseinkommen von Familien wären daher künftig folgende:

	künftig	derzeit
Ehepaar:	34.400 Euro	18.000 Euro
Familie mit 1 Kind:	43.400 Euro	25.428 Euro
Familie mit 2 Kindern:	52.400 Euro	32.856 Euro
Familie mit 3 Kindern:	61.400 Euro	40.284 Euro

Nur das darüber liegende Einkommen würde der Einkommensteuer (und dem Lohnsteuerabzug) unterfallen. Der Grundfreibetrag für einen Arbeitnehmer würde künftig 1.433 Euro monatlich betragen (statt 750 Euro). Da für die Ermittlung des zu versteuernden Einkommens Sozialversicherungsbeiträge und Werbungskosten abgesetzt werden dürfen, würde eine Lohnsteuerpflicht bei einem allein veranlagten Steuerpflichtigen künftig erst bei einem monatlichen Bruttolohn von rund 2.000 Euro eingreifen. Ein gleichzeitiges Entstehen einer Lohnsteuerpflicht und eines ergänzenden ALG-II-Anspruchs dürfte damit im Regelfall ausgeschlossen sein.

Eine weitere positive Folge wäre, dass etliche bisherige Steuerpflichtige ganz aus der Einkommensteuerpflicht herausfielen und sich viele Haushalte die jährliche Einkommensteuererklärung sparen könnten. Die Steuerbehörden würden davon entlastet, Steuererklärungen von Geringverdienern bearbeiten zu müssen, die dem Staat kaum Steuereinnahmen einbringen.

Welche Steuermindereinnahmen eine solche Reform verursachen würde, wird an späterer Stelle erörtert.

Geringere Anrechnung des Einkommens im Rahmen des ALG II

Bereits erwähnt wurde, dass das erzielte Einkommen im Rahmen des ALG-II-Anspruchs nicht zu 100 %, sondern grundsätzlich zu 80 bis 90 % angerechnet wird. Diese Anrechnung ist zu rigide. Sie führt beispielsweise bei einem Stundenlohn von 10,00 Euro brutto dazu, dass dem aufstockenden Arbeitnehmer vom Hinzuverdienst nur 1,00 Euro bis 2,00 Euro netto pro Stunde verbleiben, weil das darüber hinaus gehende Einkommen auf den ALG-II-Anspruch angerechnet wird. Der Anreiz, seine Erwerbsarbeit auszuweiten, ist daher für den Arbeitnehmer äußerst gering.

Wenn man, wie hier vorgeschlagen, den Grundfreibetrag im Einkommensteuerrecht deutlich anhebt, so eröffnet sich auch ein Spielraum für eine weniger rigide Anrechnung des Einkommens im Rahmen des ALG II, ohne dass es wieder zum Konflikt zwischen Einkommensteuer- und Sozialrecht kommt. Konkret wird daher vorgeschlagen, nach der Erhöhung des Grundfreibetrages im Einkommensteuerrecht die Anrechnung im Rahmen des ALG II

(§ 11b SGB II) einheitlich auf nur noch 60 % festzusetzen. Es würde sich dann folgende Anrechnung ergeben:

Bruttoeinkommen	Freibetrag (alt)	Freibetrag (neu)
100 Euro	100 Euro	100 Euro
200 Euro	120 Euro	140 Euro
300 Euro	140 Euro	180 Euro
400 Euro	160 Euro	220 Euro
500 Euro	180 Euro	260 Euro
600 Euro	200 Euro	300 Euro
700 Euro	220 Euro	340 Euro
800 Euro	240 Euro	380 Euro
900 Euro	260 Euro	420 Euro
1.000 Euro	280 Euro	460 Euro
1.100 Euro	290 Euro	500 Euro
1.200 Euro	300 Euro	540 Euro
1.300 Euro	300 Euro	580 Euro

Die hilfebedürftigen Personen mit geringem Einkommen würden damit mehr netto in der Tasche haben. Im oben gebildeten Beispielsfall des Arbeitnehmers mit einem Bruttolohn von 1.300 Euro würde die Berechnung des ALG-II-Aufstockungsanspruchs nunmehr wie folgt aussehen:

Zunächst würde das künftige Nettoeinkommen ansteigen, da die Lohnsteuer bei diesem Einkommen entfiele:

Bruttoeinkommen:	1.300,00 Euro
Sozialversicherungsbeiträge:	- 269,43 Euro
Nettoeinkommen:	1.030,57 Euro

Hinzu tritt der ergänzende ALG-II-Anspruch (auf den Bedarf wären wegen des künftig erhöhten Freibetrages von 580 Euro vom Nettoeinkommen nur 450 Euro anzurechnen):

Bedarf: 750,00 Euro
Anzurechnendes Einkommen: - 450,00 Euro
ALG II: 300,00 Euro

Gegenüber der jetzigen Rechtslage ergäbe sich somit eine Erhöhung des verfügbaren Einkommens um 279,59 Euro.

Nachteile des progressiven Einkommensteuertarifs

Gewissermaßen als Ausgleich dafür, dass die Einkommensteuer auch bereits bei Einkommensbeziehern erhoben wird, die eigentlich nicht leistungsfähig sind, ist der Tarif der Einkommensteuer *progressiv* ausgestaltet worden. Dies bedeutet, dass die unterschiedlichen zu versteuernden Einkommensbestandteile mit höchst unterschiedlichen Steuersätzen belegt werden. Für ein zu versteuerndes Einkommen (eines allein veranlagten Steuerpflichtigen) ab 9.001 Euro jährlich beginnt die Einkommensteuer zunächst mit 14 % und steigt dann allmählich bis auf 24 % für das Einkommen von 13.996 Euro jährlich (1. Progressionszone), sodann steigt der Tarif weiter allmählich, jedoch flacher bis auf 42 % für ein zu versteuerndes Einkommen von 54.949 Euro jährlich (2. Progressionszone). Ab 54.950 Euro bleibt der Tarif bei 42 % (1. Proportionalzone), bis er ab 260.533 Euro nochmals – diesmal als Stufe – auf 45 % angehoben wird (2. Proportionalzone, auch »Reichensteuer« genannt).

Die Existenz einer solchen progressiven Einkommensteuer führt dazu, dass die Berechnung der tariflichen Einkommensteuer äußerst kompliziert ist. Hat man beispielsweise ein zu versteuerndes Einkommen im Bereich zwischen 8.355 Euro und 13.469 Euro, so lautet die anzuwendende Berechnungsformel gemäß § 32a Abs. 1 Satz 1 Ziffer 2 EStG:

$$(997{,}8 \cdot y + 1400) \cdot y$$

... wobei »y« ein Zehntausendstel des den Grundfreibetrag übersteigenden Teils des auf einen vollen Euro-Betrag abgerundeten zu versteuernden Einkommens ist (so steht es tatsächlich wörtlich im Gesetz, § 32a EStG).

Es ist nicht so ganz einfach, hieraus seine Steuerschuld zu ermitteln. Will man bei einem zu versteuernden Einkommen von angenommen 12.745,99 Euro seine Einkommensteuerschuld ausrechnen, so muss man:

1. das zu versteuernde Einkommen auf einen vollen Euro-Betrag abrunden
    (ergibt 12.745,00 Euro);
2. die Differenz zwischen dem zu versteuernden Einkommen und dem Grundfreibetrag ermitteln
    (12.745 Euro – 9.000 Euro = 3.745 Euro);
3. die ermittelte Differenz durch zehntausend teilen und so das »y« ermitteln
    (3.745 / 10.000 = 0,3745);
4. das »y« in die oben genannte Formel einsetzen und die Steuer ausrechnen
    ([997,8 • 0,3745 + 1400] • 0,3745 = 664,24);
5. das Ergebnis auf volle Euro abrunden
    (ergibt 664,00 Euro).

Es sind also insgesamt fünf Rechenschritte nötig, ehe man die Jahressteuerschuld von 664 Euro errechnet hat. Kein Wunder, dass kaum jemand diese Berechnung selbst ausführt, sondern sich jeder auf Steuertabellen und Steuerrechner im Internet verlässt. Noch komplizierter wird es, wenn man die Grenzbelastung ermitteln möchte, also wissen will, wie viele Steuern auf einen zusätzlich verdienten Euro fällig werden würden. Hierzu muss man die Differenzialrechnung beherrschen und die Ableitung der oben genannten Funktion bilden. Einfacher ist es, wenn man stattdessen die fiktive Einkommensteuer für das zu versteuernde Einkommen plus 1 Euro ausrechnet:

1. das neue Einkommen auf einen vollen Euro-Betrag abrunden
   (ergibt 12.746,00 Euro);
2. die Differenz zwischen dem zu versteuernden Einkommen und dem Grundfreibetrag ermitteln
   (12.746 Euro – 9.000 Euro = 3.746 Euro);
3. die Differenz durch zehntausend teilen und das »y« ermitteln
   (3.746 / 10.000 = 0,3746);
4. das »y« in die Formel einsetzen und die Steuer ausrechnen
   ([997,8 • 0,3746 + 1400] • 0,3746 = 664,46).

Ohne die abschließende Rundung würde die Einkommensteuer somit um 0,22 Euro ansteigen, die Grenzbelastung beträgt an dieser Stelle also 22 %. Die Grenzbelastung ist allerdings an jeder Stelle der beiden Progressionszonen anders. Kein Normalverdiener weiß daher, mit welchem Steuersatz sein letzter verdienter Euro besteuert wird und wie viel ihm von einem zusätzlich verdienten Euro netto verbleiben würde. Erst die Bezieher hoher Einkommen können einfach sagen, dass ihre Grenzbelastung 42 bzw. 45 % beträgt.

Die Existenz eines solch komplizierten progressiven Tarifverlaufs führt – über die viel zu komplizierte Berechnung hinaus – zu unausrottbaren Vorurteilen über die Einkommensteuer. So machen hohe Einkommensbezieher regelmäßig geltend, sie würden den Spitzensteuersatz »auf ihr Einkommen« zahlen. Dadurch wird suggeriert, ein Steuerpflichtiger mit einem zu versteuernden Einkommen von 100.000 Euro würde 42.000 Euro Einkommensteuer zu zahlen haben (42 %). Dies trifft aber nicht zu, denn die Bezieher hoher Einkommen können genauso den Grundfreibetrag für sich in Anspruch nehmen wie die Bezieher geringer Einkommen. Ebenso profitieren sie auch von der progressiven Gestaltung des Tarifverlaufs. Tatsächlich hat ein allein veranlagter Steuerpflichtiger mit einem zu versteuernden Einkommen von 100.000 Euro im

Jahr 2018 eine Einkommensteuer von 33.378 Euro zu entrichten. Die (Durchschnitts-)Steuerbelastung beträgt somit nicht 42 %, sondern nur knapp 33,4 %.

Das zweite Vorurteil über die progressive Einkommensteuer ist die Annahme, man könne durch eine Lohnerhöhung in eine höhere »Steuerklasse« rutschen und habe dann weniger netto als zuvor. Auch dies trifft nicht zu. Zwar steigt die Grenzbelastung mit steigendem Einkommen kontinuierlich an, jedoch betrifft dies immer nur die neu hinzugekommenen Einkommensbestandteile, für die bisherigen Einkommensbestandteile bleibt es bei der bisherigen Besteuerung. Im eben gebildeten Beispiel bedeutet dies: Steigt das zu versteuernde Einkommen von 100.000 Euro auf 101.000 Euro, so wird das *zusätzliche* Einkommen von 1.000 Euro mit 42 % besteuert, bei dem Einkommen bis 100.000 Euro bleibt es jedoch bei der (durchschnittlichen) Besteuerung von knapp 33,4 %! Man kann also bei der Einkommensteuer nicht durch eine Lohnerhöhung zu einer Senkung des Nettoeinkommens gelangen.

Ein reales Problem des progressiv gestalteten Einkommensteuertarifs stellt jedoch die sogenannte »kalte Progression« dar. Kalte Progression bedeutet, dass die im Laufe der Jahre mit der Inflation steigenden Einkommen Stück für Stück in eine höhere Besteuerung hineingeraten, wenn nicht der Gesetzgeber für Abhilfe sorgt. Durch Untätigkeit kann der Gesetzgeber erreichen, dass die durchschnittliche Steuerbelastung im Laufe der Jahre immer mehr ansteigt. Wenn z.B. das zu versteuernde Einkommen (zvE) des Steuerpflichtigen von Jahr 1 mit 20.000 Euro im Jahr 2 lediglich mit der Inflation (angenommen 1,5 %) auf 20.300 Euro steigt, so erhöht sich die Einkommensteuer wie folgt:

Jahr	zvE	ESt	Belastung
Jahr 1	20.000 Euro	2.466 Euro	12,3 %
Jahr 2	20.300 Euro	2.547 Euro	13,5 %

Obwohl also das Einkommen, von der Kaufkraft her betrachtet, gleich bliebe, würde die durchschnittliche Steuerbelastung von

12,3 % auf 12,5 % steigen, wenn der Gesetzgeber keinen Ausgleich der kalten Progression vornehmen würde. Jedoch ist es bei einer progressiven Einkommensteuer gar nicht so einfach, einen Inflationsausgleich vorzunehmen, denn der Gesetzgeber muss dann nicht nur regelmäßig den Grundfreibetrag anheben, sondern auch noch jährlich die Formeln für die Progressionszonen anpassen.

Die genannten Nachteile des progressiven Einkommensteuertarifs sind so schwerwiegend, dass zu empfehlen ist, den progressiven Einkommensteuertarif abzuschaffen. Nötig ist eine progressive Einkommensteuer nicht, denn die unteren, von den Progressionszonen betroffenen Steuerzahler tragen sowieso nur wenig zum Steueraufkommen bei. Man könnte sich jedenfalls die erste Progressionszone bis 13.996 Euro sparen und die Bezieher von Einkünften in diesem Bereich einfach von der Einkommensteuer freistellen. Für die Einführung eines bedingungslosen Grundeinkommens wäre es ebenfalls von Vorteil, wenn die Einkommensteuer einfacher gestaltet wäre. Als Alternativen zur progressiven Einkommensteuer bieten sich entweder Stufentarife oder die sogenannte Flat Tax an. Diesen beiden Varianten will ich mich nun widmen.

Stufentarife

Zunächst zu den Stufentarifen: Bekannt ist sicherlich noch die Forderung der FDP aus den Wahlkämpfen 2005 und 2009 nach einem Stufentarif mit den drei Stufen von 15, 25 und 35 %. Der Vorschlag hatte jedoch nie eine Realisierungschance, weil die Steuerausfälle schlicht zu massiv gewesen wären. Ein Spitzensteuersatz von nur 35 % hätte riesige Löcher in den Staatshaushalt gerissen. Nach der schrittweisen Absenkung des Spitzensteuersatzes von einstmals 56 % auf zwischenzeitlich 42 % war die Grenze nach unten längst erreicht.

Die FDP hielt auch danach an der Stufensteuer fest, hatte aber ihr Modell grundlegend überarbeitet. Für 2012 schlug sie einen Stufentarif mit fünf Stufen vor, der hier mit der damals geltenden Rechtslage (zwei Progressions- und zwei Proportionalzonen) verglichen werden soll. Der Grundfreibetrag sollte nach dem Willen der FDP unverändert erhalten bleiben (Stand 2012: 8.004 Euro). Danach sollte es mehrere Stufen geben, in denen die der jeweiligen Stufe unterfallenden Einkommensteile linear besteuert werden. Konkret wurden folgende Stufen vorgeschlagen:

Stufe	Einkommen bis ...	Tarif in %
0	8.004 Euro	0 %
1	12.500 Euro	14 %
2	35.000 Euro	25 %
3	53.000 Euro	35 %
4	250.730 Euro	42 %
5	ab 250.731 Euro	45 %

Allerdings wäre der Gewinn der Vereinfachung mit einem solchen Stufenmodell minimal, auch wenn dies auf den ersten Blick anders erscheinen mag. Auch bei einem Stufentarif kann man ja nicht einfach das Einkommen mit einem bestimmten Faktor multiplizieren. Ein Einkommen von 53.000 Euro einfach mit 35 % zu multiplizieren (ergibt 18.550 Euro) führt zum falschen Ergebnis. Vielmehr muss man alle Einkommensbestandteile mit der jeweils zutreffenden Stufe multiplizieren. Bei einem zu versteuernden Einkommen von 100.000 Euro würde dies wie folgt aussehen:

Stufe	Einkommen	Tarif in %	Steuer
0	8.004 Euro	0 %	0,00 Euro
1	4.496 Euro	14 %	629,44 Euro
2	22.500 Euro	25 %	5.625,00 Euro
3	18.000 Euro	35 %	6.300,00 Euro
4	47.000 Euro	42 %	19.740,00 Euro
	100.000 Euro		32.294,44 Euro

Es ergibt sich lediglich eine leicht vereinfachte Berechnung und eine Steuerentlastung von rund 1.500 Euro im Vergleich zur geltenden Besteuerung in den Jahren 2010 bis 2012 (diese betrug 33.828 Euro). Dies ist übrigens auch das Problem des vorgeschlagenen Stufentarifs, dass nämlich besonders die Bezieher hoher Einkünfte eine Steuerentlastung erhalten, weil sie die gesamten Entlastungen, die in allen Stufen enthalten sind, kumuliert für sich in Anspruch nehmen können. Zwar sind formal in allen Einkommensbereichen Entlastungen vorgesehen, aber dies ist nur ein optischer Trick. In den unteren Einkommensgruppen kommt es real kaum zu Entlastungen, dafür aber umso mehr in den oberen Einkommensbereichen, wie folgende Tabelle zeigt:

zvE	Steuer (2012)	Steuer (FDP)	Entlastung
10.000 Euro	315 Euro	279 Euro	36 Euro
20.000 Euro	2.701 Euro	2.504 Euro	197 Euro
30.000 Euro	5.625 Euro	5.004 Euro	621 Euro
40.000 Euro	9.007 Euro	8.004 Euro	1.003 Euro
50.000 Euro	12.847 Euro	11.504 Euro	1.343 Euro
60.000 Euro	17.028 Euro	15.494 Euro	1.534 Euro

Das vorgeschlagene Stufenmodell würde somit zu massiven Steuerausfällen durch die hauptsächliche Begünstigung der oberen Einkommensbezieher führen. Das vorgeschlagene Modell schadet somit dem Staatshaushalt und ist erheblich unsozial. Der Vorteil der leichten Vereinfachung bei der Berechnung der Steuer wiegt diesen Nachteil nicht auf.

Darüber hinaus kann eine Stufensteuer, wie auch immer deren Stufen gestaltet sein mögen, die oben genannten Probleme des Einkommensteuerrechts nicht lösen. Auch bei einem Stufenmodell würden die Irrtümer über die Einkommensteuer erhalten bleiben, nämlich vor allem die Annahme, man könne durch eine Lohnerhöhung in eine höhere Stufe rutschen und hätte dann weniger netto als zuvor. Zudem hat zumindest das FDP-Stufenmodell den

Nachteil, dass die Steuerpflicht auch bereits bei geringen Einkünften ab 8.000 Euro eingreifen sollte, obwohl in diesem Einkommensbereich nur ein geringes Steueraufkommen erzielt wird. Und bei dem vorgestellten Stufenmodell der FDP würde es weiterhin auch nach wie vor den Widerspruch geben, dass der Steuerpflichtige bei einem Bruttoeinkommen von 1.300 Euro monatlich Anspruch auf Aufstockung durch das ALG II hat, er aber zugleich auch bereits in die erste Stufe der Besteuerung gerät. Schließlich müssten auch bei einem Stufentarif regelmäßig alle Stufen des Tarifs an die Inflation angepasst werden, wenn es nicht zur kalten Progression kommen soll.

Ein Stufentarif kann somit die Probleme des progressiven Einkommensteuertarifs nicht durchgreifend lösen.

Flat Tax

Grundlegend anders wäre dies, wenn man die Einkommensteuer als sogenannte »Flat Tax« erheben würde. Flat Tax bedeutet, dass alle Einkommensbestandteile oberhalb des Freibetrages mit dem gleichen Steuersatz belegt werden. Die Berechnung der geschuldeten Einkommensteuer wäre dann ganz einfach: Man zieht einfach vom zu versteuernden Einkommen den Grundfreibetrag (und eventuelle Freibeträge für den Ehegatten und Kinder) ab und multipliziert den Rest mit dem Tarif. Die Rechnung könnte bei einem zu versteuernden Einkommen von 40.000 Euro und einer Flat Tax von 42 % ganz einfach wie folgt aussehen:

(40.000 Euro – 9.000 Euro) × 42 % = 13.020,00 Euro

Die Flat Tax hätte außer der ganz einfachen Berechnung noch folgende Vorteile:

♦ Die kalte Progression könnte ganz einfach vermieden werden, indem man den Grundfreibetrag jährlich mit der Inflation erhöht. Ein regelmäßige Anpassung des Tarifs ist nicht erforderlich.

- ◆ Eine Steuererhöhung oder -senkung ließe sich einfach durch Änderung des Tarifs bewirken. Es würde nur eine einzige Zahl angepasst. Alle Steuerzahler wären gleichmäßig von einer solchen Änderung betroffen. Das Mehraufkommen ließe sich ganz einfach prognostizieren.
- ◆ Die hartnäckigen Irrtümer über die Einkommensteuer würden verschwinden.

Die Besteuerung würde im Vergleich zum geltenden Modell als erheblich gerechter empfunden werden, wenn die Steuerpflichtigen wüssten, dass *alle* den gleichen Grundfreibetrag in Anspruch nehmen können und *alle* für das darüber liegende Einkommen den gleichen Steuersatz leisten müssten. Es würde weniger Verteilungsdiskussionen darüber geben, ob man gezielt die unteren Einkommensbezieher entlasten sollte, ob man den sogenannten »Mittelstandsbauch« abflachen sollte oder ob man den Spitzensteuersatz absenken oder erhöhen sollte. Eine Erhöhung oder Absenkung des einheitlichen Steuersatzes würde vielmehr alle Personen, die überhaupt einkommensteuerpflichtig wären, gleichermaßen treffen. Es wäre dann nicht möglich, eine Änderung zu fordern, die nur die anderen belastet und den eigenen Geldbeutel verschont.

Eine Flat Tax gibt es inzwischen in einigen europäischen Ländern (z.B. in Tschechien, der Slowakei oder Lettland). Jedoch sind die Steuersätze dort bewusst sehr niedrig gewählt worden, um Investoren anzulocken (zwischen 15 und 23 %). Die Besteuerung verschont damit die Gutverdiener zu sehr. Solche Steuersätze sind in Deutschland angesichts der umfassenden staatlichen Aufgaben nicht machbar, schon gar nicht, wenn man ein bedingungsloses Grundeinkommen finanzieren will. Hier müsste vielmehr ein deutlich höherer Steuersatz gewählt werden. Solange noch kein Grundeinkommen eingeführt ist, könnte der Tarif bei 42 bis 45 % liegen. Ist aber ein Grundeinkommen eingeführt, so müsste der

Tarif sicherlich im Bereich zwischen 55 und 60 % liegen (dazu später mehr).

Ein Tarif einer Flat Tax von 42 oder 45 % für alle Einkünfte unmittelbar oberhalb des Existenzminimums würde Geringverdiener viel zu hart treffen. Erinnert sei daran, dass die jetzige Einkommensteuer mit einem Eingangssteuersatz von nur 14 % beginnt. Allerdings soll ja bei einer Flat Tax gerade nicht zwischen den unteren und den oberen Einkommensgruppen differenziert werden. Eine Flat Tax ist somit nur sinnvoll in Verbindung mit einer deutlichen Erhöhung des Grundfreibetrages über das Existenzminimum hinaus, wie oben bereits vorgeschlagen wurde. Eine Flat Tax von 42 % in Verbindung mit einem Grundfreibetrag von 17.200 Euro wäre beispielsweise sozialpolitisch gut vertretbar.

Umstellung der progressiven Einkommensteuer auf Flat Tax in Deutschland

Die Umstellung auf eine Flat Tax wäre die größte Reform des Einkommensteuerrechts der vergangenen Jahrzehnte. Eine solch grundlegende Reform ist politisch nur durchsetzbar, wenn keine relevante Bevölkerungsgruppe durch die Reform erheblich stärker belastet wird als zuvor. Ansonsten wären die politischen Widerstände gegen die Systemumstellung einfach zu groß. Im oben gebildeten Beispielsfall (42 % Flat Tax, Freibetrag 17.200 Euro) würde ein Bezieher eines zu versteuernden Einkommens von 100.000 Euro eine Mehrbelastung von 1.397 Euro pro Jahr zu tragen haben und würde sich sicherlich massiv gegen eine solche Reform stemmen, selbst wenn er sie im Grunde für sinnvoll hält.

Andererseits ist es nicht möglich, alle Bürger im Zuge der Systemumstellung erheblich zu entlasten. Würde man dies tun, wäre die politische Zustimmung der Bevölkerung zu einer solchen Reform natürlich leicht zu erlangen. Angesichts der finanziellen Bedeutung der Einkommensteuer und vor dem Hintergrund der

»Schuldenbremse« (Art. 109 Abs. 3 GG) müssen die Einnahmeausfälle aber so gering wie möglich gehalten werden.

Es empfiehlt sich daher, Grundfreibetrag und Tarif einer künftigen Flat Tax genau so zu wählen, dass gezielt die unteren und mittleren Einkommen entlastet werden. Dies führt durch den Wegfall der Steuerpflicht vieler Bürger zu einer Verwaltungserleichterung und zu einer hohen Zustimmungsrate in der Bevölkerung. Die dadurch verursachten Steuerausfälle sind relativ gering. Bei den hohen Einkommen sollte dagegen per Saldo weder eine Steuersenkung noch eine Steuererhöhung eintreten. Damit wird auf der einen Seite verhindert, dass sich die hohen Einkommensbezieher gegen die Reform stemmen (wie dies im Fall einer Steuererhöhung der Fall wäre), auf der anderen Seite wird eine Neiddebatte unterbunden (wie dies im Fall einer Steuersenkung der Fall wäre). Vielmehr sorgt die Konstanz der Steuerleistungen der wichtigen hohen Einkommensbezieher für die notwendige Stabilität bei den Steuereinnahmen während der Umstellungsphase.

Allerdings ist es nicht möglich, ein solches Ergebnis in einem Schritt zu erreichen. Ein solches neutrales Ergebnis für die Bezieher von Spitzeneinkommen träte nämlich nur ein, wenn man bei einer Flat Tax von 45 % den Grundfreibetrag noch weit über die vorgeschlagenen 17.200 Euro festsetzen würde, z.B. auf 40.000 Euro. Die Rechnung würde dann einfach lauten:

Steuerschuld = (zvE – 40.000 Euro) × 45 %

Ein solches Modell wäre zwar bestechend einfach, aber die Steuerausfälle wären viel zu stark, als dass man dieses Modell umsetzen könnte. Immerhin wären dann alle Ehepaare mit einem zu versteuernden Einkommen bis rund 80 Tausend Euro nicht mehr steuerpflichtig. Damit wären fast alle Personen in Deutschland auf einen Schlag nicht mehr einkommensteuerpflichtig. Die Einkommensteuer würde dann ausschließlich von den Beziehern von Spitzeneinkommen getragen (die allerdings auch bereits jetzt mehr als die Hälfte des Steueraufkommens tragen).

Die Mindereinnahmen wären bei diesem Modell der schlagartigen Umstellung nur dann geringer, wenn man entweder den Grundfreibetrag deutlich unter die 40.000 Euro herabsetzt oder den Tarif auf deutlich über 45 % setzt, was aber die Folge hätte, dass die höheren Einkommensbezieher nach der Reform deutlich mehr zu zahlen hätten als vor der Reform.

Es ist somit nicht möglich bzw. nicht politisch durchsetzbar, eine Flat Tax in einem Schritt einzuführen. Ein sinnvoller Kompromiss zwischen dem Wunsch nach möglichst weitgehender Vereinfachung und dem Bedürfnis, Steuerausfälle möglichst gering zu halten dürfte hingegen die Variante sein, dass man doch zunächst einen Stufentarif einführt, jedoch mit der Option, die unteren Stufen später abzuschaffen.

Konkret wird hier vorgeschlagen, dass man einen Grundfreibetrag von 17.200 Euro für Erwachsene und einen (alternativ zum Kindergeld wählbaren) Kinderfreibetrag von 9.000 Euro einführt und das darüber liegende Einkommen zunächst wie folgt besteuert:

Stufe	Einkommen bis …	Tarif
0	17.200 Euro	0 %
1	37.200 Euro	35 %
2	260.532 Euro	42 %
3	ab 260.533 Euro	45 %

(Darstellung des Tarifs für einen allein veranlagten Steuerpflichtigen ohne Kinder. Bei zusammen veranlagten Ehegatten sind nach dem Prinzip des Ehegattensplittings alle Euro-Beträge zu verdoppeln. Der Solidaritätszuschlag käme selbstverständlich wie bisher hinzu.) Bei einem solchen relativ engen Stufenkorridor sähe die Steuerbelastung bei allein veranlagten Personen wie folgt aus:

zvE	Steuer (2018)	3-Stufen-Tarif	Entlastung
10.000 Euro	149 Euro	0 Euro	100,0 %
20.000 Euro	2.467 Euro	980 Euro	60,3 %
30.000 Euro	5.348 Euro	4.480 Euro	16,2 %
40.000 Euro	8.670 Euro	8.176 Euro	5,7 %
50.000 Euro	12.432 Euro	12.376 Euro	0,5 %
60.000 Euro	16.578 Euro	16.576 Euro	0,0 %

Die Entlastung würde sich somit auf die Bezieher geringer und mittlerer Einkommen beschränken. Ab rund 60.000 Euro zu versteuerndem Jahreseinkommen (rund 120.000 Euro bei Paaren) gäbe es keine Entlastung mehr. Alle Bezieher noch höherer Einkommen hätten die gleiche Besteuerung, wie sie nach gegenwärtiger Rechtslage erfolgt. Die Steuerausfälle wären bei der Einführung dieses Modells relativ gering: Die größte Entlastungswirkung tritt bei einem zu versteuernden Einkommen von genau 17.200 Euro ein (hier beträgt die Entlastung 1.739 Euro jährlich). Bei mittleren zu versteuernden Einkommen liegt die Entlastungswirkung nur noch bei wenigen hundert Euro im Jahr und die oberen Einkommensbezieher, die den Großteil der Einkommensteuer tragen, werden exakt so besteuert wie derzeit. Insgesamt liegen die zu erwartenden Steuerausfälle bei wenigen Prozent des Steueraufkommens. Eine solche Steuerreform wäre somit finanziell tragbar. Wegen der langfristigen Bedeutung einer solchen Reform für die Einführung einer Flat Tax sollten diese Steuerausfälle zunächst in Kauf genommen werden. Wünscht man gleichwohl eine Kompensation, so könnten z.B. unsinnige Vergünstigungen im Umsatzsteuerrecht gestrichen werden.

Die politische Zustimmung der Bevölkerung zu einer solchen Reform dürfte relativ leicht zu erlangen sein, weil die allermeisten Personen (wenn auch zumeist nur mit wenigen Euro) von einer solchen Reform profitieren würden. Insgesamt gibt es bei einer solchen Umstellung vier verschiedene betroffene Bevölkerungsgruppen:

1. Nicht betroffen sind die Bezieher geringer Einkommen (bis 9.000 Euro zu versteuerndes Einkommen). Sie zahlen vor und nach der Reform keine Einkommensteuer. Sie dürften einer solchen Reform eher positiv gegenüberstehen, da sie meist hoffen, selbst einmal mehr als die 9.000 Euro Einkommen zu erzielen und dann von der Entlastung zu profitieren. Dies gilt vor allem dann, wenn man die Reform mit einer günstigeren Anrechnung des Erwerbseinkommens beim ALG II verbindet.
2. Stark positiv dürften die Bezieher von Einkommen bis 17.200 Euro einer solchen Reform gegenüberstehen, weil für sie dann die lästige Einkommensteuer ganz entfällt.
3. Positiv dürften auch die Bezieher von Einkommen bis rund 60.000 Euro der Reform gegenüberstehen. Sie zahlen nach der Reform eine geringere Einkommensteuer (wobei die Entlastungswirkung mit zunehmendem Einkommen abnimmt).
4. Für Einkommensbezieher ab rund 60.000 Euro ändert sich per Saldo nichts. Diese Bevölkerungsgruppe könnte dann der Reform positiv gegenüberstehen, wenn sie sich von der Einfachheit und Gerechtigkeit des neuen Konzepts überzeugen lässt. Diese Gruppe macht aber ohnehin jedenfalls zahlenmäßig nur einen geringen Prozentsatz der Bevölkerung aus.

Der tiefere Sinn einer solchen Reform geht über die bloße Einführung eines einfacheren 3-Stufen-Tarifs hinaus. Bedeutsam wäre zunächst, dass man den erhöhten Grundfreibetrag von 17.200 Euro eingeführt hätte. Dies würde es u.a. ermöglichen, dass man die Anrechnungsvorschriften für Einkünfte beim ALG II günstiger gestaltet, ohne dass es zu einem Widerspruch zwischen Sozial- und Steuerrecht kommt.

Zudem könnte dieser Stufentarif relativ leicht zu einer Flat Tax weiterentwickelt werden, wie im Folgenden gezeigt werden soll:

Führt man Schritt für Schritt ein Grundeinkommen ein, so sind wegen der dadurch verursachten Mehrausgaben des Staates Steuererhöhungen bei der Einkommensteuer unvermeidlich. Man könnte nun diese Steuererhöhungen so verwirklichen, dass man zunächst die untere Stufe des Stufentarifs streicht. Es würden dann also nur noch folgende zwei Stufen gelten:

Stufe	Einkommen bis ...	Tarif
0	17.200 Euro	0 %
1	260.532 Euro	42 %
2	ab 260.533 Euro	45 %

Bei einer solchen Steuererhöhung (durch Streichung der Ermäßigungszone von 35 %) würden alle Bezieher von Einkommen über 17.200 Euro belastet, wobei die absolute Belastung mit zunehmendem Einkommen steigt. Die politische Zustimmung der Bevölkerung zu einer solchen Steuererhöhung dürfte jedoch zu erlangen sein, wenn das zusätzlich eingenommene Geld auch zu Gunsten der Bevölkerung verwendet wird, also z.B. durch Einführung eines Grundeinkommens für Kinder.

Im Fall einer weiteren Steuerreform und -erhöhung infolge einer Ausweitung des Grundeinkommens könnte man dann auch noch die verbliebene untere Stufe von 42 % streichen, sodass nunmehr alle Einkommen über 17.200 Euro mit 45 % besteuert würden:

Stufe	Einkommen bis ...	Tarif
0	17.200 Euro	0 %
1	ab 17.200 Euro	45 %

Damit hätte man letztlich die Flat Tax verwirklicht. Wiederum würden alle Einkommen über 17.200 Euro (bei allein veranlagten Steuerpflichtigen) belastet, wobei die Belastung mit zunehmendem Einkommen steigt.

Eine solche mehrstufige Reform des Einkommensteuerrechts würde zu mehr Steuergerechtigkeit führen (Ergebnis: Flat Tax auf alle Einkünfte!), würde gezielt die unteren Einkommensgruppen entlasten und gleichwohl zu stabilen bis steigenden Steuereinnahmen führen.

Vorteile der Erhebung der Einkommensteuer als Flat Tax

Vorteilhaft an einer Flat Tax gegenüber einer progressiven Einkommensteuer oder eines Stufentarifs ist zum einen, dass jeder selbst die Steuerschuld mittels eines Taschenrechners leicht errechnen kann, ohne Steuertabellen bemühen zu müssen. Man muss einfach nur das zu versteuernde Einkommen ermitteln, den Grundfreibetrag abziehen und auf die Differenz die Flat Tax anwenden.

Für Arbeitgeber ist es ebenfalls von Vorteil, dass auf diese Weise relativ einfach der Lohnsteuerabzug ermittelt werden kann. Der Lohnsteuerabzug hinge dann nicht von der Wahl von Lohnsteuerklassen ab, sondern die Lohnsteuer würde einfach durch Anwendung der Flat Tax auf den steuerpflichtigen Arbeitslohn ermittelt. Insbesondere bei mehreren Arbeitsverhältnissen eines Arbeitnehmers würde sich das Lohnsteuerabzugsverfahren deutlich vereinfachen.

Ein weiterer Vorteil der Flat Tax ist, dass die Steuerschuld bei periodisch schwankendem Einkommen nicht höher ist als bei konstantem Einkommen. Nach gegenwärtiger Rechtslage zahlt ein Steuerpflichtiger wegen der Progression mehr Steuern, wenn er in einem Jahr 40.000 Euro und im nächsten Jahr 60.000 Euro verdient, als wenn er in beiden Jahren je 50.000 Euro verdient hätte. Bei einer Flat Tax würde er hingegen in beiden Varianten die gleiche Einkommensteuer zu entrichten haben.

Schließlich ist es auch von Vorteil, dass es bei Paaren mit unterschiedlichem Einkommen keinen Unterschied mehr machen würde, ob sie zusammen veranlagt werden oder getrennt. Gegenwärtig greift bei zusammen veranlagten Ehegatten der Splittingvorteil. Ein Paar mit einem Einkommen von 50.000 Euro (Hauptverdiener) und 20.000 Euro (Hinzuverdiener) wird bei Zusammenveranlagung so behandelt, als hätten beide je 35.000 Euro verdient. Dabei ist die entstehende Steuerschuld geringer als bei der Variante 50.000/20.000 Euro. Bei einer Flat Tax hingegen wäre die Steuer bei gemeinsamer Versteuerung von 70.000 Euro genau so hoch wie bei getrennter Versteuerung von 50.000 Euro und 20.000 Euro. Die Flat Tax würde somit zu einer erheblichen Vereinfachung und zu mehr Gerechtigkeit führen.

Hat man ein Grundeinkommen eingeführt, so muss man ohnehin jedes besteuerbare Einkommen mit einem relativ hohen Steuersatz belegen, um die Gegenfinanzierung des Grundeinkommens sicherzustellen. Für Ermäßigungen durch abgesenkte Eingangsstufen oder Proportionalzonen wäre dann kein finanzieller Spielraum mehr. An einer hohen Flat Tax (50 bis 60 %) würde dann kein Weg mehr vorbeiführen. Vor der schrittweisen Einführung eines Grundeinkommens sollte jedenfalls zunächst der hier vorgeschlagene 3-Stufen-Tarif verwirklicht werden.

Transfergrenzenmodell, negative Einkommensteuer und Grundeinkommen

Im vorangegangenen Abschnitt ging es um nötige Reformen im Steuer- und Sozialrecht, die unabhängig von der Einführung eines bedingungslosen Grundeinkommens durchgeführt werden sollten. Hat man diese Reformen durchgeführt, so ergibt sich im Weiteren der mögliche Weg zu einem Grundeinkommen nahezu von selbst. Dieser Weg soll nun aufgezeigt werden.

Grundeinkommensmodelle existieren in zwei Formen: zum einen als nicht bedingungsloses Grundeinkommen (häufig als »Bürgergeld« bezeichnet) und zum anderen als bedingungsloses Grundeinkommen (häufig als »Sozialdividende« bezeichnet). Beiden Formen ist gemeinsam, dass hier die Bürger monatlich einen auskömmlichen Geldbetrag vom Staat erhalten sollen. Daneben existieren jedoch noch die beiden verwandten Modelle der negativen Einkommensteuer und das Transfergrenzenmodell. Die beiden letztgenannten Modelle können als Übergangsmodelle auf dem Weg zum bedingungslosen Grundeinkommen bezeichnet werden. Transfergrenzenmodell, negative Einkommensteuer und bedingungsloses Grundeinkommen sollen in diesem Abschnitt besprochen und verglichen werden.

Transfergrenzenmodell

Zunächst zum Transfergrenzenmodell: Ausgangspunkt der Überlegungen war der Grundsatz, dass das Existenzminimum jeder Person gesichert werden muss. Personen, die weder über Einkommen noch über Vermögen verfügen, müssen staatliche Hilfszahlungen (»Transfers«) mindestens in Höhe des sächlichen Existenzminimums erhalten.

Des Weiteren wurde bereits erörtert, dass es nicht sinnvoll ist, wenn man das Einkommen einer bedürftigen Person zu 100 % auf die Transferzahlungen anrechnen würde, weil dann zumindest im Niedriglohnbereich jeder Anreiz, eine Arbeit aufzunehmen, verloren ginge. Gegenwärtig erfolgt die Anrechnung im Rahmen des ALG II grundsätzlich zu 80 % (bei höheren Einkünften dann zu 90 bis 100 %). Diesen Prozentsatz, zu dem Einkommen auf die Transferzahlung angerechnet wird und diese mindert, nennt man »Transferentzugsrate«. Vorgeschlagen wurde hier, die Transferentzugsrate auf 60 % abzusenken.

Beträgt der monatliche Bedarf, der gesichert werden soll (»Transfersatz«), beispielsweise 750 Euro und setzt man die Transferentzugsrate auf 60 % fest, so würden die Transferzahlungen pro 100 Euro zusätzlichen anrechenbaren Einkommens um 60 Euro sinken. Bei einem anrechenbaren Einkommen von angenommen 500 Euro würden somit 300 Euro auf den Transfersatz angerechnet und demzufolge noch 450 Euro gezahlt. Es gibt nun einen exakten Punkt, an dem die Anrechnung genau so hoch ist wie der Transfersatz: Bei einem anrechenbarem Einkommen von genau 1.250,00 Euro würden exakt 750 Euro angerechnet, die Person würde somit ab diesem Einkommen keine Transferzahlung mehr erhalten. Diesen Punkt, an dem die Transferzahlung auf null gesunken ist, nennt man »Transfergrenze«. Es gilt:

$$\frac{Transfersatz}{Transferentzugsrate} = Transfergrenze$$

Übertragen auf das gebildete Beispiel bedeutet dies:

$$\frac{750{,}00\ Euro}{60\,\%} = 1.250{,}00\ Euro$$

Die Vertreter der Transfergrenzenmodelle setzen sich nun dafür ein, dass der steuerliche Grundfreibetrag mit der Transfergrenze in Übereinstimmung gebracht wird. Nur Personen mit Einkommen oberhalb der Transfergrenze sollen Steuern zahlen, um damit die Transferzahlungen an die Personen mit Einkommen unterhalb der Transfergrenze zu finanzieren. Im oben gewählten Beispiel wäre der jährliche Grundfreibetrag im Einkommensteuerrecht somit auf 15.000 Euro (=12 × 1.250,00 Euro) festzusetzen.

Das Einkommen oberhalb der Transfergrenze soll nach den Vorschlägen der Vertreter der Transfergrenzenmodelle *nicht* mit dem gleichen Steuersatz belegt werden, der der Transferentzugsrate entspricht. Die Grenzbelastung oberhalb der Transfergrenze wäre somit geringer als die Transferentzugsrate unterhalb der Transfergrenze. Beispielsweise könnte oberhalb des Grundfreibetrages von 15.000 Euro ein Eingangssteuersatz von 35 % festgesetzt werden.

Das bekannteste Transfergrenzenmodell ist das sog. *Ulmer Modell*, das 1996 an der Universität Ulm unter der maßgeblichen Leitung von *Helmut Pelzer* entwickelt wurde[19]. Die Vertreter der Transfergrenzenmodelle gehen davon aus, dass unterhalb der Transfergrenze genügend Anreize zur Arbeitsaufnahme verbleiben, wenn die Transferentzugsrate nicht zu hoch angesetzt wird. Bei einer Transferentzugsrate von z.B. 60 oder 70 % sollten noch genügend Anreize bestehen, um sich nach einer Arbeit umzusehen. Man könnte den Transfersatz den einkommensschwachen Haushalten somit auch bedingungslos gewähren, ohne dass zu viele Menschen in die freiwillige Erwerbslosigkeit gehen würden.

Nach dem Transfergrenzenmodell würde nur ein Teil der Bevölkerung in den Genuss eines Grundeinkommens kommen (nämlich die Personen mit Einkommen unterhalb der Transfergrenze).

Diese unteren Einkommensgruppen müssen im Gegenzug mit einer hohen Transferentzugsrate hinsichtlich der Anrechnung ihrer Einkünfte leben. Dies bewirkt, dass man die Transfergrenze relativ niedrig ansetzen kann und den Steuersatz für die Personen oberhalb der Transfergrenze entsprechend geringer halten kann. Die Kosten für die Umsetzung dieses Modells wären gering, weil nur relativ wenige Personen zuschussberechtigt wären.

Zeigt sich allerdings, dass die Arbeitsanreize nicht ausreichen, müsste man die Transferentzugsrate absenken, beispielsweise von 70 auf 60 %. Die Transfergrenze würde dadurch automatisch steigen und das Modell würde insgesamt teurer, weil mehr Personen anspruchsberechtigt würden. Zur Gegenfinanzierung müssten dann auch die Steuersätze oberhalb der Transfergrenze angehoben werden. Die Vertreter der Transfergrenzenmodelle versuchen, das richtige Maß der Transferentzugsrate zu finden, bei dem genügend Anreize zur Arbeitsaufnahme verbleiben, aber das Modell noch nicht zu teuer wird.

Negative Einkommensteuer

Das Modell der negativen Einkommensteuer versucht ebenfalls, die Steuer- und Abgabenquote so zu gestalten, dass für alle Personen genügend Anreize zur Arbeitsaufnahme verbleiben. *Milton Friedman*[20], auf den das Modell der negativen Einkommensteuer (negative income tax) zurückgeführt wird, hat vorgeschlagen, allen bedürftigen Personen, deren Einkommen nicht zur Bestreitung des soziokulturellen Existenzminimums ausreicht, einen Anspruch auf Steuergutschrift gegenüber den Steuerbehörden zu geben. Der Steuersatz würde hierfür einfach auf Einkommen unterhalb des Grundfreibetrages mit einem negativen Vorzeichen angewendet (wobei dies aber nach *Friedmans* Plan dazu führen sollte, dass der Staat das Existenzminimum nur teilweise sichert).

Mit einer negativen Einkommensteuer nähert man sich dem Problem der Versorgung Bedürftiger gewissermaßen »von oben«, während das Transfergrenzenmodell die Problematik »von unten« angeht. Beim Transfergrenzenmodell geht man von einem grundsätzlichen Anspruch des Hilfebedürftigen auf den Transfer aus und der Transfer wird bei sich *erhöhendem* Einkommen schrittweise bis zur Transfergrenze *abgeschmolzen*. Die Betrachtungsweise lautet: »Je höher das Einkommen, desto geringer der Transfer.« Bei der negativen Einkommensteuer geht man zunächst davon aus, dass die Haushalte im Regelfall ein Einkommen oberhalb der Transfergrenze beziehen und keinen Transfer erhalten. In den Fällen mit geringerem Einkommen unterhalb der Transfergrenze wird dann der Transfer mit *sinkendem* Einkommen schrittweise *erhöht*. Die Betrachtungsweise lautet nun also: »Je geringer das Einkommen, desto höher der Transfer.«

Gemeinsam mit dem Transfergrenzenmodell hat die negative Einkommensteuer, dass ein exakter Punkt definiert wird (Transfergrenze), der entscheidet, ob eine Person Fürsorgeleistungen erhält oder ob sie Steuern zahlen muss: Alle Personen mit Einkommen oberhalb der Transfergrenze sind steuerpflichtig und nicht zuschussberechtigt, alle Personen mit Einkommen unterhalb dieser Grenze sind hingegen zuschussberechtigt und nicht steuerpflichtig.

Die Vertreter der negativen Einkommensteuer wollen nun – anders als die Vertreter der Transfergrenzenmodelle – einen *einheitlichen* positiven/negativen Steuersatz auf das gesamte Einkommen anwenden. Während bei einem Transfergrenzenmodell eine Transferentzugsrate von 70 % und ein Steuersatz von 35 % gelten könnte, müsste bei der negativen Einkommensteuer ein einheitlicher Satz gefunden werden, der beispielsweise bei 50 % liegen könnte.

Die negative Einkommensteuer funktioniert selbstverständlich nicht, wenn der steuerliche Grundfreibetrag nur in Höhe des Existenzminimums oder knapp darüber gewählt wird. Bliebe der Grundfreibetrag wie jetzt bei 9.000 Euro und würde für jeden Euro, um den das zu versteuernde Einkommen unterhalb des Freibetrages läge, ein Zuschuss von 0,50 Euro gewährt, so hätte eine Person *ohne* jedes eigene Einkommen nur Anspruch auf einen jährlichen Zuschuss von 4.500 Euro (375,00 Euro monatlich). Das würde ihre materielle Existenz bei Weitem nicht sichern. Bei der negativen Einkommensteuer gilt somit erst recht, dass die Transfergrenze, d.h. der steuerliche Grundfreibetrag, *deutlich* oberhalb des Existenzminimums liegen muss. Es gilt nunmehr leicht abgewandelt:

$$\frac{Transfersatz}{einheitlicher\ Steuersatz} = Grundfreibetrag$$

Angenommen, man ginge von einem Bedarf (Transfersatz) von 750 Euro monatlich und einem Steuersatz von 55 % aus, so müsste der Grundfreibetrag im Einkommensteuerrecht dann auf 1.364 Euro monatlich (16.368 Euro pro Jahr) festgesetzt werden. Der jetzige Grundfreibetrag müsste also fast verdoppelt werden. Das darüber hinausgehende Einkommen würde mit 55 % besteuert. Ein Bürger ohne jedes Einkommen hätte also einen Anspruch gegen das Finanzamt von 750 Euro monatlich, ein Bürger mit einem monatlichen Einkommen von 1.000 Euro hätte einen Aufstockungsanspruch von 200 Euro, ein Bürger mit einem zu versteuerndem Einkommen von 1.364 Euro monatlich würde weder einen Auszahlungsanspruch noch eine Steuerpflicht haben, und Bürger mit noch höheren Einkünften müssten die Differenz zu 1.364 Euro mit 55 % versteuern.

Auf diese Weise soll auf einfache Art das Existenzminimum aller Personen gesichert werden. Durch die im Vergleich zu den Transfergrenzenmodellen geringere Transferentzugsrate bei geringen Einkommen wäre der Anreiz zur Arbeitsaufnahme noch stärker. Das System der negativen Einkommensteuer könnte somit auch problemlos mit bedingungslos gewährten Steuergutschriften eingeführt werden. Dafür ist das System deutlich teurer als ein Transfergrenzenmodell, weil die Transfergrenze deutlich höher liegt, mehr Personen anspruchsberechtigt sind und es zu einer stärkeren Umverteilung von oben nach unten kommt.

Der große Gewinn an Gerechtigkeit des Vorschlages für eine negative Einkommensteuer ist, dass mit dem Modell vorgeschlagen wird, einen *einheitlichen* Abgabensatz auf alle Einkünfte zu erheben (die Flat Tax für Einkünfte oberhalb der Transfergrenze entspricht dem prozentualen Zuschuss für Einkünfte unterhalb der Transfergrenze). Damit würde der Boden für die Einführung eines bedingungslosen Grundeinkommens für alle bereitet, wie im Folgenden gezeigt werden soll.

Weiterentwicklung der negativen Einkommensteuer zum Grundeinkommen

Bei der negativen Einkommensteuer berechnet sich das verfügbare Einkommen einer Person wie folgt:

$$B = Y - t \times (Y - Y_0)$$

B: verfügbares Nettoeinkommen bzw. Budget
Y: eigenes Bruttoeinkommen
Y_0: Grundfreibetrag
t: prozentualer Steuersatz (Flat Tax)

Es wird also für die Berechnung der Steuerschuld der Grundfreibetrag (Y_0) vom Bruttoeinkommen (Y) abgezogen, die Differenz wird mit der Flat Tax (t) multipliziert (dies ergibt die Steuerschuld), und diese Steuerschuld wird vom erzielten Bruttoeinkommen (Y) abgezogen (ergibt das verfügbare Einkommen B).

Der Grundfreibetrag errechnet sich dabei wie folgt (s.o.):

$$Y_0 = \frac{S}{t}$$

S: jährlicher Sozialtransfer für einkommenslose Personen (bzw. Existenzminimum)

Setzt man nun die zweite Formel in die erste ein, so erhält man:

$$B = Y - t \times \left(Y - \frac{S}{t}\right)$$

Durch einfaches Umstellen dieser neuen Formel erhält man:

$$B = Y - (Y \times t - S)$$

$$B = S + Y - Y \times t$$

Diese letzte Formel bedeutet, übersetzt in die Alltagssprache: Das verfügbare Einkommen (B) einer Person setzt sich zusammen aus dem garantierten Transfer (S), zuzüglich dem eigenen Bruttoeinkommen (Y), jedoch abzüglich den geschuldeten Steuern auf das Einkommen (Y × t). Man erhält also stets das gleiche verfügbare Einkommen wie bei der negativen Einkommensteuer, wenn man jeder Person den Transfer als bedingungsloses Grundeinkommen auszahlt und auf das erzielte Bruttoeinkommen die Flat Tax erhebt (wobei jedoch nunmehr das volle Bruttoeinkommen ohne Gewährung eines Grundfreibetrages steuerpflichtig sein muss!).

Auf die oben bei der negativen Einkommensteuer gebildeten Beispiele angewendet bedeutet dies: Alle Bürger erhielten nunmehr den Grundtransfer von 750 Euro monatlich. Der einkommenslose Bürger müsste selbstverständlich keine Steuern zahlen, der Bezieher von 1.000 Euro brutto müsste 550 Euro Steuern leisten und der Bezieher von 1.364 Euro brutto müsste 750 Euro Steuern leisten, wodurch sein Transfereinkommen wieder ausgeglichen würde (Transfergrenze). Bezieher noch höherer Einkünfte wären dann Nettozahler gegenüber dem Finanzamt. In allen Fällen entspricht das verfügbare Einkommen dem errechneten Betrag bei Anwendung der negativen Einkommensteuer.

Mit einem Grundeinkommen wird somit die Idee der negativen Einkommensteuer konsequent fortgeführt und verwaltungstechnisch noch weiter vereinfacht, ohne dass es rechnerisch zu irgendwelchen Unterschieden kommt.

Vergleich der drei Modelle

Aus welchem Grund ist nun das Modell eines bedingungslosen Grundeinkommens im Vergleich der drei Modelle am überzeugendsten?

Transfergrenzenmodelle haben den Vorteil, dass sie für den Staat leicht zu finanzieren sind, weil es nur verhältnismäßig wenige anspruchsberechtigte Personen gibt. Im Vergleich zum jetzigen Rechtszustand müsste eigentlich nur die Anrechnung des eigenen Einkommens im Rahmen des ALG II günstiger gestaltet und der Grundfreibetrag im Steuerrecht angehoben werden, um ein funktionierendes Transfergrenzenmodell zu verwirklichen. Wegen der zusätzlichen Ausgaben und Steuerausfälle wäre eine moderate Steuererhöhung unumgänglich. Fraglich ist jedoch, ob die Transferentzugsrate so gering gehalten werden kann, dass der Anreiz zur Arbeitsaufnahme groß genug ist, sodass der Transfer tatsächlich bedingungslos gezahlt werden kann. Nachteilig an einem Transfergrenzenmodell ist, dass es die Bezieher geringer Einkünfte als ungerecht empfinden können, dass auf ihr Einkommen eine höhere Transferentzugsrate angewendet wird, während die Grenzabgabenquote für Bezieher höherer Einkommen geringer ist. Dies könnte als ungerechtfertigte Bevorzugung von Gutverdienenden angesehen werden.

Zudem ist der Vorteil, dass Transfergrenzenmodelle für den Staat preiswert und gut finanzierbar sind, zugleich deren Nachteil, nämlich dass damit nicht in ausreichendem Maß die gewünschte und notwendige Umverteilungswirkung von oben nach unten eintritt.

Transfergrenzenmodelle kommen daher eher als Übergangsmodelle auf dem Weg zum bedingungslosen Grundeinkommen in Frage. Sie eignen sich für Länder, die ein echtes bedingungsloses

Grundeinkommen aus ihrer Wirtschaftskraft noch nicht finanzieren können. Für Deutschland empfiehlt sich dagegen eher die negative Einkommensteuer bzw. das Grundeinkommen, da hier wegen der vorhandenen Vermögensungleichheit eine stärkere Umverteilungswirkung angestrebt werden sollte (und die Wirtschaftskraft die Finanzierung eines bedingungslosen Grundeinkommens durchaus zulässt).

Im Vergleich zwischen negativer Einkommensteuer und Grundeinkommen erscheint die negative Einkommensteuer auf den ersten Blick einfacher. Bei gut verdienenden Personen würde einfach der (erhöhte) Grundfreibetrag vom Einkommen abgezogen und nur der Rest versteuert. Personen mit geringem Einkommen erhielten ihr Existenzminimum einfach über das Finanzamt gesichert. Was das Finanzamt bei den einen Personen an Steuern einnimmt, kann es an andere Personen wieder ausreichen. Die tatsächlichen Geldflüsse würden auf das notwendige Maß der Umverteilung begrenzt.

Dennoch hätte ein System der negativen Einkommensteuer auch Nachteile, vor allem verwaltungstechnischer Natur:

- Die Steuergutschrift könnte grundsätzlich erst mit dem Steuerbescheid für ein betreffendes Jahr festgesetzt werden. Der Steuerbescheid für ein bestimmtes Kalenderjahr ergeht jedoch in der Regel erst im nächsten oder gar übernächsten Jahr. Da die hilfebedürftigen Personen nicht solange auf ihr Geld warten können, müssten die Finanzämter ein System monatlicher Vorauszahlung auf den zu erwartenden Gutschriftbetrag einrichten. Es müsste also der zu erwartende Erstattungsbetrag vorab geschätzt und unter Vorbehalt ausgezahlt werden. Für den Fall einer zu hohen Auszahlung müsste nachträglich eine Rückforderung erfolgen. Hierfür entstünde Verwaltungsaufwand und eventuell würde es zu Zahlungsausfällen kommen.
- Eine negative Einkommensteuer müsste von Anfang an als bedingungslose Grundsicherung konzipiert werden, da die

Finanzämter nur die Höhe des Einkommens feststellen können, nicht aber den Grund für ein geringes Einkommen ermitteln. Für die Finanzämter wären freiwillige und unfreiwillige Arbeitslosigkeit stets gleich. Es wäre nicht möglich, die Steuererstattungen an den Nachweis der Arbeitsbereitschaft zu koppeln. Beispielweise hätte eine (freiwillig arbeitslose) vermögende Person mit jährlichen Kapitaleinkünften von 10.000 Euro den gleichen Anspruch auf die Steuergutschrift wie ein voll erwerbstätiger Geringverdiener mit einem jährlichen Arbeitseinkommen von 10.000 Euro.

♦ Würde die Sicherung des Existenzminimums über die Finanzverwaltung erfolgen, würden alle Einnahmen aus der Einkommensteuer für die Steuergutschriften benötigt. Nur Finanzämter in wohlhabenden Regionen würden überhaupt einen Überschuss aus der Einkommensteuererhebung erzielen. Dagegen würden Finanzämter in ärmeren Regionen mehr Steuergutschriften ausreichen als sie Steuereinnahmen erzielen. Diese Finanzämter wären völlig abhängig vom Länderfinanzausgleich und hätten keinen Anreiz, intensiv Steuerfahndung zu betreiben.

♦ Es müssten Lohnsteuerkarten geführt werden, auf denen die Freibeträge für den Steuerpflichtigen, evtl. für seinen Partner und die Kinder eingetragen werden, damit dies beim Lohnsteuerabzug berücksichtigt werden kann.

Die bedingungslose Existenzsicherung soll gerade Personen mit unsteten Beschäftigungsverhältnissen ein reißfestes soziales Netz bieten. Gerade für diese Personen wäre aber die negative Einkommensteuer ein recht umständliches System:

Angenommen, ein Düsseldorfer habe einen Sommerjob als Surflehrer an der Nordsee und einen Winterjob als Skilehrer in Oberbayern. Frühjahr und Herbst verbringe er jeweils arbeitslos in Düsseldorf. Bei einem System der negativen Einkommensteuer müsste er für das Frühjahr beim Finanzamt Düsseldorf eine monatliche Vorauszahlung auf seine erwartete Steuererstattung beantragen. Im Sommer müsste er sich beim Finanzamt Düsseldorf abmelden und erhielte nun an der Nordsee seinen versteuerten Lohn (unter Gewährung eines Freibetrages). Für den Herbst müsste er wieder beim Finanzamt Düsseldorf Vorauszahlungen beantragen, um seinen Lebensunterhalt zu bestreiten. Im Winter müsste er sich wieder beim Finanzamt Düsseldorf abmelden und erhielte nun in Oberbayern seinen versteuerten Lohn (wieder unter Gewährung eines Freibetrages). Bei der Einkommensteuererklärung für dieses Jahr müssten dann alle Einkünfte, gezahlten Erstattungen (aus Düsseldorf) und Lohnsteuerzahlungen (an die Finanzämter an der Nordsee und in Oberbayern) miteinander und gegeneinander verrechnet werden. Dies erscheint kompliziert und das wäre es auch in der Praxis.

Dagegen wäre ein System des bedingungslosen Grundeinkommens in dem gebildeten Beispielsfall wesentlich einfacher: Die Person erhielte einfach von einer Grundeinkommensbehörde ihres Hauptwohnsitzes in Düsseldorf das ganze Jahr hindurch jeden Monat das Grundeinkommen auf ihr Konto überwiesen. Das Einkommen der Person an der Nordsee würde ihr dortiger Arbeitgeber einfach ohne Grundfreibetrag mit der Flat Tax versteuern und die Lohnsteuer an das dortige Finanzamt abführen. Der Arbeitgeber in Oberbayern würde genauso verfahren und die Lohnsteuer an sein zuständiges Betriebsstättenfinanzamt abführen. Damit wären im Prinzip alle Zahlungspflichten erfüllt. Wenn die Person keine besonderen Steuerabzüge geltend machen will (und keine anderen Einkünfte hat), bräuchte sie nicht einmal eine Einkommensteuererklärung für dieses Jahr abzugeben.

Das bedingungslose Grundeinkommen bietet somit gegenüber der negativen Einkommensteuer erhebliche verwaltungstechnische Vorteile für die Finanz- und Sozialbehörden. Für die Bürger treten außerdem folgende weitere Vorteile ein:

♦ Der Betreffende kann sein soziokulturelles Existenzminimum auch dann jederzeit sicherstellen, wenn die Lohnzahlung vorübergehend ausbleibt, z.B. bei einer Zahlungsstockung seitens seines Arbeitgebers.

- ♦ Hat der Steuerpflichtige mehrere Arbeitgeber oder unregelmäßiges Einkommen, so muss er nicht seinen Grundfreibetrag aufteilen, um ihn nicht zu verschenken. Stattdessen erhält er sein Existenzminimum garantiert und muss jedes Einkommen pauschal mit der Flat Tax versteuern.

- ♦ Für Arbeitgeber ist es verwaltungstechnisch einfacher, wenn sie beim Lohnsteuerabzug keine Freibeträge berücksichtigen müssen, sondern auf alle Einkünfte pauschal die Flat Tax abführen können.

- ♦ Nicht erwerbstätige Familienangehörige sind nicht darauf angewiesen, als Freibetrag auf der Lohnsteuerkarte ihres Unterhaltspflichtigen aufgeführt zu werden. Stattdessen erhielten sie ihr Existenzminimum unabhängig von dem verdienenden Unterhaltsverpflichteten sichergestellt.

Alles in allem erscheint das bedingungslose Grundeinkommen als überzeugender und konsequenter im Vergleich zur negativen Einkommensteuer. Nachteilig ist jedoch, dass beim bedingungslosen Grundeinkommen die größten Geldbewegungen im Vergleich aller denkbaren Modelle stattfinden (was aber in den Zeiten des elektronischen Zahlungsverkehrs kaum Mehrkosten verursacht). Bei der negativen Einkommensteuer zieht sich beispielsweise eine gut verdienende Person ihr Grundeinkommen quasi selbst von der Einkommensteuerschuld ab und zahlt entsprechend weniger Steuern. Beim bedingungslosen Grundeinkommen zahlt die Person dagegen das Grundeinkommen erst mit den Steuern ein und erhält es dann wieder als Grundeinkommen heraus. Es erscheint fraglich, ob diese Geldbewegungen wirklich sein müssen. Es wäre z.B. denkbar, dass das Grundeinkommen als direkte Zahlung nur an Personen mit geringem oder unstetem Einkommen gezahlt wird, bei Personen mit hohem regelmäßigem Einkommen könnte dagegen das System der negativen Einkommensteuer Anwendung finden.

Dennoch ist von einem solchen Trennsystem abzuraten. Vor allem sprechen psychologische Gründe gegen eine solche Regelung: Die Solidarität innerhalb der Bevölkerung würde leiden, wenn es auf der einen Seite Bevölkerungsgruppen gäbe, die Grundeinkommensbezieher wären und auf der anderen Seite Steuerzahler, die keinen Anspruch auf ein Grundeinkommen hätten. Auch wenn es rechnerisch keinen Unterschied machte, würden sich die Steuerzahler ohne Grundeinkommensanspruch subjektiv ungerecht behandelt fühlen. Sie würden geltend machen, dass sie die Leistungsträger sind, die das ganze System tragen, während die anderen nur Nutznießer seien. Bei einem echten Grundeinkommenssystem wären dagegen *alle* Personen Leistungsbezieher und Steuerzahler gleichermaßen. Die Gerechtigkeit eines solchen Systems ist der Bevölkerung leichter zu vermitteln.

Zudem wäre es denkbar, dass es einige Personen gäbe, die über ein sehr hohes Einkommen verfügen und die es als nicht standesgemäß oder zu umständlich empfinden würden, ein Grundeinkommen zu beantragen. Diese könnten dann freiwillig auf das Grundeinkommen verzichten, müssten dafür aber mit der höheren Steuerbelastung leben. Wenn diese Spitzenverdiener dagegen auf das Grundeinkommen nicht verzichten wollen, müssen sie es wie alle anderen Bürger auch bei der entsprechenden Behörde beantragen und könnten es nicht einfach von ihrer Steuerschuld abziehen. Den wohlhabenden Bürgern würde somit deutlicher vor Augen geführt, dass mit ihren Steuern ein Grundeinkommenssystem für alle finanziert wird, auf das alle Bürger nach den gleichen Regeln Anspruch haben. Alle Bürger wären somit als Steuerzahler und Leistungsempfänger gleichermaßen Verpflichtete und Berechtigte.

Grundeinkommen und Erwerbsneigung

In den vorangegangenen Abschnitten wurde dargelegt, dass es ein wesentliches Ziel der Einführung eines Grundeinkommens ist, die Menschen sozial abzusichern, ohne ihnen den Arbeitsanreiz zu nehmen. Ob der Arbeitsanreiz tatsächlich bei Einführung eines bedingungslosen Grundeinkommens ausreichend erhalten bliebe, lässt sich selbstverständlich nicht mit Sicherheit vorhersagen. Die Entscheidung, den Job aufzugeben oder nicht, wird jeder individuell für sich selbst treffen.

Eine einigermaßen fundierte Abschätzung über den Einfluss eines bedingungslosen Grundeinkommens auf den Arbeitsanreiz kann man entweder rein auf ökonomische Annahmen oder aber auf soziologische Annahmen stützen. Nach allem, was man über die Menschen weiß, kann man sagen, dass sie sich nicht rein ökonomisch rational verhalten. Sie wägen nicht nur zwischen dem gezahlten Lohn auf der einen Seite und dem durch die Arbeit bewirkten Freizeitverlust auf der anderen Seite ab. Vielmehr beziehen sie auch scheinbar irrationale Gründe mit ein (oder anders gesprochen: sie verhalten sich rational, beziehen dabei aber auch andere reale Faktoren als den Lohn mit ein). Nach Einführung eines bedingungslosen Grundeinkommens würden sicher viele eine ganz persönliche Pro-und-Contra-Übersicht über die Vor- und Nachteile ihres Arbeitsplatzes aufmachen, die beispielsweise folgende Faktoren mit einbeziehen könnte:

Pro Arbeitsplatz	Contra Arbeitsplatz
Zusätzliches Einkommen	Stress am Arbeitsplatz
Sozialer Status durch Job	Zeitmangel für die Familie
(ggf.) Spaß an der Arbeit	evtl. Gesundheitsgefährdung
Soziale Kontakte auf Arbeit	Zeitmangel für Hobbys
Einsicht in die moralische Pflicht	
Soziale Ächtung durch andere bei Faulheit	
Langeweile bei Arbeitslosigkeit	

Bei den meisten Menschen dürfte die Entscheidung vermutlich zu Gunsten des Behaltens des Arbeitsplatzes ausfallen, insbesondere wenn man unterstellt, dass die Arbeitgeber nach Einführung eines bedingungslosen Grundeinkommens Arbeitsbedingungen schaffen würden, unter denen sich die Arbeitnehmer am Arbeitsplatz wohler fühlen, als dies jetzt der Fall ist. Anders könnte die Entscheidung z.B. bei einer stressgeplagten kinderreichen Familie oder bei angeschlagener Gesundheit ausfallen. Den Arbeitsplatz würden somit vermutlich vor allem diejenigen Personen freiwillig aufgeben, die bereits jetzt am wenigsten leistungsfähig sind. Für sie könnten leistungsfähigere, bisher arbeitslose Personen den Arbeitsplatz nachbesetzen.

Was würde aber für ein Ergebnis herauskommen, wenn man einmal unterstellen würde, dass Menschen rein rational nur zwischen dem verdienten Einkommen einer Arbeitsstunde und dem Freizeitverlust infolge der Arbeitsstunde abwägen würden? Würden diese Menschen dann nach Einführung eines bedingungslosen Grundeinkommens zu der Nutzenentscheidung gelangen, dass sich Arbeiten gehen generell nicht mehr lohnt? Dies soll mit einem fiktiven Beispiel näher untersucht werden.

Angenommen, ein Arbeitnehmer verdiene einen bestimmten Bruttolohn »x« pro Stunde (z.B. 30,00 Euro) und müsse hierauf ein Drittel Steuern und Abgaben leisten. Er erzielt somit einen Nettolohn von 20,00 Euro pro Arbeitsstunde. Nehmen wir nun weiter an, die Güter, die sich der Arbeitnehmer von diesem Nettolohn kaufen kann, mögen einen abnehmenden Grenznutzen haben. Beispielsweise könnte der Arbeitnehmer die Güter, die er sich vom Verdienst der ersten Arbeitsstunde kaufen kann, mit 100,00 »Nutzenpunkten« bewerten. Die erste Arbeitsstunde würde somit einen monetären Nutzen von 100,00 Punkten erzeugen. Die Güter, die sich der Arbeitnehmer vom Verdienst der zweiten Arbeitsstunde kaufen kann, würden nur noch einen geringeren zusätzlichen Nutzen erzeugen (entsprechend der von dem deutschen Volkswirt *Hermann Heinrich Gossen* [1810 bis 1858] begründeten Theorie vom abnehmenden Grenznutzen). Beispielsweise könnten die Güter, die sich der Arbeitnehmer vom Verdienst der zweiten Arbeitsstunde kaufen kann, noch zwei Drittel des Nutzens der Güter der ersten Arbeitsstunde erzeugen, also 66,67 Nutzenpunkte. Die dritte Arbeitsstunde würde ebenfalls nur noch zwei Drittel des Nutzens der zweiten Arbeitsstunde erzeugen, also 44,44 Punkte. Die vierte Arbeitsstunde hätte dann einen monetären Nutzen von 29,63 Punkten, die fünfte einen von 19,75 Punkten usw. Bei 16 wachen Stunden eines Tages wären maximal 16 Arbeitsstunden möglich. Die 16. Arbeitsstunde hätte dann nur noch einen monetären Nutzen von 0,23 Punkten.

In gleicher Weise würde dieser rational denkende Arbeitnehmer die Unannehmlichkeiten infolge des Freizeitverlustes durch die Arbeit bewerten (denn das sind die »Opportunitätskosten« der Entscheidung, eine Stunde mit Arbeit statt mit Freizeitgenuss zu verbringen). Auch dabei wird angenommen, dass die Freizeitstunden einen abnehmenden Grenznutzen haben. Dies bedeutet: Verzichtet der Arbeitnehmer auf die 16. Arbeitsstunde, so gewinnt er damit die erste Freizeitstunde. Diese wichtige erste Freizeitstunde habe ebenfalls einen Wert von 100,00 Nutzenpunkten. Eine 16. Arbeitsstunde würde also eine Unannehmlichkeit von -100,00 Punkten verursachen, weil der Arbeitnehmer auf diesen Freizeitnutzen verzichten müsste. Zudem wäre eine hypothetische 16. Arbeitsstunde wegen der eingetretenen Ermüdung sehr belastend und unangenehm. Die zweite Freizeitstunde, die entsteht, wenn der Arbeitnehmer auf die 15. Arbeitsstunde verzichtet, würde einen Nutzen von noch zwei Drittel des Nutzens der ersten

Freizeitstunde erzeugen, also 66,67 Punkte. Die Entscheidung, die 15. Stunde mit Arbeit zu verbringen, würde also eine Unannehmlichkeit von -66,67 Punkten erzeugen usw.

Der Arbeitnehmer könnte dann folgende Nutzen- und Unannehmlichkeitsübersicht aufmachen:

Arbeitsstunde	Nutzen	Unannehmlichkeit	Saldo
1	100,00	-0,23	99,77
2	66,67	-0,34	66,33
3	44,44	-0,51	43,93
4	29,63	-0,77	28,86
5	19,75	-1,16	18,59
6	13,17	-1,73	11,44
7	8,78	-2,60	6,18
8	5,85	-3,90	1,95
9	3,90	-5,85	-1,95
10	2,60	-8,78	-6,18
11	1,73	-13,17	-11,44
12	1,16	-19,75	-18,59
13	0,77	-29,63	-28,86
14	0,51	-44,44	-43,93
15	0,34	-66,67	-66,33
16	0,23	-100,00	-99,77

Bis zur achten Arbeitsstunde wäre der Saldo somit positiv, ab der neunten Arbeitsstunde überwiegt der Nachteil des Freizeitverlustes den monetären Nutzen der Arbeitsstunde. Der Arbeitnehmer würde sich somit für eine Arbeitszeit von acht Stunden täglich entscheiden. Insgesamt würde er damit unter den gegebenen Umständen aus der Erwerbsarbeit sein individuelles Nutzenoptimum von 277,05 Punkten ziehen (Summe der Salden von Nutzen und Unannehmlichkeit der ersten bis achten Arbeitsstunde).

Abwandlung 1: Nutzenoptimum bei Einführung eines bedingungslosen Grundeinkommens ohne Steuererhöhung

Wie würde sich nun die Erwerbsneigung dieses rational handelnden Arbeitnehmers ändern, wenn man ein bedingungsloses Grundeinkommen einführen würde, ohne die Steuern zu erhöhen (was allerdings unrealistisch ist)? Nehmen wir an, die Person erhält nunmehr ein Grundeinkommen, von dem sie sich die Güter kaufen kann, für die sie bisher die ersten zwei Stunden des Arbeitstages arbeiten musste (steuerfreies Grundeinkommen von 40 Euro arbeitstäglich bzw. 800 Euro monatlich). Dieses Grundeinkommen hätte somit einen monetären Nutzen von 166,67 Nutzenpunkten, und dies, ohne dass damit ein Freizeitverlust einhergeht (keine Unannehmlichkeit).

Die Güter, die sie diese Person nunmehr für ihre Arbeitsleistung kaufen kann, wären jetzt relativ gesehen weniger wert (weil sie die wirklich wichtigen Dinge bereits aus dem Grundeinkommens bestreiten kann). D.h.: die erste Arbeitsstunde hat nun nur noch den Wert der ursprünglich dritten Arbeitsstunde, die zweite den der ursprünglich vierten usw. Die dadurch veränderte Nutzenübersicht würde nunmehr wie folgt aussehen:

Arbeitsstunde	Nutzen	Unannehmlichkeit	Saldo
(BGE)	100,00	-	100,00
(BGE)	66,67	-	66,67
1	44,44	-0,23	44,21
2	29,63	-0,34	29,29
3	19,75	-0,51	19,24
4	13,17	-0,77	12,40
5	8,78	-1,16	7,62
6	5,85	-1,73	4,12
7	3,90	-2,60	1,30
8	2,60	-3,90	-1,30

Nunmehr wäre somit bereits in der achten Arbeitsstunde der Saldo negativ. Der Arbeitnehmer würde sich daher für eine Arbeitszeit von sieben Stunden täglich entscheiden. Die Einführung des bedingungslosen Grundeinkommens würde somit nicht dazu führen, dass diese Person die Erwerbsarbeit gänzlich aufgeben würde, sondern sie würde die Erwerbsbereitschaft (nur) um eine Stunde senken. Diese sieben Arbeitsstunden erzielen per Saldo einen Nettonutzen von insgesamt 118,18 Punkten. Der Arbeitnehmer hätte jetzt einschließlich der vom Grundeinkommen gekauften Güter (=166,67 Punkte) einen Gesamtnutzen von 284,85 Punkten.

Abwandlung 2: Nutzenoptimum bei Steuererhöhung ohne Einführung eines Grundeinkommens

Fraglich ist, welche Arbeitsbereitschaft die fiktive Person zeigen würde, wenn man die Steuern massiv erhöhen würde, *ohne* ein Grundeinkommen einzuführen. Nehmen wir an, die Steuern würden von einem Drittel auf zwei Drittel erhöht. Von jeder Arbeitsstunde hätte der Arbeitnehmer nun nur noch die Hälfte netto in der Tasche wie zuvor (jetzt 10,00 Euro). Man sollte annehmen, dass sich die Arbeit jetzt weniger lohnt als zuvor und der Arbeitnehmer seine Erwerbsarbeit einschränkt, um lieber den Freizeitnutzen zu genießen. Doch ist dies wirklich so?

Die erste Arbeitsstunde hat jetzt wirklich nur noch den halben monetären Nutzen wie im Ausgangsbeispiel. Doch bereits bei der zweiten Arbeitsstunde ist zu berücksichtigen, dass der Arbeitnehmer diesen Lohn nunmehr für wichtigere Güter als zuvor verwendet. Er verwendet den Lohn der zweiten Arbeitsstunde für die Güter, die er zuvor von dem (halben) Lohn der ersten Arbeitsstunde gekauft hat, und diese Güter sind nun einmal wichtiger.

Den Lohn der sechsten Arbeitsstunde verwendet der Arbeitnehmer nun beispielsweise darauf, die Güter zu kaufen, die er sich zuvor vom halben Lohn der dritten Arbeitsstunde kaufen konnte.

Berücksichtigt man diese Effekte, sieht die Nutzenübersicht nunmehr wie folgt aus:

Arbeitsstunde	Nutzen	Unannehmlichkeit	Saldo
1	50,00	-0,23	49,77
2	50,00	-0,34	49,66
3	33,34	-0,51	32,83
4	33,33	-0,77	32,56
5	22,22	-1,16	21,06
6	22,22	-1,73	20,49
7	14,82	-2,60	12,22
8	14,81	-3,90	10,91
9	9,88	-5,85	4,03
10	9,87	-8,78	1,09
11	6,59	-13,17	-6,58

Der Nutzensaldo wäre nunmehr somit bis zur zehnten Arbeitsstunde positiv, weil der Arbeitnehmer länger arbeiten muss, ehe er sich die Güter, die ihm wirklich wichtig sind, leisten kann. Die massive Steuererhöhung hat also die Arbeitsbereitschaft der ökonomisch rational handelnden Person nicht gesenkt, sondern im Gegenteil stark erhöht. Das Nutzenoptimum läge nun allerdings bei nur noch 234,62 Punkten.

Abwandlung 3: Nutzenoptimum bei Einführung eines bedingungslosen Grundeinkommens in Verbindung mit Steuererhöhung

Nun kommen wir zu der eigentlich interessierenden Fallkonstellation, nämlich der Kombination von Grundeinkommen und Steuererhöhung, denn bei Einführung eines bedingungslosen Grundeinkommens müsste zur Gegenfinanzierung zugleich eine Steuererhöhung stattfinden. Es ist nunmehr interessant zu erfahren, welche Erwerbsbereitschaft die rational handelnde Person zeigen würde, wenn man ihr ein Grundeinkommen gewähren würde und zugleich ihr Arbeitseinkommen statt mit einem Drittel mit zwei Dritteln Steuern und Abgaben belegen würde.

Angenommen wurde, dass das Grundeinkommen das Einkommen ersetzt, für das der Arbeitnehmer zuvor zwei Arbeitsstunden des Tages aufwenden musste (siehe Abwandlung 1). Er wendet das Einkommen der ersten Arbeitsstunde nunmehr für die Güter auf, für die er ursprünglich das Einkommen der dritten Arbeitsstunde eingesetzt hat. Zudem erzielt er infolge der Steuererhöhung nunmehr in dieser Arbeitsstunde nur noch die Hälfte des Nettoeinkommens aus dem Ausgangsbeispiel (siehe Abwandlung 2). Wenn dies beides berücksichtigt wird, so ergibt sich, dass die erste Arbeitsstunde in der nun untersuchten Fallkonstellation tatsächlich nur noch einen relativ geringen monetären Nutzen von 22,22 Punkten hat.

Bei der Betrachtung der weiteren Arbeitsstunden ist nunmehr kumulativ zu berücksichtigen, dass auf der einen Seite das Grundeinkommen die Arbeitsbereitschaft senkt (Abwandlung 1), auf der anderen Seite aber die Steuererhöhung die Arbeitsbereitschaft erhöht (Abwandlung 2). Insgesamt sieht die Nutzenübersicht nunmehr wie folgt aus:

Arbeitsstunde	Nutzen	Unannehmlichkeit	Saldo
(BGE)	100,00	-	100,00
(BGE)	66,67	-	66,67
1	22,22	-0,23	21,99
2	22,22	-0,34	21,88
3	14,82	-0,51	14,31
4	14,81	-0,77	14,04
5	9,88	-1,16	8,72
6	9,87	-1,73	8,14
7	6,59	-2,60	3,99
8	6,58	-3,90	2,68
9	4,39	-5,85	-1,46

Der Nutzensaldo ist nunmehr wieder bis zur achten Arbeitsstunde positiv. Man kommt somit zu dem erstaunlichen Ergebnis, dass es für diese rational handelnde Person bei Einführung eines bedingungslosen Grundeinkommens in Verbindung mit einer massiven Steuererhöhung optimal ist, die gleiche Arbeitsbereitschaft zu zeigen wie zuvor!

Unser Arbeitnehmer hat nunmehr ein Nutzenoptimum von 262,42 Punkten, wobei 166,67 Punkte aus dem Grundeinkommen stammen und nur 95,75 Punkte aus der Erwerbsarbeit. Gegenüber der Ausgangslage hat er somit 14,63 Punkte oder rund 5 % seines Nutzens eingebüßt. »Nur« 5 % sollte man anmerken, denn diese Person gehört zu den gutverdienenden Nettozahlern und hat durch die (fiktive) Reform massiv an Einkommen eingebüßt. Angenommen, diese Person hatte zuvor einen Nettolohn von 20 Euro pro Stunde (160 Euro pro Arbeitstag, 3.200 Euro pro Monat), so hat sie nunmehr einen Nettolohn von nur noch 10 Euro pro Stunde (80 Euro pro Arbeitstag, 1.600 Euro pro Monat). Hinzu kommt das Grundeinkommen von lediglich 40 Euro pro Arbeitstag (800 Euro pro Monat, entsprechend dem ursprünglichen Nettoverdienst von zwei Arbeitsstunden). Das verfügbare Einkommen pro Monat hat sich somit von 3.200 Euro auf 2.400 Euro verringert. Während also das verfügbare Einkommen um immerhin ein Drittel zurückgeht, büßt diese Person nur 5 % ihres Nutzens ein.

(Im Gegenzug kann nunmehr infolge der Steuererhöhung einer anderen bedürftigen Person, die bisher einkommenslos war, ein Grundeinkommen von 40 Euro arbeitstäglich [800 Euro monatlich] gewährt werden. Die andere Person kann hieraus einen Nutzen von 166,67 Punkten ziehen. Insgesamt hat die Einführung des Grundeinkommens für beide Personen zusammen somit zu einem Nettonutzengewinn von erstaunlichen 152,04 Punkten geführt. Entsprechend dieser hier beispielhaft dargestellten positiven Nutzenwirkung einer größeren Gleichverteilung der Einkommen unter der Bevölkerung würde die Einführung eines bedingungslosen Grundeinkommens auch in der Realität zu einem erheblichen gesamtwirtschaftlichen Nutzenzuwachs führen. Die angebotenen

Güter würden einen größeren Nutzen erzeugen, weil sie tendenziell eher von den Personen konsumiert werden, die hieraus den größten Nutzen ziehen können.)

Insgesamt ist festzustellen, dass bei Unterstellung ökonomisch rationalen Handelns die Einführung eines bedingungslosen Grundeinkommens vermutlich nicht zu einer wesentlichen Änderung der Erwerbsbereitschaft führen würde.

Grundeinkommen – anspruchsberechtigter Personenkreis

In den folgenden Abschnitten soll es nun darum gehen, wie ein bedingungsloses Grundeinkommen in der Praxis aussehen könnte. Bevor es an späterer Stelle um die Finanzierbarkeit und Umsetzbarkeit gehen soll, soll in diesem Abschnitt zunächst erörtert werden, wer überhaupt im Fall der Einführung eines Grundeinkommens anspruchsberechtigt sein sollte. Denn anders als man annehmen könnte, ist es nämlich gar nicht so leicht zu bestimmen, wer mit »jeder« als Begünstigter eines Grundeinkommens gemeint sein könnte.

Das Hauptproblem beim bedingungslosen Grundeinkommen liegt darin, dass es sich dabei um eine steuerfinanzierte Sozialleistung und nicht um eine Sozialversicherung handelt. Bei den Sozialversicherungen (z.B. Rentenversicherung und Arbeitslosenversicherung) lässt sich der Kreis der Anspruchsberechtigten leicht auf die Personen eingrenzen, die sich zuvor bei der Versicherung angemeldet und Versicherungsbeiträge eingezahlt haben. Außenstehende können keine Leistungen beanspruchen.

Eine steuerfinanzierte Sozialleistung muss dagegen allen Bürgern offenstehen. Die Gegenleistung besteht beim bedingungslosen Grundeinkommen grundsätzlich darin, dass die begünstigte Person ihren Wohnsitz in Deutschland hat und ihr Einkommen im Inland versteuert. Die Steuerzahlung ersetzt somit quasi die Versicherungsbeiträge. Doch soll ja das Grundeinkommen gerade auch für Personen gelten, die kein Einkommen haben, also nicht einkommensteuerpflichtig sind. Es besteht daher die Gefahr, dass sich nicht arbeitswillige Personen gezielt im Inland niederlassen, um ein Grundeinkommen zu beziehen. Die Lösung dieses Problems kann aber auch nicht darin bestehen, die Anspruchsberechtigung auf deutsche Staatsbürger zu begrenzen, da auch bei deutschen Staatsbürgern die Gefahr bestehen kann, dass sie das System ausnutzen.

Während bei den derzeit üblichen Sozialleistungen (z.B. Sozialhilfe, Kindergeld) die Gefahr des Ausnutzens nicht übermäßig groß ist, weil vergleichbare Leistungen auch im Ausland gewährt werden und die Leistungshöhe nicht so hoch ist, dass ein zu starker Zuwanderungsanreiz gesetzt wird, wäre dies beim Grundeinkommen anders. Das Grundeinkommen wäre eine so umfassende Sozialleistung, dass sie einen starken Anreiz für eine unkontrollierte Zuwanderung setzen würde, wenn man nicht strikte Regeln einführt, wer anspruchsberechtigt sein soll.

Im Fall der Einführung eines bedingungslosen Grundeinkommens müssten somit engere Grenzen als bisher für die Anspruchsberechtigung für Sozialleistungen gesetzt werden. Dies würde zur Folge haben, dass dann auch etliche Personen in Deutschland leben würden, die bezüglich eines Grundeinkommens nicht anspruchsberechtigt wären. Für diese Personen müssten stattdessen die bisherigen Sozialleistungen (Sozialhilfe, Wohngeld, Kindergeld usw.) weiter gewährt werden.

Deutsche Staatsangehörige mit Aufenthalt im Inland

In erster Linie anspruchsberechtigt bezüglich eines Grundeinkommens wären sicherlich deutsche Staatsangehörige, die sich im Inland aufhalten. Dabei muss jedoch die Einschränkung gelten, dass die Person auch ihren Hauptwohnsitz im Inland haben muss; der bloße vorübergehende Aufenthalt im Inland kann nicht genügen, wie das folgende Beispiel zeigt:

Angenommen, eine deutsche Staatsangehörige hat nach ihrem Architekturstudium eine Stelle bei einem Architekturbüro in London angenommen, wohnt dort und zahlt auch in Großbritannien ihre Einkommensteuer. Sie trägt damit nichts zur Finanzierung des Grundeinkommens in Deutschland bei. Wenn sie nach Deutschland einreist, um ihre Eltern zu besuchen, dann kann sie während dieses vorübergehenden Aufenthaltes in Deutschland keinen Grundeinkommensanspruch erhalten. Ihr Anspruch muss am fehlenden Hauptwohnsitz in Deutschland scheitern.

Das Merkmal »Hauptwohnsitz in Deutschland« ist jedoch ebenfalls nicht immer hinreichend, wie das folgende Beispiel zeigt:

Nehmen wir an, die deutsche Architektin hat ihren Arbeitsplatz in London verloren und sucht nun europaweit nach einer neuen Stelle. Während der Zeit der Arbeitssuche ist sie wieder bei ihren Eltern in Deutschland eingezogen. Sie hat nun ihren Hauptwohnsitz in Deutschland, sollte aber trotzdem keinen Anspruch auf ein Grundeinkommen haben, weil sie in Deutschland in den vergangenen Jahren keine Steuern gezahlt hat.

Das Grundeinkommen sollte für diese Rückkehrer aus dem Ausland erst nach einer bestimmten Zeit gezahlt werden. Auf diese Weise wird verhindert, dass Auslandsdeutsche immer nur dann befristet nach Deutschland zurückkehren, wenn sie gerade arbeitslos geworden sind. Denkbar wäre z.B. eine Mindestaufenthaltsdauer von fünf Jahren[21]. Allerdings wäre auch denkbar, dass man diesbezüglich zwischen Kindern und Erwachsenen differenzieren sollte, wie das folgende Beispiel zeigt:

Angenommen, eine deutsche Familie mit drei Kindern war nach Kanada ausgewandert, hat dort aber ihre Arbeit wieder verloren und kehrt nun endgültig nach Deutschland zurück. Die Kinder gehen wieder auf die reguläre deutsche Schule. Für die Eltern sollte der Grundeinkommensanspruch erst nach fünfjähriger Aufenthaltsdauer greifen (s.o.). Dies wäre jedoch für die Kinder vermutlich unangemessen. Zu berücksichtigen ist, dass nach Einführung eines Grundeinkommens fast alle Kinder Anspruch auf das gleiche Grundeinkommen hätten und finanziell leistungsfähig wären. Schulen, Sportvereine und Freizeiteinrichtungen würden sich hierauf einstellen und von den Kindern höhere Eigenanteile, Beiträge bzw. Eintrittsgelder verlangen. Dass ein deutsches Kind nach Rückkehr aus dem Ausland erst nach fünf Jahren Anspruch auf das gleiche Grundeinkommen wie seine Klassenkameraden erhalten soll, erscheint daher als unangemessen. Für Kinder sollte somit die Frist deutlich verkürzt werden (z.B. auf drei Monate oder ein Jahr).

Schwierig ist die Sachlage auch bei den sogenannten Grenzgängern:

Angenommen, eine deutsche Familie wohnt in Konstanz. Der Vater hat eine Arbeitsstelle in der Schweiz gefunden und pendelt jeden Tag zur Arbeit in die Schweiz. Ob der Vater anspruchsberechtigt bezüglich eines Grundeinkommens sein sollte, hängt davon ab, ob er sein Einkommen im Inland (Wohnort) oder im Ausland (Arbeitsort) versteuert. Versteuert er sein Einkommen im Inland, so spricht nichts gegen eine Anspruchsberechtigung. Versteuert er sein Einkommen jedoch nur im Ausland am Arbeitsort, so sollte er nicht anspruchsberechtigt sein, weil er dann nichts zur Finanzierung des Grundeinkommens in Deutschland beiträgt.

Letztere Variante (Besteuerung am Arbeitsort) ist z.B. beim Doppelbesteuerungsabkommen mit Belgien gewählt worden, sodass die Anspruchsberechtigung bei Grenzgängern nach Belgien entfallen müsste. Für die Ehefrau und die Kinder sollte die Anspruchsberechtigung selbstverständlich nicht entfallen, denn sie leben ausschließlich in Deutschland und beziehen keine ausländischen Einkünfte.

Die eigentümliche Folge einer solchen Differenzierung wäre allerdings, dass eine Person, die in der Nähe der belgischen Grenze wohnt und keiner Arbeit nachgeht, anspruchsberechtigt wäre, während sie im Fall der Arbeitsaufnahme in Belgien ihren Grundeinkommensanspruch verliert. Grundsätzlich sollte somit in den Doppelbesteuerungsabkommen angestrebt werden, dass Personen mit Hauptwohnsitz in Deutschland ihr gesamtes Einkommen künftig immer (auch) in Deutschland versteuern müssen.

Deutsche Staatsangehörige mit Aufenthalt im Ausland

Deutsche Staatsangehörige, die im Inland ihren Hauptwohnsitz haben und ausschließlich im Inland steuerpflichtig sind, dürfen ihren Grundeinkommensanspruch nicht deshalb verlieren, weil sie sich vorübergehend im Ausland aufhalten. So dürfte klar sein, dass Deutsche, die ihren bezahlten Jahresurlaub in Italien verbringen und während dieser Zeit weiter ihre Lohnsteuer an das deutsche Finanzamt zahlen, weiter grundeinkommensberechtigt sein müssen. Das muss selbstverständlich auch für ihre mitreisenden nicht erwerbstätigen Familienangehörigen gelten.

Nimmt ein deutscher Staatsangehöriger dagegen seinen Hauptwohnsitz im Ausland, so wird er im Ausland für seine Einkünfte steuerpflichtig und ist nicht mehr in Deutschland einkommensteuerpflichtig. Es muss dann auch gelten, dass er seinen inländischen Grundeinkommensanspruch mit der Verlegung des Wohnsitzes ins Ausland verliert. Ein Problem, dem man sich stellen müsste, wäre die Frage, wie schnell der Grundeinkommensanspruch nach Rückkehr ins Inland wieder aufleben kann. Für manche Fälle könnte die o.g. Fünf-Jahres-Frist nämlich unangemessen lang sein:

Angenommen, ein arbeitsloser deutscher Staatsbürger findet eine Arbeitsstelle in Frankreich und wandert aus. Mit dem Umzug nach Frankreich würde der Grundeinkommensanspruch erlöschen. Nehmen wir nun an, der Mann besteht die Probezeit bei seinem französischen Arbeitgeber nicht und ihm wird schon nach drei Wochen gekündigt, worauf er seinen Hauptwohnsitz wieder in Deutschland nimmt. In diesem Fall wäre es unangemessen, wenn er erst wieder fünf Jahre warten müsste, ehe sein Grundeinkommensanspruch neu auflebt. Eine solche Regelung würde dazu führen, dass arbeitslose Personen lieber in Deutschland bleiben und vom Grundeinkommen leben, als dass sie den beruflichen Neuanfang im Ausland wagen.

Für besondere Fälle müsste darüber hinaus geregelt werden, dass der Grundeinkommensanspruch auch bei einer Berufstätigkeit im Ausland nicht erlischt. So dürfte klar sein, dass deutsche Bundeswehrsoldaten, die in den Auslandseinsatz geschickt werden, weiter ihren inländischen Grundeinkommensanspruch haben müssen.

Nimmt ein deutscher Staatsbürger seinen Hauptwohnsitz im Ausland, ohne dass er dort einer Erwerbstätigkeit nachgeht, würden deutsche Sozialleistungen wie die Sozialhilfe für ihn nicht gezahlt werden. Es muss daher auch gelten, dass er im Ausland keinen Grundeinkommensanspruch hat. Zu bedenken ist, dass ein bedingungsloses Grundeinkommen von 700 bis 800 Euro monatlich, umgerechnet in die dortige Landeswährung, in vielen Ländern ein fürstliches Einkommen darstellt. Würde man ein Grundeinkommen für nichterwerbstätige Deutsche im Ausland zahlen, so würden sich vermutlich sehr viele Menschen für ein arbeits- und sorgenfreies Leben unter Palmen entscheiden.

Auch nicht erwerbstätige Deutsche können daher nur bei vorübergehendem Auslandsaufenthalt (Urlaub) weiter grundeinkommensberechtigt sein. Allerdings kann die Grenze zwischen einem vorübergehenden und längeren Aufenthalt im Ausland durchaus fließend sein bzw. werden.

Angenommen, eine deutsche Staatsangehörige dänischer Abstammung ist mit einem Deutschen verheiratet, wohnt im Inland und führt ihrem berufstätigen Mann den Haushalt. Sie hat damit – als Deutsche mit Wohnsitz im Inland – unzweifelhaft einen Anspruch auf ein bedingungsloses Grundeinkommen. Fährt sie vorübergehend zurück nach Dänemark, um ihre Eltern zu besuchen, so würde der Grundeinkommensanspruch nicht erlöschen. Was aber ist, wenn sie beim Besuch ihrer Eltern feststellt, dass diese pflegebedürftig geworden sind und sie daher häufiger oder länger nach Dänemark fahren möchte, um ihre Eltern zu unterstützen? Es wäre unangemessen, wenn sie mit einem deutschen Grundeinkommen beliebig lange in Dänemark bleiben könnte, selbst wenn sie bei den häufigen Fahrten zu ihren Eltern stets die Absicht hat, regelmäßig wieder nach Deutschland zurückzukehren. Man muss dann irgendeine Grenze ziehen, ab welcher Dauer des Aufenthaltes im Ausland der Grundeinkommensanspruch zumindest vorübergehend ausgesetzt werden sollte. Die Grenze könnte z.B. bei einem Auslandsaufenthalt von mehr als sechs Wochen am Stück oder mehr als drei Monaten pro Kalenderjahr gezogen werden.

Jugendliche und junge Erwachsene halten sich häufig vorübergehend im Ausland auf. Bei ihnen muss nach Dauer und Zweck eines Auslandsaufenthaltes unterschieden werden und sicherlich auch danach, ob die Person im Ausland unterhalten bzw. finanziell versorgt wird. Verbringt eine deutsche Jugendliche z.B. ein High-School-Jahr in den USA, so sollte für sie weiter ein Grundeinkommen gezahlt werden (weil sie ja weiter unterhaltsbedürftig ist). Arbeitet sie jedoch als Au Pair in den USA und erhält sie dort Kost und Logis sowie ein Taschengeld, so sollte das Grundeinkommen für sie wahrscheinlich ausgesetzt werden.

Absolviert ein deutscher Student ein unbezahltes Auslandspraktikum, so sollte das Grundeinkommen nur dann fortgezahlt werden, wenn das Auslandspraktikum der (inländischen) Ausbildung förderlich ist. Auch bei einem eingeschobenen Auslandssemester sollte das Grundeinkommen fortgezahlt werden, nicht aber, wenn der Student sein ganzes Studium im Ausland absolvieren möchte.

Wird in solchen Fällen kein Grundeinkommen gewährt, so sollten die Eltern bei fortbestehender Unterhaltsverpflichtung Kindergeld beantragen können (s.u.).

Die Regel, dass der inländische Grundeinkommensanspruch erlöschen muss, wenn eine Person ihren Hauptwohnsitz ins Ausland verlegt, muss auch dann gelten, wenn diese Person weiter im Inland arbeitet. Angenommen, eine deutsche Familie wohnt im deutsch-österreichischen Grenzgebiet und die Eltern gehen in Deutschland einer Erwerbstätigkeit nach. Wenn diese Familie nun ein Einfamilienhaus im Nachbarort in Österreich erwirbt und dorthin zieht, so muss der Grundeinkommensanspruch für alle Familienmitglieder erlöschen, auch wenn die Eltern weiter ihre Arbeitsstelle in Deutschland behalten. Kompensiert wird dieser Verlust des Grundeinkommensanspruchs, indem auf das Einkommen der Familie, soweit es in Deutschland zu versteuern ist, ein Freibetrag zu gewähren ist (dazu später mehr).

Ausländische Staatsangehörige mit Aufenthalt im Inland

Ausländische Staatsangehörige, die nur vorübergehend nach Deutschland einreisen, hätten selbstverständlich keinen Grundeinkommensanspruch. Auch wenn sich das Hotelgewerbe sicherlich über eine solche Regelung freuen würde, kann für ausländische Touristen während ihres Urlaubs in Deutschland natürlich kein Grundeinkommen gezahlt werden.

Für Personen, die nur vorübergehend in Deutschland einer Erwerbstätigkeit nachgehen (z.B. Erntehelfer), kann ein Grundeinkommensanspruch auch dann nicht greifen, wenn sie während der Beschäftigungszeit hier ihren Hauptwohnsitz nehmen. Würde man ihnen ein Grundeinkommen zahlen, so würde eine unüberschaubare Vielzahl ausländischer Bürger ins Inland einreisen, pro forma eine geringfügige Beschäftigung annehmen (z.B. als Haushaltshilfe) und hauptsächlich vom Grundeinkommen leben.

Der gleiche Ausschluss muss für die sogenannten Einpendler gelten: Geht ein Österreicher, der in Kufstein wohnt, dauerhaft einer Beschäftigung in Bayern nach, kann er auch nach vielen Jahren Beschäftigung in Deutschland keinen Grundeinkommensanspruch erlangen, weil er nicht seinen Hauptwohnsitz in Deutschland hat.

Auch für Ausländer sollte gelten, dass sie erst nach einer Mindestaufenthaltsdauer von fünf Jahren, in der sie ununterbrochen und legal ihren Hauptwohnsitz in Deutschland haben, anspruchsberechtigt bezüglich eines Grundeinkommens werden können. Dagegen sollte nicht Bedingung sein, dass sie erst die deutsche Staatsbürgerschaft erwerben müssen, bevor sie anspruchsberechtigt werden können (dies wäre jedenfalls bezüglich der EU-Ausländer auch europarechtswidrig).

Auch nach fünf Jahren Wohnsitz in Deutschland können ausländische Personen keinen Grundeinkommensanspruch erlangen, wenn sie im Inland nicht einkommensteuerpflichtig sind, was z.B. bei ausländischen Diplomaten und Angehörigen der NATO-Streitkräfte der Fall sein kann.

Ist das Grundeinkommen nicht bedingungslos eingeführt, so hätten Ausländer wie Deutsche nur dann einen Grundeinkommensanspruch, wenn sie dem Arbeitsmarkt zur Verfügung stehen. Ist das Grundeinkommen jedoch bedingungslos eingeführt, so müsste es auch für Ausländer bedingungslos gezahlt werden, wenn sie die Mindestaufenthaltsdauer erfüllt haben. Fraglich ist dann, ob man von der Person erwartet, dass sie wenigstens in den fünf Jahren zuvor arbeitsbereit war:

Angenommen, ein Grundeinkommen ist nicht bedingungslos eingeführt. Ein vermögender Ausländer nimmt seinen Hauptwohnsitz in Deutschland, ohne hier einer Erwerbsarbeit nachzugehen. Er würde auch nach fünf Jahren Aufenthalt keinen Grundeinkommensanspruch erlangen, wenn er nicht bereit ist, eine Arbeit aufzunehmen. Er müsste weiter von seinem eigenen Vermögen leben. Ist jedoch das Grundeinkommen bedingungslos eingeführt, so hätte er nach fünf Jahren auch ohne Arbeitsbereitschaft einen Grundeinkommensanspruch. In diesem Fall müsste er also nur die ersten fünf Jahre mit seinen Ersparnissen überbrücken und wäre dann auf Dauer durch das Gemeinwesen abgesichert. Dies würde wohl einen zu starken Zuwanderungsanreiz setzen. Für derartige Fälle wäre daher denkbar, dass der Ausländer erst einen »qualifizierten« Mindestaufenthalt mit Nachweis der Arbeitsbereitschaft vorweisen muss, ehe ihm das Grundeinkommen gewährt wird.

Eine politische Entscheidung müsste auch zu der Frage getroffen werden, ob man anerkannten Asylbewerbern nach einem Aufenthalt von fünf Jahren im Inland statt der geringeren Leistungen für Asylbewerber einen Grundeinkommensanspruch (bedingt oder bedingungslos) zugestehen will.

Auch bei Ausländern sollte gelten, dass man hinsichtlich der Mindestaufenthaltsdauer zwischen Erwachsenen und Kindern differenzieren sollte. So wäre es sozial nicht verantwortbar, wenn alle deutschen Kinder einer Schulklasse einen Grundeinkommensanspruch haben und alle Schulaktivitäten mitmachen können, während das vietnamesische Mädchen keinen Grundeinkommensanspruch hat und nicht an der Klassenfahrt teilnehmen kann, weil seine Eltern noch nicht fünf Jahre im Land sind. Da auch die Kinder mit Migrationshintergrund gleiche Bildungschancen haben sollen wie die inländischen, muss auch bei ihnen gelten, dass der Grundeinkommensanspruch schon eher (z.B. nach drei Monaten bis einem Jahr) eingreifen sollte.

Allerdings besteht dann natürlich wiederum die Gefahr, dass gezielt kinderreiche Familien nach Deutschland einwandern, bei denen beabsichtigt ist, dass künftig die ganze Familie von den

Grundeinkommenszahlungen für die Kinder lebt und die Eltern keiner Erwerbstätigkeit nachgehen. Eine Familie mit fünf Kindern hätte beispielsweise bei einem Grundeinkommen von 450 Euro pro Kind ein garantiertes Familieneinkommen von 2.250 Euro monatlich. Es müssten dann zumindest strenge Kontrollen erfolgen, dass diese Familien die für die Kinder gezahlten Grundeinkommen auch ausschließlich für die Bedürfnisse der Kinder verwenden und ihnen alle Bildungschancen eröffnen (Kauf von Schulbüchern, PCs, Finanzierung von Klassenfahrten, Vereinsbeiträge, Eintrittsgelder für das Schwimmbad usw.).

Kindergeld bzw. Kinderfreibetrag statt Grundeinkommen bei Kindern mit längerem Auslandsaufenthalt

Oben wurde dargelegt, dass für Kinder im Einkommensteuerrecht zunächst ein Kinderfreibetrag von 9.000 Euro gewährt werden sollte. Würde dann später für Kinder ein Grundeinkommen in Höhe von 450 Euro monatlich eingeführt, so müsste dieser Kinderfreibetrag entfallen. Die Eltern müssten somit (pro Kind) 9.000 Euro Einkommen mehr versteuern. Würde dieses Einkommen mit einer Flat Tax von 60 % belegt, so ergäbe sich eine Mehrbelastung von 5.400 Euro jährlich (450 Euro monatlich). Der Austausch Kinderfreibetrag zu Kindergrundeinkommen führt somit zu keiner finanziellen Änderung des verfügbaren Familieneinkommens.

Formaljuristisch ändert sich dadurch allerdings eine Menge. Gegenwärtig gilt der Grundsatz, dass sich der Kindesunterhalt nach dem Aufenthaltsstatut der Eltern richtet. Die Eltern unterhalten ihr Kind finanziell. Dafür steht ihnen das Kindergeld oder der Kinderfreibetrag zu.

Das Grundeinkommen würde jedoch *dem Kind selbst* zustehen. Selbstverständlich verwalten die Eltern das Grundeinkommen für ihr Kind treuhänderisch und bestimmen über die Verwendung, aber die anspruchsberechtigte Person ist das Kind selbst. Die Eltern sind zwar weiter ihrem Kind gegenüber unterhaltsverpflichtet, aber sie haben künftig weder einen Kindergeldanspruch noch einen Freibetrag im Steuerrecht.

Diese Systemumstellung hätte in grenzüberschreitenden Fällen erhebliche Auswirkungen.

Im Fall der Einführung eines Grundeinkommens für Kinder wären alle Kinder anspruchsberechtigt, die sich legal seit einer gewissen Zeit in Deutschland aufhalten und hier ihren Hauptwohnsitz haben. Dies würde selbstverständlich auch für Kinder mit ausländischer Staatsangehörigkeit gelten. Wenn z.B. ein begabtes rumänisches Mädchen an einen deutschen Olympiastützpunkt als Nachwuchsturnerin aufgenommen wird, es hier in ein Internat zieht und die inländische Schule besucht, so würde es nach einer gewissen Zeit einen Grundeinkommensanspruch erwerben. Ob sich ihre Eltern in Deutschland aufhalten, wäre dabei unerheblich. Die Anspruchsberechtigung des Kindes bezüglich eines Grundeinkommens kann nicht unter die Bedingung gestellt werden, dass sich auch seine Eltern in Deutschland aufhalten (denn sonst müsste auch ein deutsches Kind mit Wohnsitz im Inland seinen Grundeinkommensanspruch verlieren, wenn seine Eltern Deutschland verlassen). Die ausländischen Eltern würden durch dieses Kindergrundeinkommen stark entlastet, d.h. von ihrer Unterhaltspflicht gegenüber dem Kind praktisch freigestellt. Von Seiten des rumänischen Staates wäre dann zu entscheiden, ob es den in Rumänien lebenden Eltern dieses Kindes überhaupt ein Kindergeld gewähren will.

Umgekehrt muss dann ein inländisches Kind seinen Grundeinkommensanspruch verlieren, wenn es seinen Hauptwohnsitz im Ausland nimmt, zumindest nach einer gewissen Zeit. Wenn ein deutsches Kind nur ein High-School-Jahr in den USA absolviert, ist es vertretbar, den Grundeinkommensanspruch solange aufrechtzuerhalten, wenn das Kind aber zwei oder gar drei Jahre im Ausland bleibt, sollte der Grundeinkommensanspruch erlöschen.

Nun ist es aber so, dass ein Kind, das sich im Ausland niederlässt, dort keinen Grundeinkommensanspruch erwirbt. Deutschland wäre ja im Fall der Einführung eines Grundeinkommens das erste Land der Welt, das den Kindern einen eigenen Anspruch auf das Existenzminimum zubilligt. International würde weiter die bisherige Regel gelten, dass das Kindergeld den Eltern als Beihilfe zum Unterhalt gezahlt wird. (Daher ist Deutschland auch auf Grund einer EU-Verordnung verpflichtet, ausländischen Erntehelfern in Deutschland, deren Kinder im Ausland geblieben sind, das deutsche Kindergeld zu zahlen.)

Grundeinkommensberechtigte Kinder, die ins Ausland ziehen, würden somit den inländischen Grundeinkommensanspruch verlieren, ohne im Ausland einen Grundeinkommensanspruch zu erwerben. Für Eltern in Deutschland mit Kindern im Ausland müsste somit ersatzweise eine kinderbezogene Leistung gewährt werden, um diesen Nachteil abzumildern. Dies sollte aber nicht das Grundeinkommen in Höhe von 450 Euro monatlich sein. Diese Leistung ist auf die volle Erfüllung des inländischen Existenzminimums eines Kindes zugeschnitten und könnte im Ausland viel zu hoch sein. In Polen beträgt beispielsweise das Kindergeld derzeit nur rund 20 bis 30 Euro. Es sollte am Grundsatz festgehalten werden, dass das Grundeinkommen nur an Personen im Inland geleistet wird.

Es wird daher vorgeschlagen, dass für Eltern mit Unterhaltsverpflichtungen gegenüber Kindern im Ausland ersatzweise das bisherige Kindergeld (194 Euro monatlich) fortgezahlt wird. Dies soll ausdrücklich auch für Eltern mit ausländischer Staatsangehörigkeit (z.B. Wanderarbeiter) und auch in den Fällen gelten, in denen sich das Kind nie in Deutschland aufgehalten hat. Bezieht das Kind im Ausland eine eigene finanzielle Zuwendung, so kann dies auf das Kindergeld angerechnet werden.

Statt des Kindergeldes sollten diese Eltern, die ja hier steuerpflichtig sind, auch wie bisher das Recht haben, einen Steuerfreibetrag zu wählen. Bei der Höhe des Steuerfreibetrages würde weiter die Ländergruppeneinteilung des Bundesfinanzministeriums Anwendung finden (Berücksichtigung ausländischer Verhältnisse, BMF-Schreiben vom 18.11.2013[22]), wonach der Freibetrag je nach den Verhältnissen im Aufenthaltsstaat des Kindes geringer sein kann.

Altersrentner und Grundeinkommen

Dargelegt wurde, dass Deutsche, die im Ausland ihren Hauptwohnsitz nehmen, grundsätzlich keinen Anspruch auf ein vom deutschen Staat gezahltes bedingungsloses Grundeinkommen haben können. Bei Einführung eines bedingungslosen Grundeinkommens muss darauf geachtet werden, dass sich arbeitsunwillige Personen mit dem Existenzminimum begnügen müssen. Das geht nur, wenn das Grundeinkommen nur im Inland gezahlt wird und nicht bei einem Aufenthalt im Ausland, wo das Grundeinkommen eine ganz andere Kaufkraft haben kann als in Deutschland.

Altersrentner haben jedoch das Recht, ihren Lebensabend im Ausland zu verbringen. Ihre deutsche Rente wird auch dann fortgezahlt, wenn sie ihren Hauptwohnsitz auf einer spanischen Urlaubsinsel nehmen oder in eine polnische Seniorenresidenz einziehen. Die bezüglich eines Grundeinkommens im Ausland getroffenen Aussagen können somit für Rentner nicht greifen.

Ähnliche Probleme stellen sich, wenn eine Person, die ihr Berufsleben im Ausland verbracht hat, ihren Lebensabend in Deutschland verbringen möchte. Angenommen, ein Deutscher hat sein ganzes Arbeitsleben auf Ibiza als Gelegenheits-Tauchlehrer verbracht. Als er feststellt, dass seine spanische Altersvorsorge nicht ausreichen wird, um ihm einen sorgenfreien Ruhestand zu ermöglichen, reist er mit 60 Jahren wieder nach Deutschland ein, um sich noch für fünf Jahre dem Arbeitsmarkt zur Verfügung zu stellen. Auf diese Weise hofft er, mit 65 Jahren einen Anspruch auf ein bedingungsloses Grundeinkommen zu erlangen, um davon seinen Ruhestand zu finanzieren. Dies darf nicht zugelassen werden. Für ihn kann daher ein Grundeinkommensanspruch nicht greifen, sondern es muss gelten, dass er, weil er sein Berufsleben in Spanien verbracht hat, im Alter ausschließlich von seiner in Spanien aufgebauten Altersvorsorge leben soll.

Es muss also gelten, dass eine Person, die erst im Ruhestandsalter oder kurz davor nach Deutschland einreist, keinen Anspruch auf ein Grundeinkommen mehr erlangen kann. Diese Person würde daher auf Dauer grundsätzlich von ihrer ausländischen Rente leben.

Wegen der gebotenen Gleichbehandlung zwischen In- und Ausländern würde dies bedeuten, dass auch der Grundeinkommensanspruch von Personen, die dauerhaft ihren Wohnsitz im Inland haben, mit Eintritt in den Ruhestand erlöschen muss. Das Grundeinkommen wäre somit grundsätzlich nur eine Absicherung für Personen bis 64 Jahre. Personen, die die Altersgrenze von 65 Jahren erreicht haben oder die bereits schon eher eine Altersrente beziehen, sollen keinen Anspruch auf ein Grundeinkommen mehr haben.

Es würde somit künftig zwei völlig getrennte Systeme der Absicherung des Existenzminimums geben:

- ♦ Das bedingungslose Grundeinkommen sichert Personen bis zum 64. Lebensjahr ab (bzw. bis zum 66. Lebensjahr nach Einführung der »Rente mit 67«). Das Grundeinkommen wird grundsätzlich nur bei Hauptwohnsitz im Inland gezahlt. Begünstigte können In- und Ausländer sein.
- ♦ Die Rente sichert Personen ab dem 65. Lebensjahr ab (bzw. ab dem 67. Lebensjahr nach Einführung der »Rente mit 67«). Die Rente wird unabhängig vom gewählten Wohnsitz gezahlt. Begünstigt sind die Personen, die zuvor rentenversichert waren.

Dies führt dazu, dass die Menschen auch nach Einführung eines bedingungslosen Grundeinkommens für ihr Alter vorsorgen müssen. Für Arbeitnehmer würden weiterhin Beiträge zur gesetzlichen Rentenversicherung abgeführt, Freiberufler zahlen in ihr Versorgungswerk ein und Unternehmer sparen ein Vorsorgevermögen an. Daneben gibt es viele weitere Möglichkeiten der Altersvorsorge wie z.B. ein Sparplan, eine Lebensversicherung oder der Erwerb eines Einfamilienhauses. Durch die generelle Herausnahme der Rentner aus dem Grundeinkommen würden diese vielfältigen Formen der Altersvorsorge auch künftig fortgesetzt und zur Vermögensbildung beitragen.

Für diejenigen älteren Personen, denen es während ihres Berufslebens nicht gelungen ist, eine ausreichende Altersvorsorge aufzubauen, würde auch künftig die Grundsicherung im Alter einspringen.

Die Herausnahme der Rentner aus dem Grundeinkommen ist auch aus Gründen des Eigentumsschutzes (Art. 14 GG) geboten. Würde man Rentnern ein Grundeinkommen gewähren, so müsste man im Gegenzug die Rente entsprechend kürzen, da ja die Rentner nicht plötzlich viel mehr haben sollen als jetzt. Es müsste somit eine entschädigungslose Enteignung von Rentenanwartschaften stattfinden. Bei den gesetzlichen Renten ist dies noch verhältnismäßig leicht möglich, weil sie ohnehin nur virtuelles Vermögen angespart haben (die gesetzliche Rente ist nicht kapitalgedeckt). Der wertgleiche Austausch »Rentenanwartschaft« gegen »Grundeinkommensanspruch« wäre wohl verfassungsrechtlich zulässig und würde nicht gegen Art. 14 GG verstoßen. Was aber ist mit Menschen, die anders für ihr Alter vorgesorgt haben? Soll man ihnen ihr Vorsorgekapital wegnehmen, ihre Lebensversicherung oder ihr Einfamilienhaus entschädigungslos enteignen? Dies würde Art. 14 GG nicht zulassen. Ohne entsprechende wertgleiche Enteignung der angesparten Altersvorsorge kann man ihnen aber nicht ein Grundeinkommen zusätzlich gewähren, weil diese Personen sonst unberechtigt begünstigt wären. Diese kaum lösbaren Umstellungsprobleme sprechen ebenfalls dafür, das System eines bedingungslosen Grundeinkommens generell nicht auf Rentner auszudehnen.

Behandlung von Personen ohne Grundeinkommensanspruch

Wie gezeigt wurde, muss es auch nach Einführung eines bedingungslosen Grundeinkommens Personen in Deutschland geben, die keinen Anspruch auf ein Grundeinkommen haben. Außer den Rentnern würde dies im Wesentlichen Personen betreffen, die noch keine fünf Jahre in Deutschland leben.

Dies muss Auswirkungen auf die steuerrechtliche Behandlung dieser Personen haben. Während Personen mit Grundeinkommensanspruch keinen Grundfreibetrag im Einkommensteuerrecht haben können, sollte Personen ohne Grundeinkommensanspruch der Grundfreibetrag gewährt werden. Damit wird auf der einen Seite verhindert, dass diese Personen gegenüber Inländern diskriminiert werden, auf der anderen Seite wird bewirkt, dass die nicht grundeinkommensberechtigten Personen in erster Linie von ihren eigenen Einkünften leben müssen. Ausländische Bürger, die nicht die Perspektive sehen, in Deutschland von ihrem eigenen Einkommen leben zu können, müssten darauf verzichten, ihren Hauptwohnsitz nach Deutschland zu verlegen.

Wie bereits dargelegt wurde, muss für die Festlegung des steuerrechtlichen Grundfreibetrages nach Einführung eines Grundeinkommens und einer Flat Tax folgender Zusammenhang gelten:

$$Grundfreibetrag = \frac{Grundeinkommen\ (jährlich)}{Flat\ Tax}$$

Ist also beispielsweise ein Grundeinkommen von 860 Euro monatlich (10.320 Euro jährlich) eingeführt und beträgt der Steuersatz 60 %, so ergibt sich ein Grundfreibetrag im Steuerrecht von 1.433,33 Euro monatlich (17.200 Euro jährlich). Nur das darüber liegende Einkommen der Personen ohne Grundeinkommensanspruch würde versteuert.

Liegt das Einkommen der Person über dem Grundfreibetrag, so hat sie rechnerisch das gleiche verfügbare Einkommen wie eine

Person mit Grundeinkommensanspruch, sie wird also nicht diskriminiert:

- Ein Inländer mit einem Grundeinkommensanspruch von 10.320 Euro jährlich und einem zu versteuernden Einkommen von 100.000 Euro müsste auf sein Einkommen 60.000 Euro Steuern zahlen und hätte daher ein verfügbares Jahreseinkommen von 50.320 Euro.
- Ein Ausländer bzw. Neubürger ohne Grundeinkommensanspruch mit einem zu versteuernden Einkommen von 100.000 Euro müsste auf sein Einkommen wegen des Freibetrages von 17.200 Euro nur 49.680 Euro Steuern zahlen und hätte ebenfalls ein verfügbares Jahreseinkommen von 50.320 Euro.

Läge das Einkommen des Ausländers unter dem Grundfreibetrag, so hätte er per Saldo weniger als der Inländer mit Grundeinkommensanspruch und vergleichbarem Einkommen. Das wäre der Preis dafür, dass er als neu Hinzugezogener noch keine Anwartschaft auf das Grundeinkommen erworben hat. Immerhin wären dann aber alle seine eigenen Einkünfte steuerfrei. Der Ausländer könnte somit einen Wohnsitz in Deutschland wählen, wenn er sich aus seinem erzielten Einkommen selbst unterhalten kann.

Um den steuerrechtlichen Grundfreibetrag gewährt zu bekommen, müssten sich die Personen ohne Grundeinkommensanspruch von der Behörde, die für die Grundeinkommensauszahlung zuständig ist, ein Negativattest besorgen, das sie dann dem Finanzamt vorlegen können.

Bezieht eine Person für einen Teil des Jahres ein Grundeinkommen, würde sie den Grundfreibetrag für dieses Steuerjahr entsprechend gekürzt erhalten. Wenn also eine Person im Oktober eines Jahres ihren fünfjährigen Mindestaufenthalt im Inland vollendet hat und sie von nun an das Grundeinkommen erhält, könnte sie bei der Steuererklärung für dieses Jahr noch einen Grundfreibetrag von 9 / 12 × 17.200 Euro = 12.950 Euro geltend machen.

Da es somit auch nach Einführung eines Grundeinkommens in Deutschland Personen geben kann, die keinen Anspruch auf ein Grundeinkommen haben, muss es für diese Personen weiterhin die Möglichkeit geben, subsidiäre Sozialleistungen wie die Sozialhilfe zu erhalten, wenn sie in wirtschaftliche Not geraten. Für ausländische Kinder, die (noch) nicht grundeinkommensberechtigt sind, sollte auch das Kindergeld in der bisherigen Höhe (194 Euro monatlich) geleistet werden. Im Unterschied zum Grundeinkommen würde die Sozialhilfe aber – wie derzeit auch – grundsätzlich nach anderen (sprich: strengeren) Kriterien gewährt werden:

- Nachweis der Bedürftigkeit erforderlich,
- Sozialhilfesatz von 414 Euro monatlich zuzüglich nachgewiesener Wohnkosten statt 800 bis 900 Euro pauschal,
- Anrechnung von Einkommen und Vermögen,
- Subsidiarität hinter Unterhaltsansprüchen,
- evtl. Leistung unter dem Vorbehalt der Gegenleistung der Arbeitsbereitschaft.

Anspruchsberechtigte im Fall eines weltweit eingeführten Grundeinkommens

Angemerkt sei allerdings an dieser Stelle die grundsätzliche Erwägung, dass der nötige Ausschluss bestimmter Personengruppen von einem Grundeinkommen nur darauf beruht, dass die sozialen Standards in den verschiedenen Ländern dieser Erde noch so stark unterschiedlich sind. Solange die sozialen Sicherungssysteme bereits innerhalb Europas und erst recht im Vergleich mit der übrigen Welt ein starkes Gefälle aufweisen, müssen Länder mit gut ausgebautem Sozialsystem immer befürchten, dass eine starke Zuwanderung in ihre Sozialsysteme stattfindet. Deutschland hätte im Fall der Einführung eines bedingungslosen Grundeinkommens das wohl umfangreichste und teuerste Sozialsystem weltweit verwirklicht und müsste sich zunächst vor unkontrollierter Zuwanderung schützen. Dies gilt nicht nur für die Zuwanderung von Ausländern. Deutschland müsste sich auch davor schützen, dass Deutsche ihr Erwerbsleben als Weltenbummler und Gelegenheitsjobber in südlichen Ländern verbringen und im Alter dann verarmt nach Deutschland zurückkehren, um in den Genuss eines Grundeinkommens zu gelangen (s.o.). Daher der generelle Ausschluss von Altersrentnern von einem Grundeinkommen.

Die genannten Gründe fielen jedoch natürlich weg, wenn *alle* Länder ein Grundeinkommenssystem mit etwa dem gleichen Leistungsstandard verwirklicht hätten. Dann würde es keinen Zuwanderungsdruck mehr nach Deutschland geben, weil Deutschland keine besseren Leistungen bieten würde als das jeweilige Heimatland. In diesem Fall könnte man das Grundeinkommen zugewanderten Personen auch vom ersten Tag an gewähren und auch Rentner könnten in den Genuss eines Grundeinkommens kommen. In diesem Fall könnte ein deutscher Rentner, der nach Spanien auswandert, ein spanisches Grundeinkommen erhalten, so wie ein spanischer Rentner, der nach Deutschland zieht, ein deutsches Grundeinkommen bekommen könnte. (Es müsste dann nur ein Ausgleichsmechanismus installiert werden, wonach Länder, die »Rentnerparadiese« mit geringem Steueraufkommen sind, einen finanziellen Ausgleich von den Ländern erhalten, die eher Arbeitsplatzstandorte mit hohem Steueraufkommen sind.)

Die weltweite Einführung eines bedingungslosen Grundeinkommens ist natürlich eine weit entfernt liegende Utopie. Weit eher realistisch ist, dass zunächst einige hoch entwickelte und/oder rohstoffreiche Länder vorangehen würden. Hätten außer Deutschland auch bereits andere Länder ein Grundeinkommen eingeführt, so könnte Deutschland mit diesen Ländern bilaterale Abkommen schließen, wonach die aus diesen Ländern eingewanderten Ausländer jeweils vom ersten Tag an wie Inländer behandelt werden. Hätten beispielsweise nur Deutschland und die Schweiz ein Grundeinkommen eingeführt, so könnte durch einen völkerrechtlichen Vertrag vereinbart werden, dass Deutsche, die in die Schweiz auswandern, von der Schweiz vom ersten Tag an ein Grundeinkommen erhalten, so wie Schweizer, die nach Deutschland auswandern, von Deutschland vom ersten Tag an ein Grundeinkommen erhalten würden (Prinzip der Gegenseitigkeit).

Aussetzung oder Aberkennung des Grundeinkommens

Nun noch kurz zu verschiedenen Gründen, die den Bezug eines bedingungslosen Grundeinkommens ausschließen können: Der Begriff »bedingungsloses« Grundeinkommen ist an sich missverständlich, denn das Grundeinkommen sollte *nicht ohne jede Bedingung* an jeden Bürger mit inländischem Wohnsitz gezahlt werden. Bedingungslos bedeutet nur, dass das Grundeinkommen nicht unter dem Vorbehalt stehen soll, dass der Begünstigte Arbeitsbereitschaft zeigt und dass vorhandenes Vermögen und Einkommen nicht auf den Anspruch angerechnet wird.

Abgesehen davon kann es aber verschiedene Gründe geben, die dafür sorgen können, dass das Grundeinkommen vorübergehend ausgesetzt oder dauerhaft aberkannt wird. Welche Gründe dies sein können, müsste vor der Einführung eines Grundeinkommens politisch entschieden werden. So dürften z.B. Strafgefangene, die in einer Justizvollzugsanstalt untergebracht sind und dort verpflegt werden, während dieser Zeit keinen Anspruch auf ein Grundeinkommen haben (bzw. das Grundeinkommen kann als Haftkostenbeitrag herangezogen werden). Hinterzieht eine Person Steuern und bereichert sie sich dadurch gegenüber dem Staat, dürfte es gerechtfertigt sein, bis zur Nachholung der Steuerzahlung das Grundeinkommen zurückzuhalten. Wenn sich ein Ausländer in Deutschland niederlässt, sich fünf Jahre lang unauffällig verhält und dann nach Erlangung des Grundeinkommensanspruchs beginnt, gegen die freiheitlich-demokratische Grundordnung zu kämpfen, dürfte es gerechtfertigt sein, ihm den Grundeinkommensanspruch wieder zu entziehen. Welches Strafmaß erforderlich ist, bevor eine solche Aberkennung des Grundeinkommensanspruchs ausgesprochen werden darf und in welchem Verfahren dies geschehen soll, sollte verbindlich durch Gesetz geregelt werden, und zwar möglichst bereits vor der grundsätzlichen Einführung des Grundeinkommens.

Höhe des Grundeinkommens

Nachdem es zuvor darum ging, welche Personen Anspruch auf ein Grundeinkommen haben sollten, soll es nunmehr um die Frage gehen, in welcher Höhe das Grundeinkommen gezahlt werden sollte.

Soziokulturelles Existenzminimum

Das Grundeinkommen könnte prinzipiell in beliebiger Höhe festgesetzt werden. Es besteht keine grundsätzliche Notwendigkeit, das Grundeinkommen in Höhe des Existenzminimums festzusetzen. Dementsprechend gibt es auch die verschiedensten Vorschläge, die von einer Einmalzahlung von mehreren zehntausend Euro (zahlbar mit Eintritt der Volljährigkeit[23]) über monatliche Zahlungen von nur 200 Euro bis hin zu 2.000 Euro monatlich pro Person reichen.

Wenn das Grundeinkommen aber wirklich sinnvoll sein und allgemeine Akzeptanz finden soll, kann eigentlich nur eine sehr enge Spanne in die nähere Betrachtung kommen:

◆ Die Grenze nach unten muss das volle soziokulturelle Existenzminimum (also 750 Euro pro Monat im Jahr 2018) sein. Denn es macht keinen Sinn, mit dem Grundeinkommen einen aufwändigen und teuren Umverteilungsmechanismus zu etablieren, wenn Arbeitslose und Bedürftige dann immer noch eine zusätzliche Sozialleistung beantragen müssen. Der tiefere Sinn des Grundeinkommens liegt ja gerade darin, andere Sozialleistungen wie die Sozialhilfe oder das ALG II vollständig (oder zumindest weitgehend) zu ersetzen. Dementsprechend wäre es auch nicht zielführend, in einer Übergangsphase zunächst mit einem geringen Grundeinkommensbetrag zu starten, der sukzessive gesteigert werden soll, weil dann in der Übergangsphase die Nachteile des Verwaltungsmehraufwandes voll zum Tragen kämen und die Bürger sich enttäuscht vom Grundeinkommensprojekt abwenden würden.

♦ Die Grenze nach oben ergibt sich aus den sprunghaft steigenden Staatsausgaben, der massiv wachsenden Steuerbelastung und den sich daraus ergebenden Anreizen zur Steuerflucht, falls man das Existenzminimum deutlich überschreiten möchte. Ein Grundeinkommen in Höhe von 1.500 Euro oder gar 2.000 Euro monatlich ist keinesfalls finanzierbar, wie folgende einfache Überlegung zeigt: Der gesamte private Konsum in Deutschland beträgt momentan rund 1,7 Billionen Euro pro Jahr (das sind rund 21 Tausend Euro pro Person und Jahr). Das Grundeinkommen ist eine Sozialleistung, die zu 100 % in den privaten Konsum fließen soll. Würde man jedem Bürger bis 64 Jahre ein monatliches Grundeinkommen von 2.000 Euro zahlen, hätte man damit bei über 60 Millionen Begünstigten in Deutschland eine zusätzliche Kaufkraft von mehr als 1,4 Billionen Euro jährlich geschaffen! Ebenso viel Kaufkraft müsste auch wieder über Steuern abgeschöpft werden, wenn es nicht zu einer galoppierenden Inflation kommen soll. Die Steuersätze bei der Einkommensteuer müssten dafür an sich auf über 100 % steigen, was natürlich unmöglich ist. Die Staatsausgaben für ein bedingungsloses Grundeinkommen sollten insgesamt bei höchstens der Hälfte des privaten Konsums liegen (also bei maximal 850 Milliarden Euro jährlich), damit die Steuersätze auf einem erträglichen Maß bleiben können. Das geht nur, wenn das Grundeinkommen bei höchstens 1.000 Euro monatlich bleibt.

Bereits dargelegt wurde, dass das sächliche Existenzminimum derzeit 750 Euro monatlich für eine erwachsene Person beträgt. In diesem Betrag sind auch die Wohnkosten enthalten, die naturgemäß von Person zu Person schwanken können. Das Grundeinkommen sollte leicht über diesem Existenzminimum liegen. Für die Festsetzung eines angemessenen Grundeinkommens wird hier vorgeschlagen, das sächliche Existenzminimum grundsätzlich um 10 %, davon jedoch die Unterkunftskosten (die stärker schwanken können) um 20 % zu überschreiten. Bei Anwendung dieser Regel ergeben sich folgende Beträge:

	Existenzminimum	Grundeinkommen
Regelbedarf	414 Euro	455,40 Euro
+ Unterkunftskosten	283 Euro	339,60 Euro
+ Heizkosten	53 Euro	58,30 Euro
= Summe	750 Euro	853,30 Euro

Es wird weiter vorgeschlagen, den sich ergebenden Betrag von 853,30 Euro auf volle zehn Euro aufzurunden und das Grundeinkommen somit auf 860 Euro festzusetzen (Stand für 2018).

Dividiert man dieses Grundeinkommen durch die vorgeschlagene Flat Tax von 60 %, so errechnet sich hieraus der bereits vorgeschlagene steuerfreie Grundfreibetrag für nicht grundeinkommensberechtigte Personen von 1.433,33 Euro monatlich bzw. 17.200 Euro jährlich.

Berücksichtigung der Ersparnisse bei gemeinsamer Haushaltsführung?

Führen zwei Personen gemeinsam einen Haushalt, so können sie Kosten sparen. Aus diesem Grund differenzieren die Sozialhilfe und das ALG II zwischen allein lebenden Hilfebedürftigen und zusammen lebenden Hilfebedürftigen. Dies sollte jedoch für ein

Grundeinkommen nicht übernommen werden. Das Grundeinkommen ist ja eine Sozialleistung, die nicht an der Bedürftigkeit anknüpft. Auch vermögende und einkommensstarke Personen sollen in den Genuss des Grundeinkommens kommen.

Würde das Grundeinkommen nach der Haushaltssituation differenziert, so könnte es nicht einfach pauschal ausgezahlt werden, sondern es müssten von allen Personen Anträge gestellt werden, in denen die konkrete Wohnsituation beschrieben wird. Dies sollte vermieden werden, daher sollen auch zusammen lebende erwachsene Personen – ob in einer Ehe, einer Lebenspartnerschaft, einer nichtehelichen Lebensgemeinschaft oder bloßen Wohngemeinschaft – jeder in voller Höhe die 860 Euro monatlich erhalten.

Bei einer Differenzierung nach der Wohnungssituation ergäbe sich zudem ein massiver finanzieller Anreiz für lockere Paare zum Getrenntleben und daraus folgend eine Belastung des Wohnungsmarktes. Kleine Single-Wohnungen würden ohne Not verstärkt nachgefragt. Wenn dagegen das Grundeinkommen trotz Zusammenlebens für beide in voller Höhe gezahlt wird, so kann das Paar die Beträge, die nicht für das Wohnen benötigt werden, für andere Zwecke einsetzen (z.B. für die Berufsausbildung der Kinder).

Anspruchshöhe bei Kindern

Bei Kindern ist das sächliche Existenzminimum geringer. Das sächliche Existenzminimum liegt bei ihnen derzeit bei 399 Euro monatlich. Es wird wieder vorgeschlagen, den Bedarf grundsätzlich um 10 % und die Unterkunftskosten um 20 % zu überschreiten. Daraus ergeben sich folgende Sätze:

	Existenzminimum	Grundeinkommen
Regelbedarf	281 Euro	309,10 Euro
+ Bildung und Teilhabe	19 Euro	20,90 Euro
+ Unterkunftskosten	85 Euro	102,00 Euro
+ Heizkosten	14 Euro	15,40 Euro
= Summe	399 Euro	447,40 Euro

Es wird zudem wieder vorgeschlagen, den sich ergebenden Betrag auf volle zehn Euro aufzurunden und das Grundeinkommen für Kinder somit auf 450 Euro monatlich festzusetzen.

(Bedarfsgerecht wäre es, wenn man wie beim Unterhalt, der nach der Düsseldorfer Tabelle berechnet wird, das Grundeinkommen nach Altersgruppen staffelt, also z.B. 400 Euro für Kinder von 0 bis 5 Jahren, 450 Euro für Kinder von 6 bis 11 Jahren und 500 Euro für Kinder von 12 bis 17 Jahren leistet. Aus Vereinfachungsgründen soll im Folgenden allerdings pauschal von 450 Euro pro Kind ausgegangen werden.)

Dividiert man dieses Kinder-Grundeinkommen von 450,00 Euro monatlich durch eine Flat Tax von 60 %, so errechnet sich hieraus der bereits vorgeschlagene Kinderfreibetrag von 750,00 Euro monatlich (9.000 Euro jährlich) für nicht grundeinkommensberechtigte Kinder.

Es wird ausdrücklich davon abgeraten, für Kinder auch die volle Pauschale von 860 Euro monatlich zu leisten. Denn dann würde eine erhebliche Überversorgung für Kinder eintreten. Bis zum 18. Lebensjahr würden pro Kind rund 89 Tausend Euro überproportionale Leistungen erbracht. Bedenklich wäre die Überversorgung insbesondere bei neu hinzugezogenen ausländischen Familien, in denen nur die Kinder grundeinkommensberechtigt wären. Eine ausländische Familie mit vier Kindern hätte bei einem Grundeinkommen für Kinder von 860 Euro ein verfügbares Einkommen von 3.440 Euro und damit praktisch auch bereits das Grundeinkommen für die Eltern inklusive. Es würde zu einem massiven Zuwanderungsanreiz und daraus folgend zu einer Sozialneiddebatte und zu Ressentiments gegenüber Ausländern kommen. Kinderlose Paare würden sich zu Recht benachteiligt fühlen und könnten geneigt sein, sich ihrer Steuerpflicht zu entziehen. Dies sollte vermieden werden.

Verfügbares Familieneinkommen

Bei Einführung eines solchen Grundeinkommens würde bei einer mehrköpfigen Familie für jedes Familienmitglied ein eigenes Grundeinkommen ausgezahlt. Eine Familie mit Kindern hätte damit folgendes monatliches Basiseinkommen garantiert:

Familie mit 1 minderjährigen Kind:	2.170 Euro
Familie mit 2 minderjährigen Kindern:	2.620 Euro
Familie mit 3 minderjährigen Kindern:	3.070 Euro

(Wird eines der Kinder volljährig, so erhöht sich der Zahlbetrag sogar noch um 350 Euro.) Dieses Basiseinkommen kann die Familie beliebig durch Erwerbsarbeit aufstocken. Damit liegt das garantierte Einkommen von Familien deutlich über dem Existenzminimum und Familien wären somit künftig nicht mehr armutsgefährdet.

Regionale Differenzierung des Grundeinkommens?

Fraglich ist, ob das Grundeinkommen wegen der regional unterschiedlich hohen Mietkosten nach Regionen differenziert gezahlt werden sollte. In dem vorgeschlagenen Betrag für ein Grundeinkommen wären pauschal 397,90 Euro für Miete und Heizkosten pro erwachsener Person veranschlagt, ohne dass die konkrete Mietsituation berücksichtigt wird.

Es wird dennoch vorgeschlagen, diese Pauschale für alle Regionen in Deutschland einheitlich auszuzahlen und nicht die tatsächlichen Wohnkosten auf Nachweis zu erstatten, da dies (bei geschätzt bis zu 60 Millionen Berechtigten!) einen zu großen Aufwand darstellen würde. Zudem würde sich ein Anreiz ergeben, eine besonders große Wohnung anzumieten, wenn deren konkrete Kosten erstattet werden. Es müsste dann wieder im Einzelnen geprüft werden, ob die Wohnung noch angemessen ist, ob es günstigere Alternativen gegeben hätte usw. Dies erscheint als nicht praktikabel.

Nicht von der Hand zu weisen ist zwar das Argument, dass die Mietkosten regional stark differieren. So ist eine Mietwohnung im Zentrum von Berlin vermutlich deutlich teurer als eine in einer Kleinstadt in Mecklenburg-Vorpommern. Dennoch sollte das Grundeinkommen grundsätzlich nicht regional differenziert gezahlt werden, weil dies in der Regel unnötig wäre:

- In den 860 Euro ist bereits ein Sicherheitszuschlag von 110 Euro gegenüber dem sächlichen Existenzminimum (750 Euro) enthalten, woraus höhere Mietkosten abgedeckt werden können.
- Für den mit im Haushalt lebenden Partner wird ein volles Grundeinkommen von 860 Euro gezahlt, obwohl dessen (Mehr-)Bedarf noch geringer als 750 Euro ist.
- Auch für die im Haushalt lebenden Kinder würde das Grundeinkommen um 51 Euro höher als das sächliche Existenzminimum festgesetzt.

Insgesamt beträgt die Überschreitung gegenüber dem sächlichen Existenzminimum bei den verschiedenen Haushaltsgrößen:

Bei einem 1-Personen-Haushalt:	110 Euro
Bei einem 2-Personen-Haushalt:	220 Euro
Bei einem Paar mit 1 Kind:	271 Euro
Bei einem Paar mit 2 Kindern:	322 Euro
Bei einem Paar mit 3 Kindern:	373 Euro

Damit sollte es in den weit überwiegenden Fällen möglich sein, auch eventuell erhöhte Mietkosten in den teuren Großstädten abzudecken. Aber auch wenn die Mietkosten diesen Sicherheitszuschlag im Einzelfall sogar noch übersteigen (z.B. in München), sollte mit dem Grundeinkommen kein erhöhter Mietzuschlag gezahlt werden, und zwar aus folgenden Gründen:

- Höhere Mietkosten sind in der Regel Ausdruck guter Verdienstmöglichkeit in der betreffenden Stadt, sodass dem Nachteil der höheren Mietkosten auch Vorteile für den Erwerb gegenüber stehen. Erhielten alle Bürger erhöhte Mietkosten erstattet, so würde der Zuwanderungsdruck auf die Metropolen noch weiter ansteigen.
- Höheren Mietkosten in einer Großstadt kann man in der Regel ausweichen, indem man eine Wohnung im Umland anmietet und in die Großstadt zur Arbeit pendelt. Würde man den Großstadtbewohnern ein höheres Grundeinkommen zahlen, müsste man konsequenterweise den Pendlern auch einen Mobilitätszuschlag zahlen.

Alles in allen sollte es daher bei den 860 Euro pro Monat bleiben. In vereinzelten Härtefällen (sehr teure Mietwohnung, allein lebend, keine Verdienstmöglichkeit, kein Vermögen, Umzug unzumutbar) sollte die Möglichkeit bestehen, ergänzend Sozialhilfe bzw. Wohngeld zu beantragen. Die Kosten dieser vereinzelten Mietzuschüsse über das Grundeinkommen hinaus sollten bewusst nicht von der Grundeinkommensbehörde geleistet werden, sondern sollten von den kommunalen Sozialämtern zu tragen sein. Denn besonders teure Mietwohnungen in einer Stadt sind ein Ausdruck dafür, dass diese Stadt den sozialen Wohnungsbau vernachlässigt hat, obwohl zugleich ein Zuwanderungsdruck auf Grund guter Verdienstmöglichkeiten besteht. Die Stadt hat dann ihre Steuereinnahmen nicht zweckentsprechend eingesetzt (sozialer Wohnungsbau, Ausbau des ÖPNV). Es wäre daher der richtige Lenkungsanreiz zum Gegensteuern, wenn diese Kosten für

Mietzuschüsse von den betroffenen Kommunen getragen werden müssten.

Personen mit selbstgenutztem Wohneigentum

Personen, die in einem eigenen Haus oder in einer Eigentumswohnung wohnen, müssen keine Miete zahlen. Ihre Lebenshaltungskosten sind meist geringer. Doch das muss nicht immer so sein. Eine entsprechende Belastung wie bei Mietern kann sich auch aus anderen Gründen ergeben, so z.B. wenn das Haus noch nicht abbezahlt ist und eine Hypothek bedient werden muss oder wenn größere Reparaturen anstehen. Grundsätzlich sollte daher das Grundeinkommen auch bei Personen, die nicht in einer Mietwohnung wohnen, in voller Höhe gezahlt werden.

Ist das Haus abbezahlt, stellt es jedoch einen Vermögenswert dar, der gewinnbringend eingesetzt werden könnte (bei Vermietung an andere Personen). Wird z.B. bei einem Einfamilienhaus eine Einliegerwohnung vermietet, so erzielt der Hauseigentümer hieraus Einnahmen, die er versteuern muss. Vermietet die Person das Haus nicht und wohnt sie ausschließlich selbst darin, so »vermietet« sie es quasi an sich selbst. Der übliche Nettoertrag, der bei Fremdvermietung anfallen würde, ist somit als fiktives Einkommen der Person zuzurechnen und zu versteuern. Das Grundeinkommen würde somit nicht gemindert, allerdings entstünde bei selbst genutztem und bereits abbezahltem Wohneigentum eine Steuerpflicht.

Ist das Haus stark reparaturbedürftig, so stellt es nur einen geringen Vermögenswert dar. Der fiktive Reinertrag bei einer Vermietung wäre daher gering (wegen der hohen Kosten); entsprechend weniger Steuern auf fiktive Vermietung müssten gezahlt werden.

Alternativ wäre denkbar, dass Personen, die sich keine fiktiven Mieteinnahmen für ihre Wohnung oder ihr Haus anrechnen lassen wollen, auf den Mietanteil im Grundeinkommen verzichten müs-

sen (d.h. Minderung des Grundeinkommens um 339,60 Euro).
Allerdings könnte eine solche Regelung zu erheblichen Ungerechtigkeiten führen. Eine 63-jährige Unternehmerwitwe, die allein
eine 200-qm-Villa bewohnt, müsste sich dann nämlich nur die
339,60 Euro auf ihr Grundeinkommen anrechnen lassen, während
eine vierköpfige Familie, die ein kleines 120-qm-Reihenhaus bewohnt, sich insgesamt 883,20 Euro anrechnen lassen müsste. Es
sollte daher – falls man eine solche Lösung befürwortet – zumindest geregelt werden, dass eine solche Variante nur bis zu einer
bestimmten angemessenen Wohnraumgröße pro Person gewählt
werden darf.

Übernahme der Beiträge für die gesetzliche Kranken- und Pflegeversicherung

Zum Existenzminimum gehört auch eine Versicherung für den
Krankheits- und Pflegefall. Es wird daher vorgeschlagen, dass
zusätzlich zum Grundeinkommen auch die Kosten für die gesetzliche Kranken- und Pflegeversicherung gezahlt werden. Die Grundeinkommensbehörde sollte direkt an die gewählte Krankenkasse
die Kranken- und Pflegeversicherungsbeiträge überweisen. Die
Beiträge für die Kranken- und Pflegeversicherung würden somit
künftig nicht mehr als lohnabhängige Umlage vom Arbeitslohn,
sondern als kostendeckender Beitrag für das versicherte Risiko
erhoben und von der Grundeinkommensbehörde getragen. Da die
Übernahme der Kosten für die gesetzliche Kranken- und Pflegeversicherung für jede grundeinkommensberechtigte Person ge-
sondert erfolgen würde, wäre die kostenlose Mitversicherung von
Familienangehörigen bei der gesetzlichen Krankenversicherung
nicht mehr erforderlich. Die Kassen könnten für jede Person einen
eigenen Beitrag erheben.

Es wird diesbezüglich mit Gesundheitskosten von durchschnittlich 200 Euro pro Person und Monat gerechnet, die zum
Grundeinkommen hinzukämen. Diese 200 Euro sind kostende-

ckend, wenn die Gesundheitskosten nur für Personen bis 64 Jahre zu tragen sind. (Für die bezüglich der Gesundheitskosten besonders teuren Rentner soll kein Grundeinkommensanspruch gegeben sein, daher würden für die Rentner auch keine Gesundheitsbeiträge zu tragen sein).

Dabei wird weiter vorgeschlagen, dass die gesetzlichen Krankenkassen künftig Beiträge gestaffelt nach dem Alter erheben. Denn da die Grundeinkommensbehörde künftig die Kosten übernehmen würde, müsste nicht mehr aus sozialen Gründen innerhalb der Krankenkasse zwischen Jüngeren und Älteren quersubventioniert werden. Die Krankenkasse könnte für jede Altersgruppe kostendeckende Beiträge entsprechend des versicherten Risikos erheben. Der sogenannte Risikostrukturausgleich (RSA) würde damit überflüssig. Die monatlichen Beitragssätze könnten beispielsweise wie folgt aussehen:

Altersgruppe	Beitrag
0 bis 19 Jahre	100 Euro
20 bis 29 Jahre	130 Euro
30 bis 39 Jahre	160 Euro
40 bis 49 Jahre	200 Euro
50 bis 59 Jahre	260 Euro
60 bis 64 Jahre	350 Euro

Die Grundeinkommensbehörde würde, wie bereits erwähnt, diese kostendeckenden Beiträge direkt an die zuständige gesetzliche Krankenkasse überweisen. Bei Mitgliedern einer privaten Krankenversicherung sollte die Auszahlung – gegen Nachweis der Versicherung – direkt an die Person als Zuschuss zu den Versicherungsbeiträgen erfolgen.

Alle Personen könnten dann jederzeit das Recht haben, zwischen einer gesetzlichen und einer privaten Versicherung frei zu wählen. Die gesetzlichen Krankenkassen würden bereit sein, auch ältere Rückkehrer aus den privaten Krankenkassen aufnehmen, weil sie ja einen altersabhängig kostendeckenden Beitrag erhielten. In eine private Krankenkasse würden – vorübergehend oder dauerhaft – diejenigen Personen wechseln, die eine bevorzugte Behandlung wünschen und dafür bereit sind, über den staatlichen Zuschuss hinaus eigene Beiträge zu leisten.

Keine Übernahme von Rentenversicherungsbeiträgen

Zum Existenzminimum einer Person gehört im Grunde auch die Absicherung für das Alter. Dies gilt bei dem hier vorgestellten Modell vor allem deshalb, weil Rentner generell vom Grundeinkommen ausgenommen werden sollen.

Denkbar wäre daher, dass der Staat als Zuschlag zum Grundeinkommen auch Rentenversicherungsbeiträge leistet. Diese Rentenversicherungsbeiträge müssten so bemessen sein, dass eine Person, die sich während ihres Erwachsenenlebens (18 bis 64 Jahre) in Deutschland aufhält und ein Grundeinkommen bezieht, im Alter mindestens eine Rente in Höhe des Existenzminimums erhält. Wer im Alter eine höhere Rente wünscht, müsste dann eine freiwillige Rentenzusatzversicherung abschließen oder privat sparen.

Es erscheint allerdings nicht als sinnvoll, einen derartigen Zuschlag zum Grundeinkommen zu gewähren. Eine solche Lösung liefe auf eine steuerfinanzierte Grundrente für alle hinaus. Derzeit gilt stattdessen der Grundsatz, dass der Wohlstand im Alter vom Einkommen während der Arbeitsphase und den gezahlten Vorsorgeleistungen abhängt. Dies stellt einen Anreiz dar, sich während des Arbeitslebens ein Vorsorgevermögen aufzubauen. Dieser Anreiz ginge durch eine Einheitsrente verloren.

Eine grundeinkommensfinanzierte Einheitsrente könnte auch zu erheblichen Ungerechtigkeiten führen. Denn in diesem Fall würde für alle, ob sie erwerbstätig sind oder nicht, die gleiche Altersvorsorge aufgebaut. Die Möglichkeiten, für das Alter vorzusorgen, sind jedoch vielfältig. So ist denkbar, dass jemand für sein

Alter ausschließlich dadurch vorsorgt, dass er in Vollzeit beruflich tätig ist und aus seinem Gehalt Rentenversicherungsbeiträge leistet. Sein Kollege arbeitet vielleicht nur in Teilzeit, nutzt aber die Freizeit, um in jahrelanger Eigenleistung ein heruntergekommenes Wohnhaus zu sanieren. Bei einer steuerfinanzierten Einheitsrente würde für beide Personen die gleiche Altersvorsorge aufgebaut und es würde nicht berücksichtigt, dass der Hobbyhandwerker sich in seiner Freizeit ein besonderes Vermögen aufgebaut hat, das er im Alter nutzen kann.

Daher erscheint es als sinnvoller, für die Altersvorsorge das bisherige System beizubehalten: Abhängig Beschäftigte leisten lohnabhängige Beiträge in die gesetzliche Rentenversicherung, Freiberufler zahlen in ein berufsständiges Versorgungswerk ein und Unternehmer bauen sich ein privates Vermögen auf, von dem sie im Alter zehren. Im Alter erhalten dann alle Personen die entsprechenden Einkünfte nach dem Wert der aufgebauten Altersvorsorge.

Allerdings darf nicht unberücksichtigt bleiben, dass damit zu rechnen ist, dass es künftig eine große Anzahl von Personen geben wird, die während ihres ganzen Arbeitslebens nicht auf dem ersten Arbeitsmarkt Fuß fassen können. Für diese Personen könnte zwar das bedingungslose Grundeinkommen eine Anerkennung für geleistete gemeinnützige bzw. ehrenamtliche Arbeit sein. Nach dem hier vertretenen Modell würde für diese Personen jedoch keine Altersvorsorge aufgebaut, sondern das Grundeinkommen würde mit Vollendung des 65. Lebensjahres auslaufen. Es soll daher für alle Personen, denen es nicht gelingt, eine angemessene Altersvorsorge aufzubauen, weiterhin die Grundsicherung im Alter eingreifen (dazu später mehr).

Erhöhter Bedarf

Das Grundeinkommen sollte möglichst pauschaliert ausgezahlt werden, damit das Verfahren einfach bleibt und die Verwaltungskosten nicht ausufern. Dies bedeutet, dass Personen, deren individuelles Existenzminimum über den 860 Euro liegt, sich nach einer anderen Geldquelle umschauen müssen und hierfür grundsätzlich keinen Zuschlag zum Grundeinkommen beantragen können.

Auf einige häufige Gründe für Mehrbedarf (die zumindest im Steuerrecht an verschiedenen Stellen Berücksichtigung finden) soll im Folgenden kurz eingegangen werden:

♦ *Erhöhte Werbungskosten:* Diese sollten ausschließlich aus dem Erwerbseinkommen bestritten werden. Wer also einen besonders langen Arbeitsweg hat oder berufsbedingt eine Zweitwohnung anmieten muss, sollte sich überlegen, ob das Arbeitseinkommen diesen Aufwand rechtfertigt. Er sollte jedoch nicht berechtigt sein, die Kosten als besonderes Grundeinkommen ersetzt zu bekommen. Eine Ausnahme kann gelten, wenn die Arbeitsverwaltung einem Arbeitslosen einen Eingliederungszuschuss für die Aufnahme einer beruflichen Tätigkeit zahlen möchte.

♦ *Ausbildungskosten:* Das Grundeinkommen sichert auch das Existenzminimum von Studenten und Auszubildenden. Jedoch sollten nicht noch zusätzlich die Kosten einer Ausbildung übernommen werden. Wer eine besonders teure Berufsausbildung anstrebt (z.B. die Ausbildung zum Flugzeugpiloten), sollte sich um einen von einer Airline finanzierten Ausbildungsplatz bemühen oder einen Kredit aufnehmen. Das Grundeinkommen sollte jedenfalls nicht jedem Hobbypiloten die Fliegerausbildung finanzieren, um bei diesem Beispiel zu bleiben.

♦ *Gesundheitliche Einschränkungen:* Vermehrte Bedürfnisse wegen gesundheitlicher Einschränkungen sollten grundsätzlich von der Kranken-, Pflege- oder Rentenkasse getragen werden. Im Einzelfall kann auch die Sozialhilfe (bzw. Blindenhilfe o.ä.) einspringen, jedoch sollte grundsätzlich nicht das Grundeinkommen deswegen erhöht werden.

- *Renovierungskosten:* Personen mit selbst genutztem Wohneigentum sollten grundsätzlich nicht berechtigt sein, Renovierungs- oder Sanierungskosten als Zuschlag zum Grundeinkommen geltend zu machen. Die Abgeltung der Kosten erfolgt bereits, indem beim fiktiven Einkommen für das Wohneigentum nur der übliche Nettogewinn und nicht die fiktive Bruttomiete angesetzt wird. Hausbesitzer sind so in der Lage, Geld für anstehende Reparaturen zurückzulegen. Für unerwartet anfallende hohe Kosten (z.B. Heizungstausch) sollte auf andere Möglichkeiten wie KfW-Darlehen zurückgegriffen werden. Wer dauerhaft nicht in der Lage ist, sein Wohneigentum instand zu halten, sollte es verkaufen oder vermieten und selbst in eine kleinere Mietwohnung ziehen.

- *Unterhaltszahlungen:* Kosten für geleistete Unterhaltszahlungen an nicht grundeinkommensberechtigte Personen sollten nicht als Zuschlag zum Grundeinkommen geltend gemacht werden dürfen. Denn dies liefe ja darauf hinaus, dass letztlich ein Grundeinkommen für die unterhaltsberechtigte Person geleistet wird, obwohl sie nicht grundeinkommensberechtigt sein soll. Stattdessen soll der Unterhaltsverpflichtete wie jetzt auch berechtigt sein, Unterhaltszahlungen vom zu versteuernden Einkommen abzusetzen.

- *Minderjährige mit eigenem Hausstand:* Wenn Jugendliche unter 18 Jahren objektiv den gleichen finanziellen Bedarf wie Erwachsene haben, sollten sie das Recht haben, bereits vorzeitig das Grundeinkommen eines Erwachsenen zu beantragen. Statt 450 Euro monatlich würden sie also 860 Euro monatlich erhalten. Dies kann z.B. bei der Gründung eines eigenen Haushalts wegen einer Berufsausbildung in einer anderen Stadt geboten sein oder bei einer 17-jährige Frau, die bereits selbst ein Kind bekommen hat. Dies wäre also einer der wenigen Fälle, in denen sich das Grundein-

kommen nach einer Einzelfallprüfung individuell erhöhen
könnte.

Auswirkungen eines Grundeinkommens auf die Sozialversicherungssysteme

In Deutschland ist es seit den *Bismarck'schen* Sozialreformen des späten 19. Jahrhunderts Tradition, dass die soziale Sicherung der Arbeitnehmer und ihrer Familien über die gesetzlichen Sozialversicherungssysteme erfolgt. Derzeit gibt es fünf Säulen der gesetzlichen Sozialversicherung: Krankenversicherung, Pflegeversicherung, Rentenversicherung, Arbeitslosenversicherung und gesetzliche Unfallversicherung. Charakteristisch für diese Sozialversicherungen sind dabei folgende Merkmale:

- *Beschränkung des Versichertenkreises:* Reguläre Mitglieder der gesetzlichen Sozialversicherungen sind nur Arbeitnehmer. Selbstständige oder Beamte können nur ausnahmsweise ein freiwilliges Mitglied einer gesetzlichen Sozialversicherung werden.

- *Kostenlose Mitversicherung der Familienangehörigen:* In der gesetzlichen Kranken- und Pflegeversicherung sind die Familienangehörigen (Ehegatte bzw. Lebenspartner und Kinder) der Arbeitnehmer kostenlos mitversichert.

- *Gesetzliche Pflichtversicherung:* Alle gesetzlichen Sozialversicherungen sind Pflichtversicherungen. Die Versicherungspflicht tritt automatisch mit dem Beginn des Arbeitsverhältnisses ein. Der Arbeitnehmer kann keine Sozialversicherung »abwählen«.

- *Paritätische Beitragszahlung:* In der Renten- und Arbeitslosenversicherung gilt der Grundsatz, dass Arbeitnehmer und Arbeitgeber die Versicherungsbeiträge je zur Hälfte tragen. Bei der Krankenversicherung tragen die Arbeitnehmer derzeit einen etwas höheren Anteil als die Arbeitgeber (8,2 % zu 7,3 %). In der Pflegeversicherung gilt zwar auch der Grundsatz der hälftigen Beitragszahlung, aber dies haben sich die Arbeitnehmer durch Verzicht auf den Buß- und Bettag, der bis zur Einführung der Pflegeversicherung gesetzlicher Feiertag war, »erkaufen« müssen[24]. Die Beiträge zur gesetzlichen Unfallversicherung tragen allein die Arbeitgeber.

- *Lohnabhängige Umlage:* Die Beiträge werden dadurch aufgebracht, dass jeweils ein fixer Prozentsatz vom Bruttolohn als Versicherungsbeitrag erhoben wird. Dabei werden keine individuellen Verhältnisse berücksichtigt. So zahlt z.B. ein Arbeitnehmer mit hohen Werbungskosten (langer Arbeitsweg oder berufsbedingter zweiter Wohnsitz!) zwar weniger Steuern, aber in der Sozialversicherung den vollen Beitrag wie sein Kollege mit kurzem Arbeitsweg.

- *Beitragsbemessungsgrenzen:* Es gibt Beitragsbemessungsgrenzen, die dafür sorgen, dass sehr hohe Einkommen von gut verdienenden Arbeitnehmern überhaupt nicht zur Finanzierung der Sozialversicherungen herangezogen werden.

Insbesondere die Tatsache, dass der Versichertenkreis auf den Kreis der Arbeitnehmer beschränkt ist, führt dazu, dass viele Personen durch das soziale Netz der gesetzlichen Sozialversicherungen »hindurchrutschen«, d.h. keine Möglichkeit haben, Versicherungsschutz zu erlangen. Dies betrifft nicht nur Selbstständige oder wohlhabende Unternehmer, sondern zunehmend auch ärmere Personen. Für diese Personen musste ersatzweise ein zweites soziales Netz aufgebaut werden, das überwiegend auf der Sozialhilfe beruht.

Dies führt dazu, dass es z.B. bei der Absicherung der Arbeitslosen das beitragsfinanzierte ALG I gibt, in dessen Genuss nur versicherte Arbeitnehmer kommen können und zusätzlich das steuerfinanzierte ALG II, das allen offen steht. Das bedingungslose Grundeinkommen würde diesen Zustand radikal ändern: Es gäbe nunmehr eine umfassende steuerfinanzierte Sozialleistung, die eine ebenso gute Absicherung bietet wie eine beitragsfinanzierte Sozialversicherung, die aber allen Bürger auch ohne Mitgliedschaft in der gesetzlichen Sozialversicherung offen steht. Fraglich ist, welche Auswirkungen die Einführungen eines solchen Grundeinkommens auf die bestehenden Sozialversicherungssysteme hätte.

Gesetzliche Kranken- und Pflegeversicherung

Da, wie bereits dargelegt, als Zuschlag zum Grundeinkommen auch die Beiträge für die gesetzliche Kranken- und Pflegeversicherung geleistet werden sollten, würden diese Gelder künftig nicht mehr als lohnabhängige Versicherungsbeiträge erhoben. Die bisherigen Arbeitgeber- und Arbeitnehmeranteile würden somit entfallen. Infolge des Wegfalls der Arbeitgeberanteile sollten kraft Gesetzes die Bruttolöhne um den entsprechenden Betrag angehoben werden, um die Arbeitgeber nicht grundlos zu entlasten. Aber auch die Arbeitnehmer können nicht entlastet werden, da eine solche Reform ja gegenfinanziert werden muss. Mit Übernahme der Kranken- und Pflegeversicherungsbeiträge durch den Staat müsste somit die Lohn- bzw. Einkommensteuer aufkommensneutral angehoben werden.

Die gesetzlichen und privaten Krankenversicherungen blieben wie bisher bestehen mit ihrer Aufgabe, die Krankheitskosten zu erstatten bzw. in Zusammenarbeit mit den Ärzten, Apotheken und Kliniken die Gesundheitsfürsorge sicherzustellen. Gesetzliche und private Krankenkassen würden künftig gleichermaßen altersabhängige Beiträge für jede versicherte Person erheben.

Der Unterschied zwischen gesetzlichen und privaten Krankenkassen würde daher künftig nur noch darin bestehen, dass die
gesetzlichen Krankenkassen nach dem Sachleistungsprinzip arbeiten, d.h. die Behandlungskosten unmittelbar über die kassenärzt-
lichen Vereinigungen abrechnen, während bei privat Versicherten
weiter das Erstattungsprinzip gelten würde, d.h. die Ärzte würden
wie bisher ihre Leistungen gegenüber den Versicherten nach der
Gebührenordnung für Ärzte (GOÄ) abrechnen und die privaten
Krankenkassen würden diese Kosten nachträglich erstatten. Jeder
kann sich dann frei entscheiden, ob er die höheren Kosten einer
privaten Versicherung tragen möchte und dafür im Gegenzug
bessere Leistungen erhält.

Das bedingungslose Grundeinkommen beeinträchtigt die gesetzlichen Krankenkassen somit nicht. Im Gegenteil: Dadurch,
dass die Grundeinkommensbehörde die altersabhängigen Beiträge direkt an die Versicherung zahlt, können keine Probleme mit
Beitragsrückständen mehr auftreten. Die Tätigkeit der gesetzlichen Krankenkassen würde somit erleichtert.

Nicht grundeinkommensberechtigte Personen und Krankenversicherungskosten

Nicht grundeinkommensberechtigte Personen (z.B. neu hinzuge-
zogene Ausländer) müssten sich künftig zunächst bei einer Krankenkasse ihrer Wahl (gesetzlich oder privat) auf eigene Kosten
versichern. Sie würden künftig nicht lohnabhängige, sondern altersabhängige Beiträge zahlen (s.o.).

Diese Personen müssen ihre Versicherungsbeiträge von der
Steuer absetzen dürfen. Um diese Personen nicht gegenüber
grundeinkommensberechtigten Inländern zu diskriminieren,
müsste künftig gelten, dass sie nicht nur ihre Gesundheitsbeiträge,
sondern die Beiträge, dividiert durch die Flat Tax, vom zu versteuernden Einkommen absetzen dürfen. Diese Überlegung soll
anhand eines Beispiels erläutert werden:

Eine alleinerziehende Ausländerin (33 Jahre) mit einem 4-jährigen Kind (beide ohne Grundeinkommensanspruch) möge ein zu versteuerndes Einkommen von 40.000 Euro jährlich erzielen. Oben wurde angenommen, dass diese Ausländerin, wenn sie sich und ihr Kind bei einer gesetzlichen Krankenkasse angemeldet hat, künftig Gesundheitsbeiträge von 160 und 100 Euro monatlich aus eigener Tasche leisten müsste. Bei einer Flat Tax von 60 % würde dies bedeuten, dass sie wegen ihrer Gesundheitsbeiträge insgesamt nicht nur die im ganzen Jahr gezahlten 3.120 Euro, sondern 5.200 Euro jährlich vom zu versteuernden Einkommen absetzen kann (3.120 Euro / 60 % = 5.200 Euro). Zusammen mit den Grundfreibeträgen für sich (17.200 Euro) und ihr Kind (9.000 Euro) kann sie somit insgesamt 31.400 Euro als Freibetrag vom zu versteuernden Einkommen absetzen. Es verbleibt ein steuerpflichtiges Einkommen von 8.600 Euro. Sie muss daher 5.160 Euro Steuern zahlen und hat demzufolge ein verfügbares Familieneinkommen von jährlich 31.720 Euro (monatlich 2.643,33 Euro).

Eine vergleichbare Inländerin mit Kind und Grundeinkommensanspruch müsste auf ein vergleichbares Einkommen 24.000 Euro Steuern zahlen. Sie erzielte ein monatliches Nettoeinkommen von 1.333,33 Euro. Zusammen mit dem Grundeinkommen für sich (860 Euro) und ihr Kind (450 Euro) käme sie ebenfalls auf ein verfügbares Familieneinkommen von monatlich 2.643,33 Euro.

Die Erhebung altersabhängiger Beiträge für alle Familienmitglieder könnte bei gering verdienenden Personen mit mehreren Kindern leicht zu einer finanziellen Überforderung führen. Diese Personen sollten bei Bedürftigkeit die Möglichkeit haben, die volle oder teilweise Übernahme der Gesundheitsbeiträge durch die Sozialhilfe zu beantragen. Zu bedenken ist aber, dass nach dem hier vorgeschlagenen Modell zumindest die Kinder bereits relativ zeitnah (nach 3 Monaten bis einem Jahr) in den Genuss des

Grundeinkommens und damit auch in den Genuss der Übernahme der Gesundheitsbeiträge kommen würden. Nach der allerersten Anfangszeit müssten die neu ansässigen Familien somit nur noch die Gesundheitsbeiträge für die erwachsenen Familienmitglieder aus dem eigenen Erwerbseinkommen aufbringen. Dies sollte in den weitaus meisten Fällen möglich sein.

Gesetzliche Rentenversicherung

Da Rentner kein steuerfinanziertes Grundeinkommen erhalten sollen, würde es auch künftig bei den derzeit bestehenden Altersvorsorgesystemen (wie der gesetzlichen Rentenversicherung) bleiben. Die Rentenversicherung soll die Versorgung der Altersoder Erwerbsunfähigkeitsrentner weiter übernehmen. Die Rente stellt insoweit ein bedingungsloses Grundeinkommen für Rentner und Erwerbsunfähige dar.

Es wird jedoch vorgeschlagen, die Beiträge künftig ausschließlich von den Arbeitnehmern zu erheben und den bisherigen Arbeitgeberanteil kraft Gesetzes in eine Erhöhung der Bruttolöhne umzuwandeln. Dies begründet sich damit, dass es heutzutage ausschließlich in der Verantwortung der Arbeitnehmer liegt, für sich eine angemessene Altersvorsorge aufzubauen. Im späten 19. Jahrhundert, als die Arbeiter noch täglich zwölf oder vierzehn Stunden lang, sechs Tage die Woche, für einen einzigen Arbeitgeber gearbeitet haben und kaum vom Lohn leben konnten, war es verständlich, dass auch die Arbeitgeber zur Finanzierung der Rente mit herangezogen wurden. Im 21. Jahrhundert gibt es jedoch viele Menschen, die mehrere Arbeitgeber haben oder teils als Arbeitnehmer, teils als Selbstständige arbeiten. Es ist nicht mehr verständlich, dass die Arbeitgeber bei bestimmten Formen der Arbeit für den Aufbau der Altersvorsorge mit herangezogen werden, bei anderen Formen der Arbeit jedoch nicht. Würden die Beiträge künftig ausschließlich von den Arbeitnehmern erhoben, würden damit Arbeitnehmer, Selbstständige und Werkdienstleister gleichgestellt. Sie alle würden die Altersvorsorge aus ihrem eigenen Einkommen aufbauen. Alle diese Personen sollten künftig das Recht haben, sich gleichermaßen bei der gesetzlichen Rentenversicherung freiwillig zu versichern und Beiträge aus ihren Löhnen bzw. Vergütungen zu leisten.

Daneben würde es weiter die bestehenden Säulen der Altersvorsorge (Pensionen für Beamte, berufsständische Versorgungswerke für Freiberufler) geben. Wie bereits in Umsetzung begriffen, sollten künftig alle Renten bzw. Ruhegeldzahlungen nachgelagert besteuert werden, d.h. während der Ansparphase werden die Beiträge vollständig vom zu versteuernden Einkommen abgezogen und das während der Ruhestandsphase ausgezahlte Einkommen wird dann versteuert (bzw. es soll künftig für die Gesundheitskosten der Rentner herangezogen werden, dazu später mehr).

Gesetzliche Unfallversicherung

Bei der gesetzlichen Unfallversicherung für Arbeitnehmer würde das bisherige System beibehalten werden, wonach die Beiträge ausschließlich von den Arbeitgebern an die Berufsgenossenschaften gezahlt werden. Denn es liegt auch künftig in der alleinigen Verantwortung der Arbeitgeber, die Arbeitsplätze so zu gestalten, dass möglichst selten Arbeitsunfälle passieren.

Arbeitslosenversicherung

Die Versorgung arbeitsloser Personen erfolgt derzeit durch die beiden Formen ALG I und ALG II. Das ALG I wird aus den Beiträgen zur Arbeitslosenversicherung finanziert, das ALG II ist steuerfinanziert.

Vom Charakter her entspricht das Grundeinkommen näherungsweise dem ALG II. Es unterscheidet sich vom ALG II nur durch die geringfügig höhere Summe und die Pauschalierung der Wohnkosten (und natürlich durch die Tatsache, dass es bedingungslos gezahlt wird). Das Grundeinkommen würde künftig das ALG II vollständig ersetzen, da neben einem Grundeinkommen kein Bedarf für ein ALG II mehr bestünde.

Es wird jedoch vorgeschlagen, auch das ALG I durch das Grundeinkommen zu ersetzen. Arbeitslose hätten somit vom ersten Tag der Arbeitslosigkeit an nur den Anspruch auf das Grundeinkommen. Diese Abschaffung des ALG I erscheint als vertretbar. Denn es ist zu berücksichtigen, dass künftig in Familien ja alle Familienmitglieder einen Anspruch auf das Grundeinkommen hätten. Bei einer Familie mit zwei Kindern wäre dies eine monatliche Zahlung von immerhin 2.620 Euro, die im Fall eintretender Arbeitslosigkeit vom ersten Tag an gezahlt würde (genauer gesagt, sie würde während des Beschäftigungsverhältnisses gezahlt und danach in gleicher Weise fortgezahlt). Bei einer Familie mit zwei Kindern und einem Bruttogehalt des (allein verdienenden) Familienvaters von 4.000 Euro beträgt z.B. das verfügbare Familieneinkommen bei ALG-I-Bezug inklusive Kindergeld derzeit nur knapp 2.200 Euro; das Grundeinkommen ist somit in vielen Fällen auch günstiger als das jetzige ALG I.

Einen erheblichen finanziellen »Einbruch« gäbe es nur bei gut verdienenden Singles, die nunmehr statt eines hohen ALG I nur noch das Grundeinkommen für eine Person (860 Euro) erhielten. Bei diesem Personenkreis erscheint es allerdings zumutbar, dass sie sich durch vorsorgliches Ansparen selbst ein Polster für den Fall der Arbeitslosigkeit schaffen, wenn sie meinen, nicht mit dem Grundeinkommen auskommen zu können. Für das Aufrechterhalten einer staatlichen Zwangsversicherung gegen die finanziellen Folgen des Verlusts des Arbeitsplatzes bestünde jedenfalls nach Einführung eines bedingungslosen Grundeinkommens keine hinreichende Rechtfertigung mehr.

Zudem könnte der Einkommensrückgang im Fall der Arbeitslosigkeit zumindest gemildert werden, wenn jeder arbeitslosen

Person eine gemeinnützige Beschäftigung gegen geringes Entgelt angeboten werden würde.

Sind bestimmte Personen existenziell darauf angewiesen, das gewohnte Einkommen auch im Fall der Arbeitslosigkeit weiter zu beziehen, so sollten sie künftig eine zusätzliche private Verdienstausfallversicherung abschließen. Dies kann bei Personen der Fall sein, die selbst noch nicht grundeinkommensberechtigt sind oder die einer anderen Person, die ihrerseits nicht grundeinkommensberechtigt ist, unterhaltspflichtig sind. Auch bei Haushalten, die hohe Mietkosten haben oder die ihren Lebensstandard im Fall eintretender Arbeitslosigkeit auf keinen Fall absenken wollen, bietet sich der freiwillige Abschluss einer privaten Verdienstausfallversicherung an.

Der Wegfall des ALG I hat den Vorteil, dass es sich für Arbeitslose vom ersten Tag an lohnt, eine neue Beschäftigung anzunehmen, auch wenn diese neue Beschäftigung geringer entlohnt wird als die Beschäftigung vor der Arbeitslosigkeit. Es besteht nicht mehr die Gefahr, dass man durch Beschäftigungsaufnahme einer geringer entlohnten Stelle einen lukrativen Anspruch (auf das ALG I) verliert.

Infolge des Wegfalls des ALG I könnten die Beiträge zur Arbeitslosenversicherung deutlich gesenkt werden. Es wird vorgeschlagen, dass die Arbeitnehmeranteile zur Arbeitslosenversicherung künftig entfallen. Der steuerpflichtige Lohn der Arbeitnehmer würde sich entsprechend erhöhen. Die Arbeitgeberanteile sollten jedoch erhalten bleiben, um diese nicht grundlos zu entlasten. Aus den Einnahmen der Arbeitgeberbeiträge sollten künftig die Kosten der Arbeitsvermittlung, Umschulung und Fortbildung und die Kosten der Arbeitsbeschaffungsmaßnahmen (ABM) bestritten werden. Die Arbeitsverwaltung sollte daher – nunmehr als ausschließlich von den Arbeitgebern finanzierte Institution – in der jetzigen Form erhalten bleiben.

Es wird weiter vorgeschlagen, dass die (Arbeitgeber-) Beiträge zur Arbeitslosenversicherung künftig nicht mehr starr an den Bruttolohn gekoppelt werden. Stattdessen sollten Lenkungseffekte eingebaut werden, damit die Arbeitgeber finanzielle Anreize erhalten, die Arbeitslosigkeit nach Möglichkeit gering zu halten. Es wäre z.B. denkbar, dass beschäftigungsintensive Unternehmen mit einer hohen Lohnsumme gerade weniger Beiträge zur Arbeitslosenversicherung (und nicht mehr) leisten und dass stattdessen kapitalintensive Unternehmen mit hohem Rationalisierungsgrad höhere Beiträge zur Arbeitslosenversicherung leisten, denn letztere sind ja vor allem für das Vorhandensein der Arbeitslosigkeit verantwortlich. Denkbar wäre daher z.B., dass die Beiträge für die Arbeitsverwaltung nicht mehr an die Lohnsumme, sondern an den Umsatz des Unternehmens gekoppelt werden und dass die Unternehmen pro Beschäftigtem eine Gutschrift auf ihre Beitragsschuld bekommen. Anstatt dass die Löhne vom ersten Euro an beitragspflichtig sind und es eine Beitragsbemessungsgrenze gibt, sollte es stattdessen einen Freibetrag auf die ersten 1.000 Euro des Arbeitslohns geben und die Beitragsbemessungsgrenze entfallen.

Langfristig sollte auch das System der ABM zu einem umfassenden System der Förderung gemeinnütziger Arbeit ausgebaut werden. Da das Ziel einer Vollbeschäftigung sowieso auf lange Sicht nicht mehr erreichbar erscheint, sollte sich die Arbeitsverwaltung dem stellen und anstreben, jeder arbeitslosen Person künftig eine geförderte gemeinnützige Beschäftigung anzubieten. Die Umsetzung könnte in Zusammenarbeit mit den Kommunen erfolgen, die wissen, an welcher Stelle gemeinnützige Beschäftigung benötigt wird. Die Beschäftigten auf diesen Stellen würden künftig überwiegend von ihrem Grundeinkommen leben und von der Arbeitsverwaltung nur einen gewissen finanziellen Zuschuss erhalten, der zum großen Teil für den Aufbau einer Altersvorsorge verwendet werden sollte. Damit könnte erreicht werden, dass auch die Menschen, die ihr Arbeitsleben (nur) in der gemeinnützigen Beschäftigung absolviert haben, im Alter eine existenzsichernde Rente beziehen können.

Arbeitslosigkeit von Personen ohne Grundeinkommensanspruch

Nach Einführung eines Grundeinkommens würde die Absicherung gegen die finanziellen Einbußen bei Arbeitslosigkeit einfach dadurch erfolgen, dass das Grundeinkommen nach dem Jobverlust fortgezahlt wird. Die Arbeitgeberbeiträge zur Arbeitsverwaltung würden nicht die Grundeinkommenszahlungen finanzieren. Es gäbe somit keine durch Beitragszahlung gedeckte Versicherung gegen Arbeitslosigkeit mehr. Wenn Personen, die bereits eine gewisse Beschäftigungszeit in Deutschland verbracht haben, arbeitslos werden, bevor sie einen Grundeinkommensanspruch erworben haben (also vor einem fünfjährigen Aufenthalt in Deutschland), müssten sie Sozialhilfe beantragen.

Das erscheint zumindest für Personen, die bereits eine nicht unerhebliche Zeit (mehr als ein Jahr) in Deutschland erwerbstätig waren und erhebliche Steuerzahlungen geleistet haben, als unangemessen. Diese Personen sollten daher das Recht haben, ab einer einjährigen Erwerbstätigkeit in Deutschland einen vorgezogenen befristeten Anspruch auf ein Grundeinkommen zu erlangen. Wie gegenwärtig beim ALG I würde zunächst ein sechsmonatiger Anspruch auf eine Grundeinkommenszahlung entstehen. Bei längerer Vorbeschäftigungszeit könnte die Bezugsdauer entsprechend ansteigen. Dabei sollte aber gelten, dass dieser befristete Anspruch auf das Grundeinkommen abhängig von der Arbeitsbereitschaft der begünstigten Person ist, und zwar auch dann, wenn das Grundeinkommen an sich bedingungslos gezahlt wird.

Krankheit und Erwerbsminderung

Das Grundeinkommen würde selbstverständlich auch im Fall einer Erkrankung des Anspruchsberechtigten gezahlt. Daneben haben Arbeitnehmer einen Anspruch auf Lohnfortzahlung im Krankheitsfall. Es besteht keinen Grund, die Arbeitgeber von der

Pflicht zur Lohnfortzahlung im Krankheitsfall freizustellen, nur weil ein Grundeinkommen eingeführt wurde. Die Lohnfortzahlung im Krankheitsfall ist insbesondere für Arbeitnehmer von erheblicher wirtschaftlicher Bedeutung, die wegen noch nicht fünfjährigen Aufenthalts im Inland nicht grundeinkommensberechtigt wären.

Ist die sechswöchige Frist für die Lohnfortzahlung im Krankheitsfall abgelaufen und dauert die Krankheit an, so haben Arbeitnehmer nach gegenwärtiger Rechtslage Anspruch auf Krankengeld gegenüber ihrer gesetzlichen Krankenkasse. Diesen Anspruch würde es künftig nicht mehr geben, weil die gesetzlichen Krankenkassen keine lohnabhängigen Versicherungsbeiträge mehr erheben, sondern nur noch das individuelle Risiko der Behandlungskosten einer Erkrankung versichern würden. Es bestünde keine Rechtfertigung dafür, dass ein kranker Arbeitnehmer Krankengeld erhielte, ein vergleichbarer kranker Hausmann dagegen nicht, wenn beide doch den gleichen Versicherungsbeitrag leisten.

Nach Ablauf der sechswöchigen Frist für die Lohnfortzahlung im Krankheitsfall würde das Einkommen der Familie somit im Regelfall nur noch über das Grundeinkommen (und ggf. über das Einkommen des Partners) sichergestellt. In den meisten Fällen wäre dies ausreichend. Haushalte, die mit diesen Geldern nicht auskommen können, müssten eine zusätzliche private Krankengeldversicherung abschließen. Dies gilt auch für Personen, die noch nicht grundeinkommensberechtigt sind und deshalb nach Ablauf der Lohnfortzahlung im Krankheitsfall ohne Einkommen wären. In Härtefällen würde jedoch stets die Sozialhilfe einspringen.

Ist die Erkrankung eines Arbeitnehmers so schwerwiegend, dass er dauerhaft erwerbsgemindert ist, so kann er im Regelfall eine Rente wegen Erwerbsminderung beantragen. Der Bezug einer solchen Rente würde den Grundeinkommensbezug ausschließen, weil sonst diese Person doppelt versorgt wäre. Dazu muss die Rente wegen Erwerbsminderung natürlich mindestens so hoch sein wie das Grundeinkommen. Der (nicht erwerbsgeminderte) Partner und die Kinder würden natürlich weiter ihr Grundeinkommen beziehen.

Tritt die Erwerbsminderung bei einer grundeinkommensberechtigten Person ein, die mangels vorangegangener Erwerbstätigkeit keine Rente wegen Erwerbsminderung beantragen kann, so sollte das Grundeinkommen fortgezahlt werden. Denn das Grundeinkommen soll ja auch Personen offen stehen, die nicht am regulären Erwerbsleben teilnehmen wollen (z.B. Hausfrauen und -männer, gemeinnützig Tätige). Bei solchen Personen könnte es manchmal schwierig sein, überhaupt zu unterscheiden, ob sie erwerbsfähig *wären*, wenn sie denn arbeiten gehen wollten. Die Grundeinkommensbehörde sollte jedenfalls den Bezug des Grundeinkommens nicht unter den Vorbehalt stellen, dass der Begünstigte gesund und arbeitsfähig sein muss, denn dies liefe ja letztlich darauf hinaus, das Grundeinkommen nur an Personen zu leisten, die aktiv dem Arbeitsmarkt zur Verfügung stehen. Dies soll aber zumindest beim bedingungslosen Grundeinkommen gerade nicht der Fall sein.

Wird eine Person erwerbsunfähig, die noch keinen Anspruch auf ein Grundeinkommen hat, so müsste sie Sozialhilfe bzw. Grundsicherung bei Erwerbsminderung beantragen, wenn sie anders nicht ihre Existenz sicherstellen kann. Für diesen Personenkreis bietet sich der freiwillige Abschluss einer privaten Berufsunfähigkeitsversicherung an.

Solidarische Rente

In den vorangegangenen Abschnitten wurde dargelegt, dass es nicht sinnvoll ist, die Rentner in ein Grundeinkommen einzubeziehen. Dazu sind die systembedingten Unterschiede zwischen Rente und Grundeinkommen einfach zu groß. Die Versorgung der Rentner sollte sich vielmehr weiterhin auf die etablierten Alterssicherungssysteme stützen.

Das Grundeinkommen stellt ein solidarisches Umlagesystem dar, durch das alle Personen bis 64 Jahre ihr Existenzminimum einschließlich einer Kranken- und Pflegeversicherung gesichert erhalten. Finanziert wird dies, wie noch gezeigt werden wird, am besten durch die Einkommensteuereinnahmen der Personen bis 64 Jahre. Die Bezieher von Einkommen finanzieren somit die Absicherung der erwerbslosen Personen, Kinder und Auszubildenden ihrer Generation solidarisch mit. Zudem wird aus den Erwerbseinkünften im Umlageverfahren die Rente finanziert.

An diesem System können sich die Rentner nicht mit beteiligen, da sie hierfür finanziell nicht ausreichend leistungsfähig sind. Zudem obliegt der Rentnergeneration nicht mehr die Verantwortung für die Arbeitslosen und die Generation der minderjährigen Kinder. Daher sollten die Rentner künftig keine Einkommensteuer zahlen müssen, da aus der Einkommensteuer im Wesentlichen das Grundeinkommen finanziert wird. Es wäre unangemessen, wenn Rentner Einkommensteuer zahlen müssen, um damit ein Grundeinkommen zu finanzieren, das sie gar nicht begünstigt. Dies gilt in besonderem Maße für Personen, die erst im Rentenalter nach Deutschland einreisen, hauptsächlich von einer ausländischen Rente leben und hier keine Verwandten haben. Warum sollten sie verpflichtet sein, mit ihren Steuerzahlungen das Grundeinkommen für eine ihnen unbekannte deutsche Erwerbstätigengeneration zu finanzieren?

Wenn ein bedingungsloses Grundeinkommen also künftig hauptsächlich aus dem Einkommensteueraufkommen finanziert wird und Rentner nicht von diesem Grundeinkommen profitieren, dann muss gelten, dass Rentner künftig generell nicht einkommensteuerpflichtig werden dürfen.

Die Generation der Rentner ist jedoch in der Lage, die finanzielle Verantwortung für ihre eigene Generation sowie ihre im Alter stark steigenden Gesundheitskosten zu übernehmen. Daher sollen künftig aus den Einkünften der Personen ab 65 Jahre die Grundsicherung im Alter sowie die Gesundheitskosten der älteren Menschen solidarisch finanziert werden. Wie dies geschehen kann, wird im Folgenden gezeigt.

Gesundheitsbeiträge für Altersrentner

Da das Grundeinkommen nur für Personen bis 64 Jahre geleistet werden soll, würde auch die steuerfinanzierte Übernahme der Gesundheitskosten nur für Personen bis 64 Jahre gelten. Ältere Menschen müssten sich somit auf eigene Kosten versichern. Sie können sich nach ihrer Wahl privat oder gesetzlich versichern. Da ältere Menschen enorme Gesundheitskosten verursachen, aber meist nur ein bescheidenes Einkommen haben, ist die Frage, wie diese Personen versichert werden können, von großer Bedeutung.

Vorgeschlagen wurde hier, dass die gesetzlichen Krankenkassen künftig altersabhängige Beiträge für jede versicherte Person erheben sollten. Dies sollte dann konsequenterweise auch für Versicherte ab 65 Jahre gelten. Es wird daher vorgeschlagen, dass die gesetzlichen Krankenkassen künftig für alle Versicherten ab 65 Jahren einen kostendeckenden Beitrag monatlich erheben. Dieser Beitrag könnte bei rund 500 Euro monatlich liegen. (Für die privaten Krankenkassen gilt bereits jetzt, dass die Beiträge im Alter deutlich höher liegen als bei jüngeren Versicherten.)

Übernahme der Gesundheitsbeiträge durch die gesetzliche Rentenversicherung

Die genannten Kranken- und Pflegeversicherungsbeiträge sollten künftig für alle Rentner, die in Deutschland eine (inländische) Rente beziehen, von der gesetzlichen Rentenversicherung übernommen und direkt an die gewählte gesetzliche Krankenkasse überwiesen werden. Mitglieder einer privaten Krankenversicherung erhielten den Betrag von 500 Euro künftig als Zuschuss zu ihren Krankenversicherungsbeiträgen auf ihr Konto überwiesen. Die Übernahme der Krankenversicherungsbeiträge durch die gesetzliche Rentenversicherung soll ausdrücklich auch dann gelten, wenn die Person keine Rente der gesetzlichen Rentenversicherung erhält, sondern beispielsweise ihre Ruhestandsbezüge von einem berufsständischen Versorgungswerk bezieht oder als Beamter eine Pension erhält.

Die Übernahme der Krankenversicherungsbeiträge soll auch eingreifen, wenn ein Rentner von seiner deutschen Rente seinen Ruhestand im Ausland verbringt, sofern er weiter von Deutschland aus krankenversichert werden muss. Die Übernahme der Gesundheitsbeiträge durch die Rentenversicherung sollte nur für diejenigen Personen nicht eingreifen, die ihr Erwerbsleben im Ausland verbracht haben und die im Alter in Deutschland von einer ausländischen Rente leben. Diese Personen müssen dann über ihre ausländische Rente auch krankenversichert werden.

Dies bedeutet: Die gesetzliche Rentenversicherung wäre künftig dafür zuständig, die Kranken- und Pflegeversicherungskosten nahezu aller Personen ab 65 Jahre zu tragen. Im Folgenden soll gezeigt werden, wie dies gegenfinanziert werden kann.

Solidarische Finanzierung der Gesundheitsbeiträge

Da die älteren Personen erhebliche Gesundheitsausgaben verursachen, ist auch mit großen Kosten für die Übernahme der Gesundheitsbeiträge zu rechnen. Bei geschätzt 500 Euro monatlich pro versicherter Person und rund 16 Millionen berechtigten Personen wird mit jährlichen Kosten von rund 96 Milliarden Euro gerechnet. Unter Berücksichtigung der Tatsache, dass bereits jetzt jährlich knapp 100 Milliarden Euro Steuergelder in die gesetzliche Rente fließen, um diese zu stützen, erscheint die Finanzierbarkeit einer solchen Summe allerdings ohne Weiteres als gegeben.

Die solidarische Tragung dieser Gesundheitsbeiträge durch die Rentnergeneration soll künftig erfolgen, indem von der gesetzlichen Rentenversicherung von den Rentnern eine Flat Tax von 60 % auf ihre Altersbezüge und ihr sonstiges Einkommen erhoben wird. Dabei sollte ein Grundfreibetrag von 860 Euro pro Monat gelten. Dies würde bedeuten, dass die Rente, die eine Person bezieht, in eine steuer- und abgabenfreie Grundrente von 860 Euro monatlich und in eine mit Abgaben belegte weitergehende Rente aufgeteilt wird. (Muss ein Rentnerehepaar von einer Rente leben, gilt natürlich der doppelte Freibetrag von 1720 Euro monatlich.)

Beispiel: Angenommen, eine Person hat Rentenanwartschaften in Höhe von 1.400 Euro monatlich angespart. Sie würde im Rentenbezugsfall eine abgabenfreie Grundrente von 860 Euro erhalten. Außerdem würde die Rentenversicherung die Gesundheitskosten von 500 Euro tragen. Die über 860 Euro hinausgehenden Rentenanwartschaften würden mit einer Abgabe von 60 % belegt, sodass der Rentenbezieher weitere 216 Euro Rente erhält und 324 Euro Abgaben leisten muss. Insgesamt hätte der Rentner somit 1.076 Euro zu seiner Verfügung.

Die Abgabe von 60 % würde dann künftig auch auf Betriebsrenten, private Renten, Mieteinnahmen, Kapitaleinkünfte und ähnliche Einkünfte älterer Personen erhoben.

Für das Verfahren wird vorgeschlagen, dass die gesetzliche Rentenversicherung bei den von ihr gezahlten Renten die Flat Tax natürlich gleich einbehält. Alle anderen Personen über 64 Jahre (z.B. Pensionäre) sollten künftig direkt von der gesetzlichen Rentenversicherung bezüglich ihres gesamten Einkommens veranlagt werden. Die Rentenversicherung wäre somit künftig das zuständige Finanzamt für Personen über 64 Jahre und würde die Flat Tax zu ihren Gunsten erheben.

Für Mitglieder eines berufsständischen Versorgungswerkes mit Mitgliedschaft in einer privaten Krankenkasse würde dies bedeuten, dass ihnen die gesetzliche Rentenversicherung einen Zuschuss von 500 Euro für die Gesundheitsbeiträge leistet, dass im Gegenzug aber 60 % von allen Ruhestandsbezügen über 750 Euro monatlich an die gesetzliche Rentenversicherung abgeführt werden müssen.

Da auch Personen unter 65 Jahre künftig eine Flat Tax von 60 % auf ihr Einkommen leisten sollen, würden somit alle Einkünfte von Personen unter 65 Jahre und von Personen ab 65 Jahre gleich behandelt, nur mit dem Unterschied, dass Personen ab 65 Jahre ihre Abgabe von 60 % künftig an die Rentenversicherung zur Finanzierung der Gesundheitskosten älterer Personen zahlen würden, während jüngere Menschen 60 % Steuern an das Finanzamt zahlen, um damit das Grundeinkommen (vor allem für Familien) zu finanzieren. Jede Generation finanziert somit mit der Flat Tax solidarisch die wichtigsten Aufgaben ihrer eigenen Generation.

Überdies sollten die Einnahmen aus der Renten-Flat-Tax genutzt werden, um die Grundsicherung im Alter zu finanzieren. Die Absicherung der Grundsicherung im Alter sollte künftig nicht mehr durch die kommunalen Sozialbehörden, sondern durch die Rentenversicherung selbst erfolgen. Die monatliche Höhe der Grundsicherung sollte ebenfalls bei 860 Euro liegen. Wenn man künftig allen erwerbslosen Personen eine gemeinnützige Beschäftigung anbietet und aus den Lohnzuschüssen der Arbeitsagenturen hauptsächlich Rentenbeiträge finanziert, dürfte es künftig nur noch in seltenen Fällen zur Altersarmut kommen, sodass mit erheblichen Ausgaben für die Grundsicherung im Alter dann nicht mehr zu rechnen wäre.

Flexibles Eintrittsalter in den Ruhestand

Solange ein Grundeinkommen zwar eingeführt ist, aber nicht bedingungslos gezahlt wird, müssen sich gesunde Personen bis 64 Jahre dem Arbeitsmarkt zur Verfügung stellen, wenn sie ein Grundeinkommen beziehen wollen. Wenn Personen mit Anfang sechzig dies nicht mehr wollen, müssten sie stattdessen eine vorzeitige Rente beantragen, die dann mit Abschlägen gezahlt würde.

Ist ein Grundeinkommen bedingungslos eingeführt worden, so würde es für alle Personen bis 64 Jahre gelten. Die Menschen hätten dann jederzeit die freie Wahl, ihren Beruf aufzugeben. Für ältere Personen knapp unter 65 Jahren würde dies bedeuten, dass sie die freie Wahl haben, ob sie bereits vorzeitig eine Rente (mit Abschlägen) beantragen wollen oder ob sie die Zeit bis zum regulären Renteneintrittsalter mit dem bedingungslosen Grundeinkommen überbrücken wollen. Ist eine Person bereit und in der Lage, fünf Jahre mit dem bedingungslosen Grundeinkommen zu überbrücken, so könnte sie auch bereits mit 60 Jahren ihren Beruf aufgeben. Dies soll nach Einführung eines bedingungslosen Grundeinkommens ausdrücklich zulässig sein. (Natürlich würde die Person dann in den letzten fünf Jahren bis zur Rente keine neuen Rentenanwartschaften mehr ansparen können.) Für die mit Anfang sechzig freiwillig aus dem Beruf ausscheidenden Personen – die vermutlich ohnehin nicht mehr besonders leistungsfähig sein dürften – könnten dann jüngere, bisher arbeitslose Personen mit mehr Arbeitsmotivation nachrücken.

Grundeinkommen und Unterhaltsansprüche

Das Grundeinkommen dient dazu, das finanzielle Existenzminimum einer Person sicherzustellen. Damit erfüllt es die gleiche Funktion, die auch die familienrechtlichen Unterhaltsansprüche erfüllen. Man könnte daher annehmen, dass nach Einführung eines Grundeinkommens alle familienrechtlichen Unterhaltsansprüche abgeschafft werden könnten. Dies trifft aber nicht zu. Wie bereits dargelegt wurde, würde es auch nach Einführung eines bedingungslosen Grundeinkommens etliche Menschen in Deutschland ohne Grundeinkommensanspruch geben. Diese hätten im Fall der Bedürftigkeit zwar einen Sozialhilfeanspruch, jedoch ist die Sozialhilfe nachrangig hinter Unterhaltsansprüchen. Das Unterhaltsrecht muss daher auch nach Einführung eines Grundeinkommens in Kraft bleiben. Aber auch Personen mit Grundeinkommensanspruch könnten unter Umständen auch künftig einen Unterhaltsanspruch haben, wie im Folgenden gezeigt werden soll.

Bedeutungsverlust des Unterhaltsrechts

Womit auf jeden Fall gerechnet werden könnte, wäre, dass das Unterhaltsrecht nach Einführung eines Grundeinkommens für die meisten Menschen wesentlich an Bedeutung verlieren würde. Die meisten Personen würden vermutlich mit 18 Jahren ein Girokonto für die Grundeinkommenszahlungen einrichten und dieses Konto dauerhaft, also auch nach einer Eheschließung, für sich als eigenes

Konto weiter führen. Auch eine Hausfrau, die nicht erwerbstätig ist, würde damit weiterhin ein eigenes Einkommen beziehen und nicht völlig vom verdienenden Ehemann wirtschaftlich abhängig sein. Das Grundeinkommen stellt dann in einer Ehe ein Basiseinkommen für jeden der Ehegatten dar, von dem er bzw. sie sich persönliche Wünsche erfüllen kann, entsprechend eines persönlichen »Taschengeldes«. Die finanzielle Unabhängigkeit beider Ehegatten würde somit gestärkt.

Für Ehegatten, die aus dem Ausland kommen, dürfte die Erlangung eines Grundeinkommensanspruchs ein starker Akt der Emanzipation darstellen. Angenommen, ein deutscher Staatsbürger hat über eine Partneragentur eine ukrainische Frau kennengelernt. Sie zieht zu ihm nach Deutschland und führt ihm den Haushalt. Solange sie keinen Grundeinkommensanspruch hat, ist sie finanziell von ihm abhängig und muss sich seinem Willen fügen. Erlangt sie jedoch einen Grundeinkommensanspruch, so kann sie ihm künftig auf Augenhöhe begegnen. (Denkbar wäre übrigens, dass ihr Mann gerade dies verhindern will, um sie stärker an sich zu binden. Bei ausländischen Personen, die einen Grundeinkommensanspruch erhalten sollen, wäre es daher möglicherweise sinnvoll, dass sie vor der erstmaligen Gewährung des Grundeinkommens eine Beratung darüber erhalten, dass das Grundeinkommen ihr höchstpersönliches Einkommen darstellt und dass sie nach Möglichkeit für die Grundeinkommenszahlungen ein persönliches Konto einrichten sollten.)

Es ist damit zu rechnen, dass sich die meisten Menschen nach Einführung eines bedingungslosen Grundeinkommens dauerhaft finanziell unabhängig fühlen werden und viele zivilrechtlichen Unterhaltsansprüche, die nach der Rechtslage formal noch bestehen, gar nicht mehr geltend gemacht würden. Familiäre Konflikte würden seltener über Unterhaltsstreitigkeiten ausgetragen. Angenommen, in einer Familie mit zwei Kindern haben die (nicht berufstätige) Frau und die Kinder unter Gewalttätigkeiten des Mannes zu leiden. Nach Einführung eines Grundeinkommens wird es der Frau leichter fallen, den Mann zu verlassen. Es ist dann denkbar, dass sie sich mit ihren Kindern vorübergehend bei ihren Eltern oder Freunden einquartiert und sich zunächst keine Gedanken über einen belastenden Unterhaltsprozess gegen ihren Mann machen muss, weil sie mit dem Grundeinkommen für sich und ihre beiden Kinder (insgesamt 1.760 Euro monatlich) vorläufig gut auskommt. Das Grundeinkommen erleichtert somit eine »Trennung auf Probe« und hilft damit einer Klärung, ob die Ehe noch zu retten ist oder nicht.

Ist ein Kind das Ergebnis einer Kurzbeziehung der Eltern und hat die Kindesmutter keinen Kontakt zum Vater des Kindes, so könnte sie sich künftig dafür entscheiden, den Vater nicht zu suchen und nicht auf Unterhalt in Anspruch zu nehmen, wenn sie mit dem Grundeinkommen für ihr Kind auskommt.

Unterhaltsansprüche grundeinkommensberechtigter Personen

Zunächst sollen mögliche Unterhaltsansprüche von Personen, die einen Grundeinkommensanspruch haben, betrachtet werden. In einer inländischen Familie hätten künftig alle Familienmitglieder einen Anspruch auf Sicherstellung ihres Existenzminimums durch das Grundeinkommen. Gleichwohl blieben aber die familienrechtlichen Unterhaltsansprüche bestehen, denn in einer Familie sollen ja alle das gleiche Wohlstandsniveau haben. Geht in einer Familie mit zwei Kindern nur der Vater einer Erwerbsarbeit nach und führt die Mutter den Haushalt, so muss der Vater selbstverständlich sein Erwerbseinkommen mit der ganzen Familie teilen und kann die anderen Familienmitglieder nicht nur auf das Grundeinkommen verweisen.

Entsprechendes gilt nach einer Trennung. Leben Ehegatten getrennt, sind sie aber noch nicht geschieden, so gilt vorläufig der Grundsatz fort, dass beide Eheleute Anspruch auf den ehelichen Lebensstandard haben sollen. Im Fall des Getrenntlebens würden die ehelichen Unterhaltsansprüche somit fortbestehen. Die getrennt lebende Ehefrau ohne Einkommen hätte somit Anspruch auf ihr eigenes Grundeinkommen sowie einen ergänzenden Unterhaltsanspruch in Höhe von knapp der Hälfte des Nettoerwerbseinkommens des Mannes. Auf die Aufnahme einer Erwerbstätigkeit kann die Frau nur dann verwiesen werden, wenn dies nach dem Zuschnitt der Ehe von ihr erwartet werden kann[25].

Nach der Scheidung ist dies grundlegend anders. Es gilt jetzt der Grundsatz der Eigenverantwortung[26]. Hat ein geschiedener Ehegatte einen Grundeinkommensanspruch, so würde er künftig im Regelfall keinen Unterhaltsanspruch gegen seinen Ex-Ehegatten haben. Dass der Grundeinkommensanspruch nur das Existenzminimum abdeckt, wäre für den Regelfall hinzunehmen. Ausnahmen wären denkbar, wenn es einem Ehegatten nicht zumutbar ist, einer Erwerbstätigkeit nachzugehen (z.B. wegen Kinderbetreuung) oder die Eheleute vor der Trennung einen besonders hohen Lebensstandard hatten (in Verbindung mit einer langen Ehedauer). Dann wäre denkbar, dass ein ergänzender Unterhaltsanspruch auch nach der Scheidung besteht.

Die Gewährung eines Grundeinkommens hat zur Folge, dass einer Person kein Freibetrag im Einkommensteuerrecht zusteht. Jedes Einkommen vom ersten Euro an würde versteuert. Das würde entsprechend auch im Unterhaltsrecht gelten. D.h. die Zahlung von Unterhaltsleistungen an Personen, die ein Grundeinkommen beziehen, könnte nicht mehr steuerlich geltend gemacht werden. Unterhaltsansprüche müssten somit grundsätzlich aus dem versteuerten Einkommen aufgebracht werden. Da alle Beteiligten ihr Existenzminimum bereits über das Grundeinkommen gesichert erhalten, geht es beim Unterhalt künftig nur noch darum, den über das Existenzminimum hinausgehenden Wohlstand gleichmäßig und gerecht zu verteilen. Für die Unterhaltsberechnung benötigt man somit keine komplizierte Abwägung der beiderseitigen Interessen mehr, wie sie etwa in der sogenannten Düsseldorfer Tabelle[27] vorgenommen wird. Eine Unterhaltsberechnung könnte daher künftig einfach wie folgt aussehen:

Angenommen, ein Mann ist seiner Frau und zwei Kindern gegenüber unterhaltspflichtig (alle grundeinkommensberechtigt). Sein Nettoeinkommen (aus Erwerbstätigkeit) möge 2.000 Euro monatlich betragen. Zunächst ist hiervon ein Erwerbstätigenbonus von 10 % abzuziehen, der dem Mann zur Deckung seiner Werbungskosten verbleibt. Der Rest von 1.800 Euro würde künftig wie folgt aufgeteilt:

Für jeden Erwachsenen werden 15 Anteile, für jedes Kind 8 Anteile festgesetzt[28]. Bei einer vierköpfigen Familie gibt es somit insgesamt 46 Anteile. Die 1.800 Euro werden auf diese 46 Anteile aufgeteilt und dementsprechend wie folgt verteilt:

Selbstbehalt Mann (15/46):	586,96 Euro
Unterhalt Frau (15/46):	586,96 Euro
Unterhalt Kind 1 (8/46):	313,04 Euro
Unterhalt Kind 2 (8/46):	313,04 Euro
Kontrollsumme:	1.800,00 Euro

Die Frau hat somit für sich und die Kinder einen Unterhaltsanspruch von 1.213,04 Euro und kommt zusammen mit den Grundeinkommenszahlungen von insgesamt 1.550 Euro auf ein verfügbares Einkommen 2.763,04 Euro monatlich. Dem Ehemann verbleibt ein verfügbares Einkommen von 1.646,96 Euro. In jedem Fall wäre ein ehelicher Streit um Unterhaltszahlungen nicht mehr ein vor Gericht ausgetragener Kampf um die wirtschaftliche Existenz, sondern die Unterhaltszahlungen kämen nur auf die bereits gesicherte Existenz obenauf, während auch der Unterhaltszahler nicht befürchten muss, dass er durch die Unterhaltszahlung verarmen wird, selbst wenn er eine neue Familie gründen möchte.

Bei sehr guten Einkommensverhältnissen des Unterhaltsverpflichteten kann eine Deckelung der Unterhaltsansprüche in Betracht kommen. Das würde aber – wie jetzt auch – von den Umständen des Einzelfalls abhängen.

Eine von den Gerichten zu klärende Frage wäre künftig, ob ein ausländischer Staatsbürger seine Bedürftigkeit mutwillig herbeigeführt hat (und er damit keinen Unterhaltsanspruch hat[29]), wenn er bzw. sie nach der Trennung von einem deutschen Staatsbürger wieder in das Heimatland zurückkehrt und damit den Grundeinkommensanspruch aufgibt. Soll der Unterhaltsverpflichtete die Zahlung verweigern dürfen mit dem Argument, dass der andere noch seinen Grundeinkommensanspruch hätte und nicht bedürftig wäre, wenn er in Deutschland geblieben wäre? Dies wird nach den Umständen des Einzelfalls zu entscheiden sein.

Eine weitere zu klärende Frage wäre, ob der Unterhaltsverpflichtete berechtigt sein soll, seine Erwerbstätigkeit aufzugeben, um künftig vom Grundeinkommen zu leben. Denn dies bedeutet auch für die Unterhaltsberechtigten, dass sie künftig mit dem Grundeinkommen auskommen müssen. Im Grundsatz wäre dies sicherlich zu bejahen, da die Einführung eines bedingungslosen Grundeinkommens gerade die Freiheit ermöglichen soll, diese Entscheidung zu treffen. Doch wird es sicher auch Fälle geben, die aus familiären Gründen anders zu entscheiden sind.

Im Ergebnis ist festzuhalten, dass auch nach Einführung eines bedingungslosen Grundeinkommens grundeinkommensberechtigte Personen einen ergänzenden Unterhaltsanspruch haben können, wobei aber der Anspruch in finanzieller Hinsicht eine viel geringere Bedeutung haben würde als jetzt.

Unterhaltsansprüche nicht grundeinkommensberechtigter Personen

Ist eine unterhaltsbedürftige Person nicht grundeinkommensberechtigt, so würde sie selbstverständlich auch nach Einführung eines bedingungslosen Grundeinkommens ihre gesetzlichen Unterhaltsansprüche haben. Angenommen, ein deutscher Mann (mit Grundeinkommensanspruch) lernt im Urlaub eine ausländische Frau kennen und sie zieht zu ihm nach Deutschland, wo sie heiraten. Die Frau sollte nun, wie bereits dargelegt, in den ersten fünf Jahren ihres Aufenthalts in Deutschland keinen Grundeinkommensanspruch haben. Ihr Unterhalt würde in dieser Zeit über das Einkommen des Mannes und seine Unterhaltsleistungen sichergestellt (falls sie keiner Erwerbstätigkeit nachgeht).

Steuerlich würden die Unterhaltsleistungen des Mannes wie folgt berücksichtigt: Solange das Paar gemeinsam veranlagt wird, bewirkt ihr Grundfreibetrag, den sie anstelle des Grundeinkommensanspruchs hat, dass das gemeinsame Einkommen in Höhe von 17.200 Euro steuerfrei bleibt. Werden sie nicht gemeinsam veranlagt, so kann er die gezahlten Unterhaltsleistungen als Sonderausgaben oder außergewöhnliche Belastungen geltend machen.

Die eheliche Unterhaltspflicht führt in diesen Fällen dazu, dass trotz der Einführung eines bedingungslosen Grundeinkommens für die unterhaltsverpflichtete Person eine Erwerbspflicht besteht. Der Mann könnte zwar beschließen, dass er, als grundeinkommensberechtigter Inländer, selbst künftig ausschließlich vom Grundeinkommen leben möchte, aber er muss zumindest so viel arbeiten, dass er den angemessenen Unterhalt seiner nicht grundeinkommensberechtigten Frau sicherstellen kann, denn zu dieser ehelichen Unterhaltsleistung hat er sich durch die Heirat verpflichtet.

Erwerbsobliegenheit

Die am meisten umstrittene Frage bei der Grundeinkommensdiskussion ist die, ob das Grundeinkommen bedingungslos gezahlt werden soll. Die Gegner des bedingungslosen Grundeinkommens argumentieren damit, dass bei einer bedingungslosen Zahlung die meisten Menschen ihre Erwerbstätigkeit aufgeben würden und die Wirtschaft zusammenbrechen würde. Die Befürworter einer Bedingungslosigkeit der Zahlung sehen dies naturgemäß anders.

Was stimmt, kann man nicht mit Sicherheit vorhersagen, da ein flächendeckendes, dauerhaftes und existenzsicherndes bedingungsloses Grundeinkommen, so wie in diesem Buch beschrieben, ja weltweit noch nirgendwo ausprobiert wurde. Dargestellt wurde jedoch bereits, dass in Umfragen die weit überwiegende Mehrheit der Befragten angegeben hat, sie würde ihre Erwerbstätigkeit nicht aufgeben. Und wie bereits gezeigt wurde, wäre auch bei Unterstellung rein egoistischen und ökonomischen Handelns die Annahme nicht begründet, es wäre für eine Person rational sinnvoll, ihre Erwerbstätigkeit aufzugeben.

Insgesamt hat die Frage eine weit geringere Bedeutung, als man annehmen könnte. Zu berücksichtigen ist zunächst, dass Erwerbsbereitschaft ohnehin nur von einem Teil der Bevölkerung (knapp der Hälfte) erwartet wird. Viele Personen, die in den Genuss eines Grundeinkommens kommen würden, sollen überhaupt nicht arbeiten: Kinder sollen selbstverständlich nicht arbeiten. Junge Erwachsene sollen ebenfalls nicht arbeiten, sondern sich um ihre Berufsausbildung kümmern. Mütter in der Mutterschutzfrist dürfen gar nicht arbeiten. Von Rentnern und Erwerbsunfähigen wird ebenfalls keine Arbeitsbereitschaft erwartet. Damit fällt schon fast die Hälfte der Bevölkerung aus einer möglichen Erwerbsobliegenheit heraus.

Übrig bleibt der Kreis der arbeitsfähigen erwachsenen Personen ohne kleine Kinder. Selbst bei diesen Personen wird nicht von jedem Erwerbsbereitschaft erwartet: Es ist allgemein akzeptiert, dass bei einem Ehepaar nur ein Ehegatte einer Arbeit nachgeht und der andere sich auf die Haushaltsführung beschränkt.

Manche Personen würden auch nach der Einführung eines bedingungslosen Grundeinkommens gar nicht berechtigt sein, sich aus dem Erwerbsleben zurückzuziehen, wenn sie nämlich einer nicht grundeinkommensberechtigten Person gegenüber unterhaltspflichtig sind (siehe den Abschnitt: Grundeinkommen und Unterhaltsansprüche).

Es ist somit nur eine Minderheit der Bevölkerung, bei der sich die Frage stellt, ob man eine Grundeinkommenszahlung an sie unter den Vorbehalt stellen muss, dass sie arbeitsbereit ist.

Rein ökonomisch betrachtet ist die Normierung einer Erwerbsobliegenheit nur dann erforderlich, wenn sonst droht, dass Arbeitsplätze nicht nachbesetzt werden können. Über die Notwendigkeit einer Erwerbsobliegenheit lohnt es sich somit nur dann zu diskutieren, wenn die Wirtschaft genügend Arbeitsplätze für alle geschaffen hat. Die Tatsache, dass das Grundeinkommen für alle – ob erwerbstätig oder nicht – geleistet würde, sorgt zudem dafür, dass jeder, der arbeitet, mehr Geld zur Verfügung hat als einer, der nicht arbeitet. Das Grundeinkommen sorgt somit auch bei Bedingungslosigkeit für einen ausreichenden Arbeitsanreiz.

Insgesamt sprechen somit viele Gründe für die Annahme, dass ein Grundeinkommen auch als bedingungslose Zahlung umsetzbar wäre, ohne dass sich zu viele Personen aus dem Erwerbsleben zurückziehen würden.

Gleichwohl erscheint es als sinnvoll, zumindest in der Einführungsphase eine Erwerbsobliegenheit festzusetzen, um die allgemeine Akzeptanz des Grundeinkommensprojekts bei allen Bevölkerungsschichten zu erlangen. Das bedeutet: Ein Grundeinkommen sollte zunächst als nicht bedingungsloses Grundeinkommen eingeführt werden, das später schrittweise in ein bedingungsloses Grundeinkommen umgewandelt wird.

Verwaltungstechnisch wäre dies relativ einfach zu lösen: Ist ein Grundeinkommen noch nicht bedingungslos eingeführt, so würde das Grundeinkommen Personen, die sich nicht ausreichend um eine Erwerbsarbeit bemühen, von der Grundeinkommensbehörde verweigert. Stattdessen erhielten diese Personen jedoch einen Grundfreibetrag von 17.200 Euro im Einkommensteuerrecht. Würde dann das Grundeinkommen in ein bedingungsloses umgewandelt, so erhielten nun auch die nicht arbeitswilligen Personen das Grundeinkommen von 860 Euro monatlich und der Grundfreibetrag würde im Gegenzug gestrichen.

»Erwerbsobliegenheit« bedeutet jedoch nicht, dass nur Personen, die einen Arbeitsplatz haben oder sich arbeitsuchend gemeldet haben, in den Genuss eines nicht bedingungslosen Grundeinkommens kommen können. Es gibt eine Reihe von Gründen, die es als gerechtfertigt erscheinen lassen, dass eine Person keiner Erwerbsarbeit nachgeht, ohne dass ihr Faulheit vorzuwerfen ist. Für den Bezug eines nicht bedingungslosen Grundeinkommens genügt es daher, wenn eine Person u.a. nachweist, dass sie

- einen Arbeitsplatz als Arbeitnehmer hat,
- sie einer selbstständigen, unternehmerischen oder freiberuflichen Tätigkeit nachgeht,
- sich bei der Arbeitsverwaltung als arbeitsuchend gemeldet hat,
- wegen einer Schul- bzw. Berufsausbildung oder eines Studiums keine Erwerbsobliegenheit hat,
- haushaltsführender Ehegatte einer anderen Person ist, die ihrer Erwerbsobliegenheit nachkommt oder
- aus wichtigen Gründen eine Erwerbstätigkeit von ihr nicht erwartet werden kann (z.B. wegen Pflege eines schwerstbehinderten Angehörigen).

Der hier vorgeschlagene Vorbehalt, dass die Grundeinkommenszahlung zunächst nur bei Erwerbsbereitschaft gewährt werden soll, bringt die schwierige Abgrenzungsfrage mit sich, wann eine ausreichende Erwerbstätigkeit vorliegt. Angenommen, eine Person mit Kapitalvermögen gibt an, in einem Jahr 12.000 Euro als sogenannter »Heavy Trader« (Durchführung einer Vielzahl von täglichen An- und Verkaufsgeschäften) an der Börse verdient zu haben. Soll dies als reine Vermögensverwaltung gelten mit der Folge, dass diese Person kein Grundeinkommen erhält, sondern nur ihr selbst verdientes Einkommen bis zu 17.200 Euro steuerfrei ist? Oder gilt der tägliche Aktienhandel an der Börse als echte Erwerbsarbeit mit der Folge, dass sie das Einkommen zwar voll versteuern muss, dafür aber das Grundeinkommen erhält? Derartige Abgrenzungsschwierigkeiten sind unvermeidlich, wenn man die Auszahlung eines Grundeinkommens an die Erwerbsbereitschaft knüpfen will.

Welche Sanktionsmöglichkeiten hätte die für das Grundeinkommen zuständige Behörde, wenn sie der Meinung ist, dass eine Person keine ausreichende Erwerbsbereitschaft zeigt? Da keine allgemeine Arbeitspflicht besteht (siehe Art. 12 Abs. 2 GG, Verbot der Zwangsarbeit), kann sie natürlich keine Strafen verhängen. Im Extremfall kann die Behörde lediglich das Grundeinkommen verweigern. Dies muss sie dem Antragsteller bescheinigen. Der abgewiesene Antragsteller kann dann bei der Einkommensteuer den Freibetrag von 17.200 Euro geltend machen.

In weniger schwerwiegenden Fällen bietet es sich an, das Grundeinkommen moderat zu kürzen, z.B. um 100 Euro monatlich. Dabei ist darauf zu achten, dass der Betroffene nicht schlechter gestellt wird, als wenn er kein Grundeinkommen beantragt hätte. Andererseits soll die Sanktion auch ihre Wirkung zeigen. Das macht die steuerliche Veranlagung dieser Person schwierig. Im Fall der Kürzung des Grundeinkommens um 100 Euro monatlich während eines ganzen Kalenderjahres wäre das Einkommen des Betreffenden von 0 Euro bis 15.200 Euro als steuerpflichtig zu behandeln (dies entspricht den ersten 760 Euro Grundeinkommen, die der Betreffende noch erhält), das weitergehende Einkommen von 15.201 Euro bis 17.000 Euro wäre wegen der partiellen Grundeinkommenskürzung steuerfrei (1.200 Euro Grundeinkommenskürzung entsprechen einem Steuerfreibetrag von 2.000 Euro) und das über 17.000 Euro hinausgehende Einkommen wäre dann wieder steuerpflichtig.

Hat sich das Grundeinkommen etabliert und hat sich seine Finanzierbarkeit erwiesen, so sollte die Nachweispflicht bezüglich der Erwerbsbereitschaft nach und nach gelockert werden. Auf diese Weise könnte man sich an eine Bedingungslosigkeit »herantasten«. So könnte z.B. in einem ersten Schritt zunächst von Personen über 60 Jahre die Nachweispflicht entfallen. Des Weiteren könnte in einem zweiten Schritt geregelt werden, dass die Eltern kinderreicher Familien (z.B. drei und mehr Kinder unter zwölf Jahren) keiner Erwerbsarbeit nachgehen müssen, sondern berechtigt sein sollen, vom Grundeinkommen zu leben (wenn sie den Wunsch haben, sich voll und ganz um ihre Kinder zu kümmern). Nach und nach könnte der Kreis der nachweispflichtigen Personen immer enger gefasst werden. Immer sollte währenddessen beobachtet werden, wie hoch die freiwillige Arbeitslosigkeit ist und ob freigewordene Stellen ausreichend schnell nachbesetzt werden können.

Am längsten sollte die Nachweispflicht der Erwerbs- oder Ausbildungsbemühungen sicherlich bei jungen Erwachsenen beibehalten werden, um sie zu einer entsprechenden Berufsausbildung oder zum Berufseinstieg anzuhalten. Schließlich könnte aber auch bei ihnen die Nachweispflicht entfallen und sie könnten berechtigt sein, zwischen Abitur und Studium oder zwischen Studium und Berufseinstieg eine gewisse Orientierungs- und Findungsphase einzulegen, in der sie ausschließlich vom Grundeinkommen leben und überlegen, welchen Berufsweg sie einschlagen wollen.

Vermögen und Kapitaleinkünfte

Die Zahlung eines bedingungslosen Grundeinkommens soll auch an wohlhabende Personen erfolgen. Es spricht nichts gegen die Zahlung des Grundeinkommens an eine Person mit sehr hohem Einkommen, denn im Gegenzug wird ja ihr Einkommen vom ersten Euro an besteuert. Würde man ihr kein Grundeinkommen und stattdessen einen Freibetrag bei der Einkommensteuer gewähren, käme ohnehin per Saldo das Gleiche heraus.

Natürlich muss man – wie jetzt bereits auch – darauf achten, dass man bei der Steuererhebung möglichst alle Einkommensbestandteile zutreffend erfasst und keine Steuerhinterziehung duldet. Aber auch diesbezüglich macht es rechnerisch keinen Unterschied, ob der potenzielle Steuerhinterzieher zwar kein Grundeinkommen, aber einen Steuerfreibetrag in Anspruch nimmt und gleichwohl das über den Freibetrag hinausgehende Einkommen nur unvollständig deklariert.

Da die Erfassung von Kapitaleinkünften schwierig ist und in der Vergangenheit eine massive Steuerflucht ins Ausland zu beobachten war, wurde 2009 die sogenannte »Abgeltungssteuer« eingeführt, die bewirkt, dass Kapitalerträge (z.B. Dividenden) pauschal nur mit 25 % besteuert werden anstelle des regulären Einkommensteuertarifs. Diese Vergünstigung sollte spätestens mit Einführung eines bedingungslosen Grundeinkommens wieder abgeschafft werden. Zum einen hat sich die Erfassung von Auslandsvermögen in der letzten Zeit erheblich verbessert, zum anderen würde durch die Zahlung eines bedingungslosen Grundeinkommens auch an Dividendenbezieher ein massives Gerechtigkeitsproblem auftreten, wenn diese Personen ihr Einkommen nach wie vor nur mit 25 % versteuern müssten, während jedes Arbeitseinkommen mit einer Flat Tax von 60 % belegt würde. Gegenwärtig lässt sich der ermäßigte Steuersatz noch einigermaßen damit rechtfertigen, dass jede Kapitalanlage riskant ist und der Anleger das Risiko des vollständigen Vermögensverlustes trägt. Nach Einführung eines bedingungslosen Grundeinkommens ist der Kapitalanleger jedoch jederzeit sozial abgesichert. Auch nach einem völligen Scheitern seiner Geldanlage steht ihm das Grundeinkommen zu. Die Steuerermäßigung der Abgeltungssteuer kann somit nach Einführung eines bedingungslosen Grundeinkommens keinen Bestand mehr haben.

Heranziehung von Vermögenden

Eine andere Gruppe der Wohlhabenden sind die Personen, die über erhebliches liquides oder gebundenes Vermögen verfügen und die tatsächlich nur ein unregelmäßiges oder geringes monetäres Einkommen vorzuweisen haben. Die Heranziehung dieser Personen ist schwierig, weil zunächst der Grundsatz gilt, dass der bloße Besitz eines Gegenstandes, der aus versteuertem Einkommen erworben wurde, kein Grund für eine Besteuerung darstellt. Wenn eine Person aus der Mittelschicht ein Auto für 20.000 Euro kauft, so muss sie zuvor rund 40.000 Euro brutto verdient und versteuert haben, um das entsprechende Nettovermögen von 20.000 Euro zu haben, von dem sie sich das Auto kauft. Wenn eine wohlhabende Person sich einen Sportwagen für 200.000 Euro zulegt, so muss sie in entsprechender Weise zuvor rund 400.000 Euro brutto verdient und versteuert haben. Der bloße Besitz des luxuriösen Sportwagens stellt noch keine Rechtfertigung für eine zusätzliche Besteuerung dar.

Es ist jedoch zu beobachten, dass wohlhabende Personen gezielt Gegenstände anschaffen, die Konsumgüter und Vermögensanlage zugleich sein können. So kann sich ein gut verdienender Steuerberater natürlich ein Gemälde eines vielversprechenden

Nachwuchskünstlers zulegen, weil er sich an dem Bild erfreuen will. Viel wahrscheinlicher ist aber, dass er das Bild kauft, weil er erwartet, dass es im Wert steigen wird. Aus diesem Grund haben sich vermögende Personen häufig einen umfangreichen Bestand an Immobilien, Gemälden, Schmuckstücken, Antiquitäten, Jachten, Oldtimer-Fahrzeugen oder Supersportwagen zugelegt. Geht die Rechnung auf, so steigen diese Gegenstände im Wert und der Vermögende kann davon leben, ab und an einen dieser Gegenstände gewinnbringend zu verkaufen. In der Regel wird der Fiskus an diesen Gewinnen nicht beteiligt.

Nach gegenwärtiger Rechtslage zahlen diese Personen meist keine Steuern (auf ihre Vermögensgeschäfte). Wenigstens haben sie aber derzeit auch keinen Anspruch auf Fürsorge (ALG II), weil sie dem Arbeitsmarkt nicht zur Verfügung stehen und sie sich auch nicht ihr Vermögen auf den ALG-II-Anspruch anrechnen lassen wollen.

Nach Einführung eines bedingungslosen Grundeinkommens hätten diese Personen jedoch Anspruch auf das Grundeinkommen. Aus Gerechtigkeitsgründen müssen diese wohlhabenden Personen dann auch zur Finanzierung des Grundeinkommens angemessen mit herangezogen werden. Bei selbstgenutzten Immobilien würde dies zunächst bedeuten, dass sie fiktive Mieteinnahmen versteuern müssten. Bei anderen Gegenständen (z.B. Gemälden) muss wenigstens die Wertsteigerung im Veräußerungsfall als Einkommen versteuert werden (natürlich abzüglich der scheinbaren Wertsteigerung infolge der Inflation). Es darf dann nicht so sein, dass die Verkäufe nach einer gewissen Haltefrist steuerfrei gestellt werden.

Selbst wenn eine vermögende Person gar nicht beabsichtigt, regelmäßig Teile ihres Vermögens zu veräußern, muss sie künftig zur Finanzierung des Grundeinkommens mit herangezogen werden, da sie ja mit dem Grundeinkommen kontinuierlich Leistungen des Gemeinwesens empfängt. Dies geht nur, wenn man auch den bloßen Vermögensbesitz angemessen besteuert. Nach Einführung eines bedingungslosen Grundeinkommens sollte somit die Vermögensteuer wieder erhoben werden (dazu später mehr).

Die Alternative wäre natürlich, dass man hoch vermögende Personen vom Grundeinkommen ausschließt, also wie jetzt beim ALG II vorhandenes Vermögen auf den Grundeinkommensanspruch anrechnet. Dies wäre jedoch eine schlechte Lösung: Erstens müssten dann alle Personen, die ein Grundeinkommen beziehen wollen, ihr Vermögen detailliert angeben (bzw. das Nichtvorhandensein von Vermögen nachweisen), was einen erheblichen Verwaltungsaufwand bei der Grundeinkommensbehörde verursachen würde (die jetzige ALG-II-Bearbeitung ist extrem verwaltungsintensiv). Zweitens würde man damit vermutlich auch Besitzer mittelgroßer Vermögenswerte treffen, bei denen eine solche Anrechnung noch nicht zwingend gerechtfertigt ist. Drittens würden sich die Superreichen dann nach wie vor steuerfrei an ihrem Vermögen erfreuen können, weil sie den Verlust des Grundeinkommensanspruchs wegstecken können; stattdessen muss es aber das Ziel sein, gerade auch die Milliardäre durch eine Vermögensteuer angemessen an den Kosten des Gemeinwesens zu beteiligen. Und schließlich würde, viertens, eine solche Regelung dazu führen, dass sich Vermögende infolge des Ausschlusses vom Grundeinkommen benachteiligt fühlen und moralisch im Recht sehen würden, ihr Vermögen vor dem Fiskus zu verstecken (nach dem Motto: »Wenn ich kein Grundeinkommen bekomme, zahle ich auch keine Steuern!«)

Die bessere Lösung ist es somit, auch Vermögenden den Grundeinkommensanspruch zuzugestehen und sie im Gegenzug über eine bessere Erfassung ihres Einkommens und über eine Vermögensteuer angemessen an der Finanzierung des Grundeinkommens zu beteiligen.

Eigenversorgung

Zuletzt soll noch kurz auf einen Randbereich der Vermögensnutzung eingegangen werden: Denkbar ist, dass eine Person dadurch Arbeit leistet, dass sie sich selbst versorgt. Sie könnte sich z.B. ein kleines Stück Ackerland zulegen, hierauf Gemüse anbauen und ein paar Hühner halten, um sich selbst zu ernähren. Für den restlichen Bedarf (Kleidung u.ä.) würde sie das bedingungslose Grundeinkommen einsetzen.

Solche Personen würden nichts zur Gegenfinanzierung des Grundeinkommens beitragen. Es erscheint jedoch als nicht angemessen, diesen Personen fiktive Einkünfte (aus gärtnerischer oder landwirtschaftlicher Arbeit) zuzurechnen oder sie von der Grundeinkommensgewährung auszuschließen. Das bedingungslose Grundeinkommen soll ja gerade auch dann geleistet werden, wenn eine Person nicht erwerbstätig ist. Jeder soll die Freiheit haben, sein Leben nach seinen Wünschen zu gestalten. Wenn jemand den Wunsch hat, als Aussteiger und Selbstversorger zu leben, so soll er dies tun dürfen.

Ernsthafte Gefahren für die Finanzierung eines Grundeinkommenssystems kann ich hierdurch nicht erkennen. Die Eigenversorgung ist eine sehr unproduktive Wirtschaftsform und in Deutschland kaum noch verbreitet. Es betreiben wohl nur noch einige wenige ältere Menschen mit geringer Rente in nennenswertem Umfang Eigenversorgung. Wenn nach Einführung eines bedingungslosen Grundeinkommens noch ein paar Aussteiger und Naturfreunde dazukämen, wäre dies wohl ökonomisch verkraftbar. Wer in Deutschland für ein angemessenes Entgelt arbeiten gehen kann, tut dies in aller Regel.

Da das genannte Phänomen in Deutschland so wenig verbreitet ist, erscheint es als vertretbar, es schlicht zu vernachlässigen. In gering entwickelten Ländern, in denen die meisten Menschen von der Eigenversorgung leben und kaum Steuern zahlen, würde die Einführung eines bedingungslosen Grundeinkommens natürlich an diesem Phänomen scheitern, weil der Staat dann keine ausreichenden Steuereinnahmen generieren kann, um ein Grundeinkommen für alle zu finanzieren.

Organisation der Leistungsgewährung

Es soll nun kurz umrissen werden, wie die Auszahlung eines bedingungslosen Grundeinkommens verwaltungstechnisch organisiert werden könnte.

Auszahlung durch bundeseinheitliche Behörden – Arbeitsverwaltung

Bereits dargelegt wurde, dass es nicht sinnvoll ist, das Grundeinkommen durch Einführung einer negativen Einkommensteuer über die Finanzämter zu verwirklichen. Die Steuerrückerstattung käme in der Regel zu spät, zudem müssten sich die Finanzämter quasi in Sozialbehörden verwandeln.

Das Grundeinkommen sollte vielmehr, wie jede andere Sozialleistung auch, auf Antrag von einer eigens dafür zuständigen Behörde ausgezahlt werden. Für die Auszahlung erscheinen drei Behörden grundsätzlich denkbar:

1. Die Auszahlung könnte den Sozialämtern übertragen werden, deren Träger die Kommunen sind.
2. Die Auszahlung könnte den Ländern übertragen werden, die dann vermutlich die neuen Behörden den Finanzämtern angliedern würden.
3. Die Auszahlung könnte bundeseinheitlichen Behörden übertragen werden. Hier bietet sich die Arbeitsverwaltung (Arbeitsagenturen) an.

Allgemein gilt der Grundsatz der Subsidiarität: Staatliche Aufgaben sollen möglichst auf unterer, kommunaler Ebene erledigt werden. Dies ist jedoch im konkreten Fall unpraktikabel: Die gegenwärtige Ansiedlung der Sozialämter bei den Kommunen führt dazu, dass in armen Regionen die Kommunen nicht nur unter geringen Steuereinnahmen leiden, sondern zusätzlich auch noch mit hohen Kosten für die Sozialhilfe belastet sind. Bei einer kommunalen Finanzierung eines Grundeinkommens würde wie bei der negativen Einkommensteuer das Problem auftreten, dass ärmere Kommunen nicht wüssten, woher sie das Geld für die Auszahlung auftreiben sollen.

Ein entsprechendes Problem entstünde, wenn man die Auszahlung des Grundeinkommens bei den Ländern ansiedeln würde. Wegen der unterschiedlichen Finanzkraft der Bundesländer müsste der Länderfinanzausgleich dann massiv ausgeweitet werden.

Dagegen würde die Ansiedlung des Grundeinkommens bei bundeseinheitlichen Behörden für einen natürlichen überregionalen Finanzausgleich sorgen: Die Auszahlung erfolgt in allen Regionen nach gleichen Maßstäben. Es kommt nur auf die Einwohnerzahl an. Dagegen sind die Einnahmen aus der Gegenfinanzierung regional stark unterschiedlich: Wirtschaftlich starke Regionen zahlen mehr ein als wirtschaftlich schwache. Auf diese Weise kommt es zu einem natürlichen Geldfluss von Netto-Zahler-Regionen zu Netto-Empfänger-Regionen. Dies ist das gleiche Prinzip, nach dem die gesetzliche Rentenversicherung die Rentenbeiträge bevorzugt in den Regionen mit vielen Arbeitsplätzen einsammelt und zu den Regionen mit vielen Rentnern transferiert. Es ist daher sinnvoll, die Auszahlung des Grundeinkommens auf Bundesebene anzusiedeln. Insoweit bietet sich die Arbeitsverwaltung an, die unter der Aufsicht der Bundesagentur für Arbeit steht. Sie ist jetzt auch bereits mit der Arbeitsvermittlung befasst, hätte somit keine Probleme, künftig den Nachweis der Erwerbsbemühungen zu kontrollieren (solange man dies für erforderlich hält).

Außerdem ist die Arbeitsverwaltung schon jetzt durch die Gewährung des ALG I und II und des Kindergeldes mit der Auszahlung von Sozialleistungen befasst. Die Arbeitsverwaltung ist daher die ideale Behörde, bei der die Auszahlung des Grundeinkommens künftig angesiedelt werden könnte. Der einfachste Weg wäre dabei, wenn die gegenwärtigen Familienkassen der Arbeitsagenturen zu Grundeinkommenskassen umgestaltet würden. Die Familienkassen/Grundeinkommenskassen müssten dazu personell erheblich aufgestockt werden und dies könnte unkompliziert mit den Mitarbeitern erfolgen, die wegen der künftig wegfallenden ALG-II-Bearbeitung frei würden.

Zahlungsmodalitäten, Verwaltungskosten, Datenabgleich mit der Finanzverwaltung

Das Grundeinkommen würde in der Regel als monatliche Überweisung auf schriftlich eingereichten Antrag geleistet. Bei Familien mit Kindern würden selbstverständlich die Eltern das Grundeinkommen für ihre Kinder erhalten. Bei nicht erwerbstätigen Erwachsenen (z.B. Hausfrauen und -männern) könnte die Zahlung entweder auf ihr eigenes Konto, auf ein gemeinsames Konto oder aber auf Wunsch auch auf das Konto des Ehegatten erfolgen.

Das Grundeinkommen sollte nicht »automatisch« von der Geburt an das ganze Leben bis zum Erreichen der Altersgrenze gezahlt werden, sondern nur auf Antrag, der regelmäßig (z.B. einmal jährlich) erneuert werden müsste. Denn die Anspruchsvoraussetzungen können (z.B. durch Wegzug ins Ausland) jederzeit entfallen. Es muss also in gewissen Abständen wenigstens geprüft werden, ob noch der Wohnsitz im Inland gegeben ist und gegebenenfalls ob einer Erwerbstätigkeit nachgegangen wird.

Solange das Grundeinkommen noch nicht bedingungslos geleistet wird, müssen die Antragsteller nachweisen, dass sie erwerbstätig sind, dem Arbeitsmarkt zur Verfügung stehen oder wichtige Gründe dafür vorbringen, warum sie nicht erwerbstätig sein müssen. Wird das Grundeinkommen bedingungslos geleistet, so beschränkt sich die behördliche Prüfung in der Regel auf den Umstand, dass der Hauptwohnsitz im Inland gelegen ist und sich die Person nicht längerfristig im Ausland aufhält. Um Missbräuchen vorzubeugen, kann man dabei durchaus die Regel einführen, dass sich zumindest die freiwillig nicht erwerbstätigen Personen einmal pro Monat persönlich bei der Grundeinkommensbehörde melden müssen. Dies würde verhindern, dass eine Person, die ihren Hauptwohnsitz längst ins Ausland verlegt hat, weiterhin ein Grundeinkommen bezieht. Bei dieser Gelegenheit könnte aus Fürsorgegründen auch geprüft werden, ob eine freiwillig arbeitslose Person zu verwahrlosen droht und es sollte in einem solchen Fall Beratung und Hilfe angeboten werden. Im Gegenzug würde jedoch die Pflicht der arbeitslosen Personen entfallen, sich regelmäßig bei der Arbeitsvermittlung zu melden.

Insgesamt ist mit Verwaltungskosten von höchstens einer Arbeitsstunde (rund 50 Euro) pro Jahr und Begünstigtem zu rechnen, jedenfalls ab dem Zeitpunkt, ab dem das Grundeinkommen bedingungslos geleistet wird. Bei schulpflichtigen Kindern, Studenten, Auszubildenden und den »normalen« Erwachsenen mit regulärem Arbeitsplatz im Inland wären die Verwaltungskosten praktisch zu vernachlässigen. Bei einer Familie mit zwei Kindern (vier Begünstigte), in der beide Elternteile einer inländischen Erwerbstätigkeit nachgehen und die Kinder die Schule besuchen, würde die jährlich wiederkehrende Bearbeitung des Antrags für alle vier Begünstigten in wenigen Minuten zu erledigen sein. Eine vertiefte Prüfung der Anspruchsvoraussetzungen wäre nur bei Personen mit »atypischer« Lebenssituation erforderlich. Die gesamten Verwaltungskosten dürften somit bei deutlich unter 1 % der Auszahlbeträge bleiben. Damit wäre das bedingungslose Grundeinkommen eine verwaltungstechnisch extrem preiswerte Sozialleistung. Zum Vergleich: Die gesetzliche Rentenversicherung mit einem deutlich komplizierteren Einnahme- und Auszahlsystem hat rund 1,4 % Verwaltungskosten[30], das ALG II kommt wegen seiner restriktiven Anspruchsvoraussetzungen gar auf über 10 % Verwaltungskosten[31].

Insgesamt können die gesamten Verwaltungskosten für die Ausgaben des Grundeinkommens auf maximal 3 Milliarden Euro pro Jahr geschätzt werden. Hochgerechnet auf ganz Deutschland wären dies allerdings mehrere zehntausend Mitarbeiter, die für die Verwaltung der Grundeinkommensauszahlung erforderlich wären. Ein Sachbearbeiter könnte schätzungsweise für zwei- bis dreitausend Anspruchsberechtigte zuständig sein. Für eine 3,5-Millionen-Stadt wie Berlin wäre somit eine Grundeinkommenskasse mit etwa tausend Sachbearbeitern einzurichten. Die Behörden sollten möglichst dezentral und wohnortnah eingerichtet werden, um den persönlichen Kontakt mit den Antragstellern zu ermöglichen. Ungünstig wäre es dagegen, wenn man die Verwaltung des Grundeinkommens einer zentralen Behörde übertragen würde, die irgendwo in Deutschland ihren Sitz hat und die nur schriftlich mit den Antragstellern kommunizieren kann.

Die Verwaltungskosten könnten im Wesentlichen bereits dadurch aufgebracht werden, dass die verwaltungsintensive Prüfung der ALG-II-Anträge künftig entfiele (Verwaltungskosten derzeit: über 4 Milliarden Euro jährlich[32]).

Für die Einnahmeerhebung bezüglich der nötigen Gegenfinanzierung fallen keine zusätzlichen Kosten an, da ausschließlich die etablierten Finanzierungsinstrumente (Steuererhebung) genutzt werden sollen. Die Finanzämter würden künftig einfach die zusätzlichen Steuereinnahmen von rund 50 Milliarden Euro monatlich den Grundeinkommenskassen überweisen, die diese Beträge dann an die Bürger (per Überweisung) verteilen würden. Zwar würden infolge des künftigen Wegfalls der Grundfreibeträge mehr Menschen zur Einkommensteuer veranlagt als jetzt, im Gegenzug würde die Einkommensteuererklärung jedoch stark vereinfacht.

Um Doppelauszahlungen oder Fehlzahlungen zu vermeiden, sollten die Grundeinkommenskassen für die Identifikation der Antragsteller die 2007 eingeführte lebenslange steuerliche Identifikationsnummer der Finanzverwaltung nutzen. Finanzämter und

Grundeinkommenskassen müssten ohnehin im ständigen Datenaustausch stehen: Beantragt ein Steuerpflichtiger beim Finanzamt einen Grundfreibetrag, müsste sichergestellt sein, dass er kein Grundeinkommen bezieht. Dies müssten die Finanzämter durch Rückfrage bei der zuständigen Grundeinkommensbehörde abfragen dürfen. Zudem müssten die Finanzämter berechtigt sein, bei der Grundeinkommenskasse eine Aussetzung des Grundeinkommens zu veranlassen, wenn ein Steuerpflichtiger seinen Steuerpflichten nicht nachkommt.

Auch die Einwohnermeldeämter und Krankenkassen müssten einen automatisierten Datenabgleich mit den Grundeinkommenskassen durchführen: Die Meldebehörden müssten einen Wegzug einer Person ins Ausland automatisiert der Grundeinkommensbehörde melden und die Krankenkassen müssten einen Todesfall einer Person unter 65 Jahren automatisch der Grundeinkommensbehörde melden.

Ist das Grundeinkommen noch nicht bedingungslos eingeführt, müsste die Grundeinkommensbehörde berechtigt sein, beim Finanzamt nachzufragen, welche Lohn-, Einkommen- oder Umsatzsteuer eine bestimmte Person geleistet hat, falls die Grundeinkommensbehörde Zweifel hat, dass eine Person tatsächlich einer inländischen Erwerbsarbeit nachgeht.

Die Jugendämter müssten ebenfalls berechtigt sein, eine Auszahlung des Grundeinkommens an die Eltern eines Kindes vorübergehend zu stoppen, wenn Anhaltspunkte dafür bestehen, dass die Eltern ihr Kind vernachlässigen. Justizvollzugsanstalten sollten berechtigt sein, das Grundeinkommen für die einsitzenden Insassen als Haftkostenbeitrag einzuziehen.

Insgesamt wird eingeschätzt, dass das bedingungslose Grundeinkommen eine Sozialleistung mit sehr geringer Missbrauchsgefahr wäre. Es soll ja bedingungslos an fast alle Personen geleistet werden, sodass die meisten Personen gar keinen Missbrauch betreiben können. Die Gefahr von Doppelauszahlungen dürfte bei entsprechender EDV-Vernetzung der einzelnen Behörden sehr gering sein. Dass für eine bereits verstorbene Person das Grund-

einkommen weiter gezahlt wird, dürfte sich ebenfalls auf Einzel-
fälle beschränken.

Die zahlenmäßig größte Missbrauchsgefahr dürfte vermutlich darin liegen, dass Familien mit Migrationshintergrund versuchen könnten, das Grundeinkommen für ihre Tochter oder ihren Sohn weiter zu kassieren, während sie das Kind bereits in das Heimat-land zurückgeschickt haben, um es dort zu verheiraten. Für solche Fälle bietet es sich an, auf dem gelegentlichen persönlichen Er-scheinen des Kindes bei der Grundeinkommenskasse zu bestehen. Diese Pflicht böte auch dem betroffenen Kind ein überzeugendes Argument, sich gegenüber seinen Eltern gegen das Zurückschi-cken in den Heimatstaat und die Zwangsverheiratung zu wehren.

Kosten und Gegenfinanzierung

In diesem Abschnitt soll es um eine Kernfrage der Grundeinkommensdiskussion gehen, nämlich um die Frage, wie die hohen Kosten für das Grundeinkommen aufgebracht werden können, ohne die Steuern und Abgaben so hoch zu setzen, dass jeglicher Arbeitsanreiz verloren geht.

Kosten des Grundeinkommens

Das bedingungslose Grundeinkommen ist ohne Frage immens teuer. Der Staat muss künftig über Grundeinkommen und Rente praktisch der gesamten Bevölkerung mindestens das Existenzminimum gewähren. Jedoch pumpt der Staat damit keine *zusätzlichen* Gelder in den Wirtschaftskreislauf: Was als Grundeinkommen oder Rente ausgezahlt wird, muss der Staat an anderer Stelle wieder einnehmen. Bei der Rente erfolgt die Gegenfinanzierung im Wesentlichen über eine lohnabhängige Umlage. Eine solche Finanzierung ausschließlich über eine lohnbezogene Umlage ist – entgegen einer häufigen Annahme – bei einem Grundeinkommen, das für jeden das Existenzminimum sicherstellen soll, nicht möglich, da die Umlage schlicht und einfach zu hoch wäre. Allein für die gesetzliche Rente sind derzeit Umlagen von knapp 19 % des Arbeitslohns erforderlich. Soll auch das Grundeinkommen über eine solche lohnabhängige Umlage finanziert werden, wären noch einmal mindestens 40 % zusätzlich zu erheben. Zusammen mit den anderen Sozialversicherungsbeiträgen ergäbe dies Sozialabgaben von rund 80 % des Arbeitslohns. Pro 100 Euro Arbeitslohn müsste der Arbeitnehmer 40 Euro Arbeitnehmerbeiträge zahlen und der Arbeitgeber müsste noch einmal 40 Euro Arbeitgeberbeiträge drauflegen. Zu diesen Abgaben kämen die Lohnsteuer, der Solidaritätszuschlag und die eventuelle Kirchensteuer noch hinzu. Die Belastung der Löhne wäre damit exorbitant hoch.

Dies erscheint als nicht machbar. Zudem darf die Gegenfinanzierung nicht nur auf die Löhne der Arbeitnehmer gestützt werden, da das bedingungslose Grundeinkommen ja auch Selbstständige, Unternehmer, Vermögende und Nichterwerbstätige begünstigt. Jeder muss sich deshalb auch an der Finanzierung beteiligen. Die Gegenfinanzierung kann daher nur über ein sinnvolles Zusammenspiel aller fiskalischen Finanzierungsinstrumente erfolgen, wobei die Einkommensteuer künftig die zentrale Rolle einnimmt.

Die vorstehenden Ausführungen sollen nicht bedeuten, dass ein bedingungsloses Grundeinkommen in Höhe des Existenzminimums nicht finanzierbar wäre. Selbstverständlich ist es finanzierbar. Ausgangspunkt der Überlegungen für eine Finanzierbarkeit ist die Tatsache, dass bereits jetzt jede Person in Deutschland Anspruch auf Sicherstellung ihres Existenzminimums hat. Die Menschen erhalten ihr Existenzminimum entweder aus eigener Erwerbsarbeit, aus ihren Kapitaleinkünften, aus Unterhaltszahlungen oder aus Sozialtransfers. Dabei betrug das sogenannte Sozialbudget in Deutschland für das Jahr 2011 rund 768 Milliarden Euro[33]. Etwa 30 % des Bruttoinlandsprodukts werden als Sozialleistungen durch den Staat umverteilt (Sozialleistungsquote).

Die Einführung eines Grundeinkommens würde lediglich dazu führen, dass die Sicherstellung des soziokulturellen Existenzminimums der Menschen künftig nicht mehr aus den verschiedensten Quellen, sondern nur noch aus einer einzigen Quelle erfolgen würde. Anstatt dass sich bedürftige Personen um Unterhaltszahlungen, ALG-Leistungen, Sozialhilfezahlungen, BAföG-Leistungen, Stipendien, Wohngeld, Unterhaltsvorschusszahlungen usw. bemühen müssten, würden künftig alle ihr Existenzminimum über das Grundeinkommen abdecken können. Für den Fall, in dem die Sicherstellung des Existenzminimums einer Person gegenwärtig über Unterhaltszahlungen erfolgt, würden sich die Zahlungsströme somit wie folgt ändern:

Jetzt – Absicherung Bedürftiger über Unterhaltszahlungen:

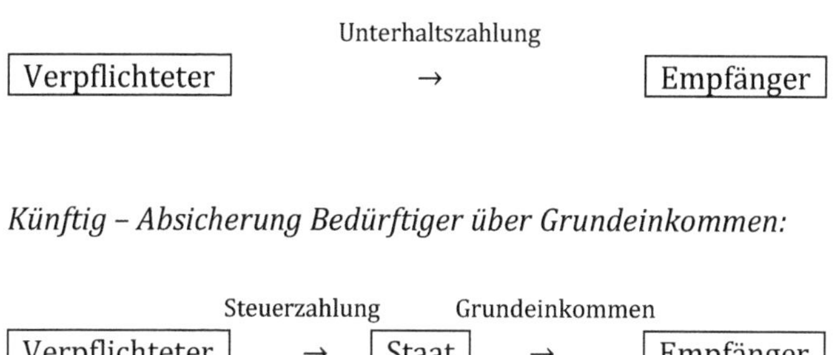

Künftig – Absicherung Bedürftiger über Grundeinkommen:

Der Staat wird somit künftig zwischen leistungsfähiger Person und bedürftiger Person »zwischengeschaltet«. Dabei kommt in der Summe nicht mehr Geld bei den Empfängern an als zuvor von den Verpflichteten (sprich: Steuerzahlern) eingesammelt wurde. Das Grundeinkommen würde dieses System insoweit auf die Spitze treiben, als künftig auch Personen, die ihr Existenzminimum selbst decken können, den Geldbetrag für ein Grundeinkommen erst beim Staat einzahlen und ihn dann wieder vom Staat erhalten:

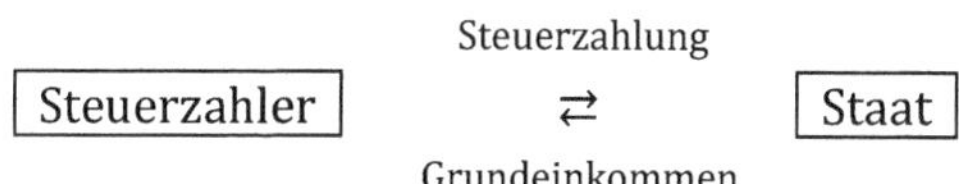

In der Summe bleibt das für den privaten Konsum verfügbare Volkseinkommen gleich.

Gleichwohl kann nicht außer Acht bleiben, dass mit Einführung eines Grundeinkommens nunmehr eine einzige staatliche Behörde in der Pflicht steht, den Mindestunterhalt nahezu aller Personen in Deutschland sicherzustellen. Die Behörde muss die nötigen Geldmittel dafür erhalten. Es ist daher zu ermitteln, welche Ausgaben insgesamt jährlich für ein bedingungsloses Grundeinkommen für alle Personen bis 64 Jahre anfallen würden. Dies wird wie folgt abgeschätzt:

- *Grundeinkommen für Erwachsene:* Das vorgeschlagene Grundeinkommen beträgt für einen Erwachsenen (18 bis 64 Jahre) 860 Euro monatlich 10.320 Euro jährlich). Zu dieser Personengruppe zählen momentan 51,6 Millionen Menschen in Deutschland (Stand Ende 2016). Davon sind jedoch rund 1,8 Millionen Erwerbsunfähigkeitsrentner. Zudem wird hier angenommen, dass rund 2 Millionen Menschen bereits vor Vollendung des 65. Lebensjahres in den Ruhestand gehen und eine Rente beziehen. Es verbleiben 47,8 Millionen potenzielle Grundeinkommensbezieher. Aus Vorsichtsgründen wird an dieser Stelle unterstellt, dass praktisch alle diese Personen grundeinkommensberechtigt wären. Es ergeben sich damit jährliche Kosten von 493,3 Milliarden Euro.
- *Grundeinkommen für Kinder:* Das vorgeschlagene Grundeinkommen beträgt für Kinder (0 bis 17 Jahre) 450 Euro monatlich (5.400 Euro jährlich). Bei 13,5 Millionen Personen in dieser Altersgruppe ergibt dies jährliche Kosten von 72,9 Milliarden Euro. Wieder wird aus Vorsichtsgründen unterstellt, dass praktisch alle in Deutschland lebenden Kinder bezugsberechtigt wären.
- *Gesundheitsbeiträge:* Zum Grundeinkommen kommen die Kranken- und Pflegeversicherungsbeiträge von durchschnittlich rund 200 Euro pro Monat und Person (2.400 Euro jährlich) hinzu. Bei angenommen 61,3 Millio-

nen Berechtigten (Kinder und Erwachsene bis 64 Jahre) ergibt dies jährliche Kosten von 147,1 Milliarden Euro.

Insgesamt ist also mit Ausgaben von bis zu 713,3 Milliarden Euro pro Jahr zu rechnen, wenn man davon ausgeht, dass nahezu alle Einwohner in Deutschland bezugsberechtigt wären. Bei dieser Zahl handelt es sich jedoch nur um die Bruttosumme, die die Grundeinkommensbehörden künftig verwalten würden. Es handelt sich nicht um die (Mehr-)Kosten, die durch die Einführung eines bedingungslosen Grundeinkommens entstehen würden. Von dieser Bruttosumme sind nämlich die Entlastungen bei Sozialleistungen abzusetzen, die der Staat an anderer Stelle einsparen könnte (eine wesentliche Einsparung an Verwaltungskosten wird hier aus Vorsichtsgründen jedoch nicht unterstellt, da dies als zu unsicher erscheint).

Folgende Sozialtransfers würden in jedem Fall entfallen:

♦ Die bisherigen Kosten für die Unterstützung Arbeitsloser (ALG I und ALG II) würden entfallen, da alle Arbeitsuchenden und ihre Familien ein Grundeinkommen erhielten. Für den Bund ergäbe dies Einsparungen beim steuerfinanzierten ALG II von rund 28 Milliarden Euro jährlich, wobei der Betrag natürlich je nach der Lage am Arbeitsmarkt schwankt. Für das ALG I kann der Bund keine Einsparungen verbuchen, da diese Leistung derzeit aus den Versicherungsbeiträgen aufgebracht wird (und die Arbeitnehmeranteile zur ALV künftig wegfallen würden).

♦ Der Bundeszuschuss zur gesetzlichen Krankenversicherung könnte entfallen, da die Familienmitversicherung in der GKV abgeschafft würde und für jedes Familienmitglied ein eigener kostendeckender Krankenversicherungsbeitrag gezahlt würde. Einsparung: rund 14 Milliarden Euro jährlich.

♦ Das BAföG könnte entfallen, da auch Schüler und Studenten grundeinkommensberechtigt wären. Einsparung: rund 3 Milliarden Euro jährlich.

◆ Das bisherige Elterngeld würde entfallen, da auch Eltern künftig grundeinkommensberechtigt wären. Einsparung: rund 6,5 Milliarden Euro jährlich.

◆ Da auch beihilfeberechtigte Beamte künftig einen Gesundheitsbeitrag von durchschnittlich 200 Euro monatlich erhielten und sich dafür gesetzlich oder privat (voll) versichern müssten, würde die jetzige Beihilfe entfallen. Einsparung: bis zu 12 Milliarden Euro jährlich.

Es würden damit andere Sozialleistungen (mindestens) im Umfang von 63,5 Milliarden Euro jährlich entfallen. Eine Einsparung bei weiteren Sozialleistungen wie z.B. dem Kindergeld, der Sozialhilfe oder beim Wohngeld wird hier aus Vorsichtsgründen nicht unterstellt, da diese Sozialleistungen grundsätzlich erhalten bleiben sollen, z.B. für nicht grundeinkommensberechtigte Personen oder bei erhöhten Wohnkosten. (Allerdings wäre natürlich damit zu rechnen, dass die Ausgaben für diese Sozialleistungen erheblich sinken.) Es ist somit bei vorsichtiger Schätzung mit nötigen Mehreinnahmen des Staates von bis zu 649,8 Milliarden Euro jährlich zu kalkulieren. Hier noch einmal die Zahlen in der Übersicht:

Kosten BGE Erwachsene:	493,3 Milliarden Euro
Kosten BGE Kinder/Jugendliche:	72,9 Milliarden Euro
<u>Gesundheitsbeiträge:</u>	<u>147,1 Milliarden Euro</u>
Summe Leistungsausgaben:	713,3 Milliarden Euro
Einsparung ALG II:	- 28,0 Milliarden Euro
Einsparung Zuschuss GKV:	- 14,0 Milliarden Euro
Einsparung Bafög:	- 3,0 Milliarden Euro
Einsparung Elterngeld:	- 6,5 Milliarden Euro
<u>Einsparung Beihilfe:</u>	<u>- 12,0 Milliarden Euro</u>
Summe Mehrkosten BGE:	649,8 Milliarden Euro

Daneben existiert noch eine Vielzahl weiterer Sozialleistungen mit grundeinkommensähnlichem Charakter, die ebenfalls durch das

Grundeinkommen ganz oder überwiegend ersetzt werden könnten, z.B. Waisenrenten. Dabei wäre jedoch im Einzelnen zu entscheiden, ob die Sozialleistung auf einer eigenen, überobligatorischen Beitragsleistung des Versicherten beruht und daher neben einem Grundeinkommen gewährt werden sollte (z.B. Zusatzrenten aus einer privaten Lebensversicherung) oder ob es sich um eine staatliche bzw. umlagefinanzierte Leistung handelt, die ihrem Zweck nach durch das Grundeinkommen ersetzt werden würde. Die Unterscheidung kann im Einzelfall schwierig sein. Es wird daher davon abgesehen, hier weitere Einsparungsmöglichkeiten zu unterstellen.

Der Zuschuss des Bundes zur Rente, der inzwischen fast 100 Milliarden Euro jährlich ausmacht, soll auch künftig in voller Höhe bestehen bleiben, da die Rentner ja künftig in die Lage versetzt werden sollen, ihre Gesundheitsausgaben selbst zu tragen. Einsparungsmöglichkeiten werden in diesem Punkte somit nicht unterstellt.

Vergleich mit den öffentlichen Haushalten

Es stellt sich nun die Frage, wie diese Mehrkosten aufgebracht werden können. Dazu soll die Zahl von 649,8 Milliarden Euro zunächst in ihrer Größenordnung eingeordnet werden. Hierzu einige vergleichende Zahlen:

- Der gesamte Bundeshaushalt hat derzeit ein Volumen von 329,1 Milliarden Euro jährlich (Stand 2017).
- Die beiden ertragreichsten Steuerarten (Einkommensteuer und verwandte Steuern, Umsatzsteuer und Einfuhrumsatzsteuer) erbringen jährlich je rund 200 Milliarden Euro.
- Die Ausgaben der gesetzlichen Rentenversicherung liegen derzeit bei rund 300 Milliarden Euro jährlich.

Mit dem Grundeinkommen würde somit ein noch nie dagewesenes Umverteilungsvolumen geschaffen. Die neu zu schaffende Behörde würde Gelder von mehr als dem Doppelten der gesetzlichen Rentenversicherung und mehr als dem Zwanzigfachen der ALG-II-Verwaltung ausreichen. Aus diesen Zahlen wird deutlich, dass die Finanzierung nicht durch eine einfache Umlage auf die Löhne erfolgen kann. Es sind daher *alle* gegebenen fiskalischen Finanzierungsmöglichkeiten konsequent zu nutzen. Nur dann kann die Gegenfinanzierung gesichert werden.

Obergrenze für Steuerbelastungen?

Die Finanzierung des Grundeinkommens kann also nur durch erhebliche Steuererhöhungen erfolgen. Gegen solche Steuererhöhungen wird jedoch vorgebracht, dass sie dazu führen würden, dass keine Leistungsanreize mehr bestehen würden. Zudem würde eine starke Steuerflucht einsetzen. Insgesamt hätte der Staat nach einer Steuererhöhung weniger statt mehr Steuereinnahmen und könnte das Grundeinkommen nicht finanzieren. Diese Annahme ist in der Volkwirtschaftslehre nach dem US-amerikanischen Ökonomen *Arthur B. Laffer* (geb. 1940) als »*Laffer*-Kurve« bekannt. Aus dieser Annahme wurde zeitweilig auch ein »Hälftigkeitsgrundsatz« abgeleitet, wonach ein Verfassungsgrundsatz gelten soll, dass dem Staat höchstens die Hälfte der Einkünfte einer Person als Steuern oder Abgaben zustehen soll. Würde die Gesamtabgabenlast über diese Quote steigen, so würde dies zu einer verfassungswidrigen Überforderung der Bürger und zu einem »Abwürgen« der Wirtschaft führen.

Diese Überlegungen sind jedoch durch die Praxis bereits hinlänglich widerlegt worden. Weithin unbekannt ist, wie hoch die tatsächliche Abgabenlast (Gesamtbelastung und Grenzbelastung) derzeit bereits ist. Hierzu nur folgende Beispiele (berechnet nach Stand 2014):

- Bei einem Bruttolohn einer allein stehenden Person von 2.000,00 Euro monatlich betragen die Kosten, die der Arbeitgeber für ihn aufwenden muss, 2.463,50 Euro. Das Nettoeinkommen beträgt nur 1.353,26 Euro. Es ergibt sich eine gesamte Steuer- und Abgabenquote von 45 %. Die Quote von 50 % wird somit bereits bei dieser nur mäßig verdienenden Person nur knapp unterschritten.

- Bei einem Bruttolohn einer allein stehenden Person von 4.000,00 Euro monatlich betragen die Kosten, die der Arbeitgeber für ihn aufwenden muss, 4.927,00 Euro. Das Nettoeinkommen beträgt nur 2.329,32 Euro. Es ergibt sich eine gesamte Steuer- und Abgabenquote von 53 %. Der Staat beansprucht somit in diesem Fall bereits mehr als die Hälfte für sich.

- Bei der Verdoppelung des Bruttogehalts von zwei- auf viertausend Euro sind für den Arbeitgeber zusätzliche Kosten von 2.463,50 Euro angefallen, die beim Arbeitnehmer zu einer Erhöhung des Nettoeinkommens von lediglich 976,06 Euro geführt haben. Die Grenzabgabenquote beträgt somit in diesem Bereich rund 60 %.

- Wenn ein arbeitender Hilfebedürftiger ergänzend ALG II bezieht und dieser Zuschuss mit steigendem Einkommen abgeschmolzen wird, beträgt die Grenzabgabenquote 80 % bis 90 %. Trotzdem hat dies nicht dazu geführt, dass die Hilfebedürftigen eine Steigerung ihres Einkommens nicht mehr anstreben würden.

Hieraus wird ersichtlich, dass es weder einen »Hälftigkeitsgrundsatz« gibt, noch dass empirisch beobachtbar wäre, dass – einer *Laffer*-Kurve folgend – hohe Steuer- und Abgabensätze zu einer sinkenden Leistungsbereitschaft und zu sinkenden Staatseinnahmen führen würde. Jedenfalls kann man als ziemlich gesicherte Tatsache unterstellen, dass bei einer Grenzabgabenquote bis zu 70 % noch keine negativen Effekte auf die Leistungsbereitschaft der Menschen zu verzeichnen sind. Im Gegenteil: Hohe direkte

Steuern und Abgaben erhöhen vermutlich die Leistungsbereitschaft, weil die Menschen länger arbeiten müssen, ehe sie sich das leisten können, was ihnen wichtig ist (siehe den Abschnitt: Grundeinkommen und Erwerbsneigung).

Lediglich bei bestimmten indirekten Steuern (z.B. Tabaksteuer) würde ein zu hoher Steuersatz zu einem Einbrechen der Steuereinnahmen führen, weil die Betroffenen den Konsum des besteuerten Produktes dann unterlassen würden.

Bei dem hier vorgestellten Modell fielen für Arbeitnehmer künftig die Beiträge für die Kranken- und Pflegeversicherung, die Arbeitslosenversicherung sowie der Solidaritätszuschlag weg. Übrig blieben die Einkommensteuer (Flat Tax) und die Rentenversicherungsbeiträge (die Kirchensteuer bleibt unberücksichtigt, da es individuell vom Arbeitnehmer abhängig ist, ob er kirchensteuerpflichtig ist oder nicht). Bei Annahme einer einer Flat Tax von 60 % gibt es insoweit genau zwei Grenzabgabenquoten:

- Das Einkommen oberhalb der Beitragsbemessungsgrenze der Rentenversicherung unterfällt nur der Flat Tax. Hier beträgt die Grenzabgabenquote genau 60 %. Dies liegt im Rahmen der derzeit üblichen Grenzabgabenquoten. Somit ist mit negativen Effekten auf die Leistungsbereitschaft nicht zu rechnen.

- Das Einkommen bis zur Beitragsbemessungsgrenze der Rentenversicherung unterfällt den Rentenversicherungsbeiträgen und der Flat Tax, wobei aber die Rentenversicherungsbeiträge (künftig 16,05 %, dazu später mehr) vom zu versteuernden Einkommen abgezogen werden können. Daher beträgt in diesem Bereich die Grenzabgabenquote künftig:

$$16{,}05\ \% + ([1 - 16{,}05\ \%] \times 60\ \%) = 66{,}42\ \%$$

Dies liegt knapp oberhalb der derzeit höchsten Grenzabgabenquoten, die bei mittleren Gehältern momentan erreicht werden, aber noch unter 70 %. Dabei ist auch zu berücksichtigen, dass von den 66 % ja rund 16 % auf das Rentenversicherungskonto gehen. Bei den Rentenbeiträgen wird jeder Bürger erkennen, dass sie ihm selbst gutgeschrieben werden; darum zahlen ja auch viele freiwillig in eine Zusatzrente ein und erhöhen damit selbst ihre Grenzabgabenquote. Die Abgaben an den Staat, bei denen der Betreffende keine direkte Gegenleistung für sich selbst »sieht«, betragen nur 50 %. Es ist somit auch für diesen Einkommensbereich nicht damit zu rechnen, dass negativen Effekte auf die Erwerbsbereitschaft eintreten werden.

Die künftige Grenzabgabenquote wäre damit relativ hoch, läge aber in etwa in dem Bereich, der auch bereits jetzt bei bestimmten Gehaltsgruppen erreicht wird und bleibt deutlich unterhalb dessen, was derzeit bei Geringverdienern momentan gilt (80 bis 90 %). Die künftige Grenzabgabenquote ist damit vertretbar und dürfte nicht zu einer Senkung der Erwerbsneigung oder verstärkten Flucht in die Schwarzarbeit führen.

Finanzierung des Grundeinkommens durch direkte oder durch indirekte Abgaben?

Für die Erzielung von fiskalischen Mehreinnahmen gibt es im Wesentlichen drei grundlegend unterschiedliche Möglichkeiten, die eine erhebliche Einnahmesteigerung erwarten lassen. Erstens: Man kann die direkten Steuern bzw. Abgaben auf das Einkommen erhöhen. Hier gibt es zum einen die Möglichkeit, die Einkommensteuer zu erhöhen, zum anderen gibt es die Möglichkeit, eine Lohnsummenabgabe auf den gesamten Bruttolohn zu erheben. Zweitens: Man kann die indirekten Steuern bzw. Abgaben erhöhen. Hier gibt es zum einen die Möglichkeit, die Umsatzsteuer (allgemein Mehrwertsteuer genannt) zu erhöhen, zum anderen gibt es die Möglichkeit, spezifische Lenkungssteuern auf bestimmte Produkte (z.B. Tabak, Alkohol, Mineralöl, Elektroenergie) zu erheben bzw. die vorhandenen Abgaben zu erhöhen. Drittens: Man kann die vorhandene Vermögenssubstanz besteuern, vorzugsweise bei reichen Personen (Vermögensteuer, Erbschaftsteuer, Schenkungssteuer, Grundsteuer).

Alle drei Varianten haben ihre Vor- und Nachteile. Häufig wird vorgeschlagen, die Staatseinnahmen doch mehr auf die indirekten Steuern zu stützen. Immerhin hat dann jeder die theoretische Möglichkeit, durch ein sparsames Ausgabeverhalten die Steuer zu vermeiden. Die Steuerbelastung scheint dann nicht so drückend zu sein. Erhöht man allerdings die indirekten Steuern, so belastet man vor allem die unteren Einkommensbezieher, weil diese Personen den größten Teil ihres Einkommens konsumtiv verwenden. Die oberen Einkommensbezieher, die einen großen Teil ihres Einkommens sparen bzw. am Kapitalmarkt anlegen, wären von der Steuererhöhung in Relation zu ihrem Einkommen in geringerem Umfang betroffen.

Ein weiterer Nachteil wäre, dass mit der Erhöhung der indirekten Steuern die Verbraucherpreise steigen würden. Das hätte zur Folge, dass man das Grundeinkommen erhöhen müsste, wodurch man wieder mehr Ausgaben hätte, weswegen man wiederum die Steuern erhöhen müsste usw. Es entstünde eine Steuer-Preis-Spirale. Vermeiden kann man diesen Effekt nur, wenn man gezielt nur die Steuern auf bestimmte Produkte erhöht, die nicht zum Existenzminimum gehören (z.B. auf Tabak).

Schlussendlich hätte aber die Erhöhung der indirekten Steuern den unvermeidlichen Nachteil, dass Kaufkraft ins Ausland abwandern würde. Besonders die Bewohner grenznaher Regionen würden verstärkt im Ausland einkaufen, tanken usw. Damit wären diese Personen von der Steuererhöhung nicht betroffen. Die Steuererhebung würde ungerecht; die Mehreinnahmen wären ungewiss. In den heutigen Zeiten des Schengen-Abkommens und des freien Grenzübertritts in der EU lässt sich diese Möglichkeit der Bürger zur Steuervermeidung nicht mehr unterbinden.

Die Erhöhung der indirekten Steuern ist somit zwar grundsätzlich wünschenswert, im Umfang aber eng begrenzt. Die Umsatzsteuer beispielsweise sollte keinesfalls auf einen Wert über 25 % heraufgesetzt werden. Dies gilt jedenfalls solange, wie unsere Nachbarländer nicht ebenfalls die Umsatzsteuer und die anderen indirekten Abgaben deutlich erhöhen.

Die Besteuerung der vorhandenen Vermögenssubstanz kann wegen Art. 14 GG (Eigentumsgarantie) nur sehr dosiert stattfinden und kann trotz des unbestrittenen Vorhandenseins großer Vermögensmassen in Deutschland nicht das benötigte Steueraufkommen erbringen.

Der Großteil der benötigten Mehreinnahmen muss daher aus den direkten Steuern und Abgaben stammen. Die direkten Steuern knüpfen am Arbeitsplatz und am Wohnort in Deutschland an und lassen sich daher nicht so leicht vermeiden. Lediglich Bezieher hoher Einkommen sind geneigt, den direkten Steuern zu entgehen, indem sie ihren Wohnsitz ins Ausland verlegen. Dem sollte durch Einführung einer Differenzbesteuerung entgegen gewirkt werden (dazu später mehr).

Bei den direkten Steuern und Abgaben gibt es zum einen die Möglichkeit, am nominalen Bruttolohn anzusetzen, wie dies bei den Sozialversicherungsbeiträgen der Fall ist, oder man knüpft wie bei der Einkommensteuer an der individuellen Leistungsfähigkeit an, berücksichtigt also insbesondere die Werbungskosten mindernd.

Das Anknüpfen einer Abgabe am nominalen Bruttolohn ist per se grundsätzlich ungerecht. Ein Arbeitnehmer, der 4.000 Euro brutto verdient, aber wegen der Entfernung zum Arbeitsplatz 1.000 Euro Fahrtkosten pro Monat hat, ist nicht leistungsfähiger als ein Arbeitnehmer mit 3.000 Euro Bruttoverdienst, der direkt neben seinem Betrieb wohnt. Der Arbeitnehmer mit den 4.000 Euro Verdienst hat sogar noch den Nachteil der langen Fahrtzeiten, die er auf sich nehmen muss. Es ist daher eigentlich nicht gerechtfertigt, dass z.B. die Krankenversicherungsbeiträge am Bruttolohn anknüpfen und nicht am zu versteuernden Einkommen, weil ja beide Arbeitnehmer im gebildeten Beispielsfall gleich leistungsfähig sind und auch die gleichen Leistungen aus der Krankenversicherung erhalten. Die Maßnahmen zur Erzielung von Mehreinnahmen sollten somit nicht am Bruttolohn anknüpfen, wie dies bei einer Lohnsummenabgabe der Fall wäre, sondern müssen am zu versteuernden Einkommen ansetzen, wie dies bei der Einkommensteuer der Fall ist. Die Einkommensteuer ist somit der richtige Hebel, um den größten Teil der benötigten Mehreinnahmen aufzubringen.

(Bei den Rentenversicherungsbeiträgen spricht jedoch nichts dagegen, weiterhin am nominalen Bruttolohn anzuknüpfen. Zwar wird der Arbeitnehmer mit den 4.000 Euro Bruttolohn und den 1.000 Euro Fahrtkosten dadurch stärker belastet als der Arbeitnehmer mit den 3.000 Euro Bruttolohn ohne Fahrtkosten, aber dieser Belastung steht der individuelle Vorteil gegenüber, dass dadurch auch die Altersrente höher ausfallen wird. Bei den Rentenversicherungsbeiträgen ist es somit nicht zwingend, am zu versteuernden Einkommen anzuknüpfen.)

Im Folgenden sollen auf der Basis der vorgenannten Überlegungen die verschiedenen Möglichkeiten dargestellt werden, wie der Staat im Fall der Einführung eines Grundeinkommens die benötigten Mehreinnahmen generieren kann.

Steueraufkommen aus einer Flat Tax

Die Finanzierung eines bedingungslosen Grundeinkommens ist nur möglich, wenn das Aufkommen aus der Einkommensteuer massiv gesteigert wird. Dies ist jedoch problemlos möglich. Bereits 95 % der benötigten Mehreinnahmen könnten aus einer Einkommensteuerreform (Umstellung auf eine Flat Tax mit einem Steuersatz von 60 %) erzielt werden, wie im Folgenden gezeigt werden soll:

Zurzeit werden aus Lohnsteuer, veranlagter Einkommensteuer und Körperschaftsteuer folgende jährliche Aufkommen erzielt (Schätzung für 2017):

Lohnsteuer:	196 Milliarden Euro
Veranlagte Einkommensteuer:	74 Milliarden Euro
Körperschaftsteuer:	29 Milliarden Euro
Summe:	299 Milliarden Euro

Dieses Steueraufkommen beruht auf einem zu versteuernden Einkommen aller steuerpflichtigen Personen in Deutschland von aktuell rund 1,1 Billion Euro pro Jahr. Das zu versteuernde Einkommen der Bürger wird infolge der Progression der Einkommensteuer nur mit rund 20 % belastet, die Körperschaftsteuer beträgt sogar nur 15 %. Würde man ein Grundeinkommen einführen, so könnte das Aufkommen stark ansteigen: Würde man nämlich ein Grundeinkommen mit Gesundheitszuschlag einführen, so wären künftig keine Aufwendungen für die Kranken- und Pflegeversicherung mehr steuerlich absetzbar. Außerdem würden die Bruttolöhne kraft Gesetzes angehoben, um den Wegfall der Arbeitgeberanteile zur Kranken- und Pflegeversicherung zu kompensieren. Das zu versteuernde Einkommen würde dadurch auf rund 1,3 Billionen Euro steigen. Des Weiteren müssten grundeinkommensberechtigte Personen, die mit dem Grundeinkommen Wohnkosten erhalten, jedoch in selbst genutztem Wohneigentum wohnen, künftig fiktive Einnahmen aus Vermietung angeben. Schließlich könnten auch Unterhaltszahlungen an Kinder und getrennt lebende oder geschiedene Ehegatten nicht mehr steuermindernd abgesetzt werden, falls deren Existenzminimum durch ein Grundeinkommen abgesichert wird. Alles in allem könnte künftig von einem zu versteuerndem Einkommen aller Steuerpflichtigen in Deutschland von mindestens 1,4 Billionen Euro jährlich ausgegangen werden. (Bei dieser Summe soll es hier aus Vorsichtsgründen bleiben; andere Quellen gehen von einer deutlich höheren Besteuerungsbasis von künftig bis zu 1,6 Billionen Euro aus.)

Freibeträge (Grundfreibeträge, Kinderfreibeträge) sind von diesen 1,4 Billionen Euro nicht mehr abzusetzen, da hier, wie bereits dargelegt, davon ausgegangen wird, dass praktisch alle in Deutschland wohnenden Kinder und Erwachsenen bis 64 Jahre grundeinkommensberechtigt sein würden. Das Beziehen eines Grundeinkommens schließt einen Grund- bzw. Kinderfreibetrag aus. Besteuert man nun diese 1,4 Billionen Euro ausnahmslos mit einer Flat Tax von 60 %, so erhält man:

1,4 Billionen Euro × 60 % = 840 Milliarden Euro

Das Einkommensteueraufkommen (künftige Lohn- und Einkommensteuer) würde somit im Vergleich zu jetzt (Lohn- und Einkommensteuer 270 Milliarden Euro abzüglich Kindergeld) um stolze 570 Milliarden Euro jährlich ansteigen! Dabei handelt es sich, wie gesagt, sogar um eine eher vorsichtige Rechnung. Damit sind die benötigten 649,8 Milliarden Euro schon fast in Reichweite. Aus anderen Quellen müssten somit nur noch Mehreinnahmen von 79,8 Milliarden Euro jährlich erzielt werden. Dies kann durch weitere Steuermaßnahmen erreicht werden, wie im Folgenden erläutert wird.

Abschaffung der Abgeltungssteuer

Gegenwärtig werden Kapitaleinkünfte nur mit 25 % (zzgl. Solidaritätszuschlag) statt mit dem regulären Einkommensteuertarif besteuert. Die Einführung dieser Steuervergünstigung geht, wie bereits erwähnt, auf den Kampf gegen die massive Steuerflucht in der Vergangenheit ins Ausland zurück. Inzwischen ist aber die Steuererhebung bei Kapitalvermögen im Ausland deutlich verbessert worden. Der Grund für die Steuerermäßigung ist entfallen und würde erst recht nicht mehr zu vertreten sein, wenn Kapitalbesitzer künftig einen Anspruch auf ein Grundeinkommen erhielten. Kapitaleinkünfte sollten nach Einführung eines Grundeinkommens somit wie andere Einkünfte auch mit 60 % besteuert werden. Der Sparerpauschbetrag sollte ebenfalls abgeschafft oder jedenfalls stark reduziert werden. Diese Maßnahmen würden jährliche Mehreinnahmen (je nach Kapitalmarktlage) von rund 40 Milliarden Euro erbringen können.

Daher wäre die Finanzierung des bedingungslosen Grundeinkommens bereits durch die neue Einkommensteuer und die Abschaffung der Abgeltungssteuer nahezu gesichert.

Damit soll aber nicht gesagt werden, dass empfohlen wird, die Gegenfinanzierung des bedingungslosen Grundeinkommens künftig *ausschließlich* auf die Einkommensteuer zu stützen. Die Einkommensteuer ist eine Steuer, die vorwiegend die Arbeitnehmer trifft. Die gezahlten Arbeitnehmerentgelte, die 2013 deutschlandweit rund 1,4 Billionen Euro betrugen[34], werden fast vollständig von der Einkommensteuer erfasst. Dagegen werden die Unternehmens- und Vermögenseinkommen, die immerhin auch etwas über 650 Milliarden Euro jährlich ausmachen[35], nur sehr unzureichend erfasst, weil Selbstständige, Vermögende und Unternehmer sehr viele Möglichkeiten haben, Steuern zu sparen. Wenn dieser Personenkreis auch ein Grundeinkommen erhalten soll, müssen Wege gesucht und gefunden werden, diese Personen angemessen an der Finanzierung des Grundeinkommens zu beteiligen.

Im Folgenden sollen daher noch andere Finanzierungsmöglichkeiten aufgezeigt werden, bei deren Ausschöpfung der Steuersatz der Flat Tax für die Einkommensteuer signifikant gesenkt werden könnte. Pro rund 14 Milliarden Euro zusätzlicher Einnahmen aus diesen Quellen könnte die Flat Tax um einen Prozentpunkt gesenkt werden.

Erhöhung des Umsatzsteuertarifs

Als naheliegende Möglichkeit wäre denkbar, den Tarif der Umsatzsteuer (derzeit 19 %) deutlich anzuheben. *Götz W. Werner* schlägt beispielsweise eine »Konsumsteuer« von 40 % vor. Zu einer Verteuerung der Waren im Supermarkt soll dies aber nach seiner Ansicht nicht führen, weil er im Gegenzug die Einkommensteuer abschaffen will, wodurch die Arbeitskosten in den Betrieben spürbar gesenkt werden könnten.

Dabei wird aber übersehen, dass auch unsere europäischen Nachbarn sowohl Einkommen- als auch Umsatzsteuer erheben. Das deutsche Steuersystem muss sich darin einfügen. Eine »Konsumsteuer« von 40 % nur auf den Verkauf von Waren im Inland zu erheben würde dazu führen, dass das gleiche Produkt in einem österreichischen Supermarkt rund 20 % billiger zu haben wäre als in einem deutschen – günstigere Arbeitskosten im Inland hin oder her. Die Waren würden somit im Inland günstiger produziert, dann über die Grenze geschafft und im Ausland billiger verkauft, als dies im Inland möglich wäre. Bewohner grenznaher Gebiete würden dies ausnutzen, indem sie die gewohnten deutschen Produkte bevorzugt im Ausland einkaufen würden. Damit würde es zu einer ungerechtfertigten Bevorzugung von Bewohnern grenznaher Gebiete kommen.

Die regulären Umsatzsteuertarife in unseren europäischen Nachbarländern liegen derzeit (Stand 2014) bei folgenden Werten:

Dänemark:	25 %
Polen:	23 %
Belgien:	21 %
Niederlande:	21 %
Tschechien:	21 %
Frankreich:	20 %
Österreich:	20 %
Luxemburg:	15 %

Liechtenstein: 8 %
Schweiz: 8 %

Aus dieser Übersicht wird ersichtlich, dass eine Umsatzsteuer in Deutschland von 40 % deutlich zu hoch wäre. Es wird daher empfohlen, die Umsatzsteuer keinesfalls über 25 % hinaus anzuheben. Vorgeschlagen wird lediglich eine zeitnahe Erhöhung des regulären Tarifs von 19 auf 20 %. Dies würde jährliche Steuermehreinnahmen von etwas über 10 Milliarden Euro erbringen.

Des Weiteren könnten einige unsinnige Ermäßigungen im Umsatzsteuerrecht (betreffend den geminderten Umsatzsteuertarif von 7 %) gestrichen werden. So ist es nicht verständlich, dass auf ein Menü in einem Schnellrestaurant 19 % Umsatzsteuer fällig werden, wenn man an der Kasse angibt, dass man das Menü an Ort und Stelle verzehren möchte (=Restaurantdienstleistung), aber nur 7 %, wenn man an der Kasse angibt, dass man das Menü mitnehmen möchte (=Lebensmitteleinkauf). Auch dies könnte noch die eine oder andere Milliarde an Mehreinnahmen erbringen. Kurzfristig dürfte es somit aussichtsreich sein, das Umsatzsteueraufkommen um 15 bis 20 Milliarden Euro jährlich zu erhöhen und damit die Flat Tax um einen Prozentpunkt zu senken.

Eine gänzliche Abschaffung des ermäßigten Umsatzsteuertarifs wird zwar langfristig, aber nicht auf kurze Sicht empfohlen. Zum einen haben gegenwärtig auch unsere europäischen Nachbarn einen solchen ermäßigten Tarif, zum anderen würde die Streichung der Ermäßigung zu einer Verteuerung der Lebensmittel führen, was bedeuten würde, dass das Grundeinkommen entsprechend erhöht werden müsste. Eine Abschaffung des ermäßigten Tarifs sollte daher allenfalls auf lange Sicht in einer mit unseren Nachbarländern abgestimmten Reform erfolgen.

Es wird ebenfalls nicht empfohlen, künftig Umsatzsteuer auf Wohnungsmieten zu erheben. Dies würde eine Verteuerung der Mieten und eine nötige Anhebung des Grundeinkommens nach sich ziehen. Wie viel Umsatzsteuer die Vermieter angesichts der üblicherweise geltend gemachten Kosten überhaupt künftig ab-

führen würden, wäre ungewiss. Das Ganze könnte auf ein Verlust-
geschäft für den Staat hinauslaufen.

Ausbau der Lenkungssteuern

Vorrang vor der Erhöhung der direkten Steuern (z.B. Einkommensteuer) muss die Erhebung von zielgerichteten Lenkungssteuern haben, weil hier mit dem positiven Ergebnis der Steuer-
einnahme auch das positive Ergebnis der Erreichung des Len-
kungszwecks zusammenfällt.

Hauptbeispiel einer Lenkungssteuer ist die Tabaksteuer, die in
der Vergangenheit mehrfach erhöht wurde. Die Besteuerung ist
inzwischen recht hoch und braucht zunächst nicht weiter erhöht
zu werden. Der zu beobachtende Rückgang des Tabakkonsums
zeigt, dass der Lenkungszweck erreicht wird. Auch die Besteuerung der Elektroenergie (Stromsteuer) ist inzwischen – zusammen mit der EEG-Umlage – relativ hoch.

Hingegen gibt es keine einheitliche Alkoholsteuer. Es existieren zwar eine Biersteuer, eine Branntweinsteuer, eine Schaum-
weinsteuer und eine Alkopopsteuer, aber auf Wein wird z.B. überhaupt keine Lenkungssteuer erhoben. Insgesamt sind die deutschen Steuersätze auf Alkohol angesichts der durch den Alkohol-
konsum verursachten Gesundheitsgefahren zu niedrig. Bekannt
ist, dass z.B. Schweden deutlich höhere Steuern auf Alkohol erhebt
als Deutschland. Eine Alkoholsteuer auf Wein würde bei einem
Steuersatz von angenommen 1 Euro pro Liter Wein jedoch nur
Einnahmen von rund 2 Milliarden Euro pro Jahr erbringen. Die
Biersteuer liegt durchschnittlich bei lediglich rund 4 Euro-Cent
pro Halbliterflasche; auch hier erscheint eine moderate Anhebung
denkbar. Insgesamt dürfte jedoch aus einer Erhöhung und Ver-
einheitlichung der Alkoholbesteuerung nur ein zusätzliches Steueraufkommen von deutlich unter 10 Milliarden Euro jährlich zu
erzielen sein.

Die Mineralölsteuer (Energiesteuer) auf Kraftstoffe wird zwar allgemein als hoch empfunden, ist jedoch eigentlich noch recht gering. Bei einem durchschnittlich sparsamen Pkw ist der reine Wertverlust des Fahrzeugs pro gefahrenem Kilometer höher als die Kraftstoffkosten pro Kilometer und auch der Kostenblock Steuern, Versicherung und Reparaturen übersteigt in der Regel die Kraftstoffkosten. Damit wird der Lenkungszweck der Mineralölsteuer bzw. Energiesteuer nicht erreicht, weil die Kraftstoffkosten nur ein untergeordneter Kostenfaktor sind. Das Ergebnis der fehlenden Lenkung des Käuferverhaltens ist an den vielen unnötig schweren und spritfressenden SUVs auf den Straßen zu erkennen. Es wird daher langfristig Spielraum gesehen, die Energiesteuer auf Kraftstoffe z.B. um bis zu 15 Milliarden Euro zu erhöhen und dafür im Gegenzug die Flat Tax der Einkommensteuer um einen Prozentpunkt zu senken.

Alles in allem dürfte mittel- und langfristig durch eine Erhöhung der Umsatzsteuer auf 25 % sowie durch einen konsequenten Ausbau der Lenkungssteuern eine weitere Erhöhung des Steueraufkommens im Bereich von 70 bis 80 Milliarden Euro jährlich möglich sein, was eine weitere Senkung der Flat Tax um rund 5 Prozentpunkte erlauben würde.

Allerdings handelt es sich bei der Umsatz- und den Lenkungssteuern um eine Art von »Kopfsteuer«. Jeder Bürger, der sich eine Packung Zigaretten kauft oder einen Liter Sprit tankt, zahlt die gleichen Steuern. Vermögende werden damit kaum getroffen, da sie üblicherweise nur einen geringen Teil ihres Einkommens für den Konsum ausgeben. Das nicht für den Konsum verwendete Vermögen kann ungehindert weiter anwachsen. Um auch die Vermögenden heranzuziehen, müssen daher höhere Steuern auf das Vermögen erhoben werden, wie im Folgenden erörtert werden soll.

Wiedererhebung der Vermögensteuer

Der Vermögensbesitz wird gegenwärtig in Deutschland nicht besteuert (abgesehen von der Grundsteuer auf Immobilien), obwohl es lange Jahre in Deutschland eine Vermögensteuer gab. Die frühere Vermögensteuer wurde als ungerecht empfunden, weil sie bereits bei Vermögen ab 100 Tausend D-Mark eingriff und Geld- und Immobilienvermögen unterschiedlich stark belastet wurden. Aus diesem Grund hatte das Bundesverfassungsgericht verlangt, die Vermögensteuer neu (d.h. gerechter) zu gestalten, der Gesetzgeber nutzte aber die günstige Gelegenheit, die bei den Reichen ungeliebte Vermögensteuer ganz auszusetzen.

Es wird hier vorgeschlagen, die Vermögensteuer wieder einzuführen, jedoch künftig erst ab einem Vermögen von über 1 Million Euro pro Person. Die Wiedereinführung einer Vermögensteuer nach Einführung eines Grundeinkommens ist vor allem deswegen geboten, weil sonst vermögende Personen, die nicht am Erwerbsleben teilnehmen und ihr Vermögen nicht am Kapitalmarkt anlegen, sondern selbst nutzen (z.B. in Form von Jachten, Oldtimerfahrzeugen oder Schmuck), dann nicht für die Finanzierung des Gemeinwesens herangezogen würden, sondern im Gegenzug über das Grundeinkommen vom Gemeinwesen profitieren würden.

Würde das über 1 Million Euro hinausgehende Vermögen einer Person mit lediglich 1 % pro Jahr besteuert (was den weiteren Vermögenszuwachs nicht wesentlich hindern würde), so könnten Einnahmen aus einer Vermögensteuer von mindestens 20 Milliarden Euro pro Jahr erzielt werden (Begründung hierfür: Allein das reichste 1 % der Bevölkerung besitzt ein Nettovermögen von rund 2,5 Billionen Euro. Hiervon könnten fast 2 Billionen Euro für die jährliche Besteuerung herangezogen werden. 1 % hiervon sind knapp 20 Milliarden Euro).

Erhöhung der Erbschaftsteuer

Gegenwärtig werden pro Jahr in Deutschland Werte von rund 250 Milliarden Euro vererbt. Hierauf wird Erbschaftsteuer erhoben, wobei das Aufkommen jedoch nur rund 5 Milliarden Euro jährlich beträgt (dies entspricht rund 2 % der vererbten Werte). Dies ist nach fast einhelliger Ansicht deutlich zu niedrig und wäre in einem Gemeinwesen, in dem alle Personen, auch nicht arbeitende Erben, vom Staat mit einem Grundeinkommen abgesichert würden, nicht mehr zu rechtfertigen. Das Erbe, das gegenwärtig auch die Funktion hat, den Unterhalt des Erben finanziell abzusichern und ggf. seine Ausbildung zu finanzieren, würde nach Einführung eines Grundeinkommens zu einer reinen Schenkung ohne soziale Rechtfertigung.

Verfehlt ist insbesondere die gegenwärtige Regelung, wonach vererbte Betriebsvermögen überhaupt nicht der Erbschaftsteuer unterfallen, wenn der Erbe den Betrieb zehn Jahre lang fortführt. Sicherlich ist es sinnvoll, wenn die Zahlung der Erbschaftsteuer auf zehn Jahre gestreckt werden kann, damit der Erbe nicht den Betrieb verkaufen muss, um die Steuer aufzubringen, aber ihn gleich ganz von der Steuer zu befreien?

Es erscheint jedenfalls als denkbar, die Erbschaftsteuer so zu erhöhen, dass hieraus Mehreinnahmen von 15 Milliarden Euro jährlich erzielt werden.

Besteuerung von Veräußerungsgewinnen

Veräußerungsgewinne (z.B. aus Immobilienverkäufen) werden derzeit, sofern nicht ein gewerblicher Immobilienhandel oder Spekulation unterstellt wird, gar nicht besteuert. Dadurch werden die Einkommen etlicher Personen, die von ihrem Immobilienbesitz leben, steuerlich nicht erfasst. Dies ist verfehlt und sollte geändert werden. Es ist allerdings schwierig zu schätzen, welche Mehreinnahmen hieraus zu erzielen wären.

Differenzbesteuerung deutscher Staatsangehöriger mit Auslandswohnsitz

Derzeit erfolgt die Einkommensbesteuerung grundsätzlich nach dem Wohnsitzprinzip. Deutsche mit ständigem Hauptwohnsitz im Ausland werden von der deutschen Einkommensteuer nicht erfasst. Dadurch wird ein Anreiz für Vermögende gesetzt, wegen der günstigeren Besteuerung den Wohnsitz im Ausland zu nehmen, z.B. in der Schweiz oder in Monaco.

Dem deutschen Fiskus gehen dadurch jährlich Milliardenbeträge verloren. Es ist allerdings nicht möglich, die Auslandsdeutschen auch im Inland regulär zu besteuern. Hierdurch würde es wegen der am Wohnsitz eventuell erhobenen Besteuerung zu einer Doppelbesteuerung und übermäßigen Belastung kommen. Um dies zu vermeiden, hat Deutschland mit den meisten Ländern Doppelbesteuerungsabkommen (DBA) abgeschlossen, die zumeist vorsehen, dass die Besteuerung des Einkommens (nur) am Ort des Wohnsitzes stattfindet.

Dieser Grundsatz sollte nicht aufgegeben werden, denn es wird ja umgekehrt auch erwartet, dass Ausländer, die in Deutschland leben, in Deutschland ihre Einkommensteuer zahlen. Denkbar wäre jedoch, eine Differenzbesteuerung der Auslandsdeutschen vorzunehmen: Der deutsche Staatsbürger mit Wohnsitz im Ausland müsste demnach *auch* in Deutschland eine Steuererklärung abgeben. Einkommensteuerpflichtig wäre sein gesamtes Einkommen, nicht nur die inländischen Einkünfte. Auf die sich daraus errechnete Steuerschuld würde die im Ausland gezahlte Einkommensteuer angerechnet und an den deutschen Fiskus wäre nur der überschießende Betrag zu entrichten. Ein Deutscher mit Wohnsitz im Ausland, der dort nur 20 % Einkommensteuer entrichten muss, bei Wohnsitz in Deutschland aber 45 % zahlen müsste, müsste somit die Differenz von 25 % an den deutschen Fiskus entrichten. Da der Steuerpflichtige mit Wohnsitz im Ausland kein Grundeinkommen beziehen würde, würde bei seiner Besteuerung natürlich ein Grundfreibetrag gewährt.

Wegen des daraus entstehenden erheblichen Aufwandes für die Betroffenen könnte eine Freigrenze, z.B. bis 100.000 Euro Jahreseinkommen, eingeführt werden. Nur Personen im Ausland mit einem höheren Einkommen wären von dieser Regelung betroffen. Bei Personen mit Wohnsitz in Ländern, die gar keine Einkommensteuer erheben, sollte die Freigrenze allerdings niedriger angesetzt werden.

Der wesentliche positive Effekt einer solchen Differenzbesteuerung wäre wohl weniger das zusätzliche Steueraufkommen, das von den Steuerpflichtigen mit Auslandswohnsitz an den deutschen Fiskus gezahlt würden, als vielmehr der Effekt, dass es sich für Vermögende nicht mehr lohnen würde, den Wohnsitz ins Ausland zu verlegen und sie deshalb ihren Wohnsitz gleich in Deutschland behalten und hier ihr gesamtes Einkommen versteuern würden.

Diese Differenzbesteuerung könnte bei der Einkommen-, Vermögen-, Schenkung- und Erbschaftsteuer eingeführt werden. Auch hier ist ungewiss, welche Mehreinnahmen dies konkret erbringen könnte. Ein nennenswertes Aufkommen wäre wohl erst auf lange Sicht zu erwarten. Zunächst müssten die Doppelbesteuerungsabkommen neu verhandelt werden. Dann wäre zu klären, wie die Besteuerung im Ausland praktisch durchgesetzt werden könnte. Lebt der Steuerpflichtige in einem Land, das gar keine Einkommensteuer erhebt, so wäre es naturgemäß wenig aussichtsreich, die dortigen Steuerbehörden um Amtshilfe zu ersuchen. In solchen Fällen könnte eine Besteuerung wohl nur nachträglich erzwungen werden, falls der Betreffende nach Deutschland einreist. Dennoch sollte Deutschland, auf lange Sicht gesehen, dem Vorbild der USA folgen und eine Besteuerung des Einkommens anknüpfend an der Staatsbürgerschaft einführen[36].

Bekämpfung der Steuerhinterziehung

Erhebliche Mehreinnahmen sind auch durch eine konsequentere Bekämpfung der Steuerhinterziehung zu erzielen. Diese Bekämpfung kann effektiver erfolgen, wenn die Einkommensteuer künftig von Bundesbehörden verwaltet würde. Ein konkreter Mehrbetrag wird hier aus Vorsichtsgründen nicht angesetzt. Es ist jedoch damit zu rechnen, dass das Steueraufkommen bei konsequenter Bekämpfung der Steuerhinterziehung um mehrere zehn Milliarden Euro pro Jahr gesteigert werden könnte. Dies setzt allerdings voraus, dass die Steuerbehörden künftig auch wirklich den Willen zeigen, gegen Steuerhinterziehung unnachgiebig vorzugehen. Das ist derzeit wegen des Länderfinanzausgleichs nicht der Fall, weil die von den Ländern zusätzlich hereingeholten Beträge in den Finanzausgleich abfließen und nicht dem Land selbst zugute kommen.

Eine grundsätzliche Verbesserung der Situation dürfte allerdings wegen des komplizierten föderalen Bund-Länder-Finanzsystems nur langfristig erreichbar sein. Mit dem grundsätzlichen Beschluss, ein bedingungsloses Grundeinkommen auf Bundeskosten einzuführen, sollte jedenfalls zugleich eine Verfassungsänderung erfolgen, die es dem Bund erlaubt, die Verwaltung der Einkommensteuer an sich zu ziehen (Änderung des Art. 108 GG).

Einsparung von Verwaltungskosten?

Häufig wird unterstellt, dass bei Einführung eines Grundeinkommens durch die eintretende Vereinfachung Verwaltungskosten in Größenordnungen von etlichen Milliarden Euro eingespart werden könnten. Dies trifft jedoch vermutlich nicht zu. Das Grundeinkommen spart vor allem Verwaltungskosten im Bereich der Arbeitsverwaltung ein (Verwaltung ALG I und II) bzw. die dort frei werdenden Arbeitskräfte könnten künftig für die Grundeinkommensverwaltung eingesetzt werden. Entfallen würden künftig u.a. auch die Beihilfeverwaltung für die Beamten, das Elterngeld und das BAföG.

Dagegen würden etliche andere Sozialleistungen als Institution bestehen bleiben (z.B. die Sozialhilfe), da es auch künftig einige Personen gäbe, die nicht grundeinkommensberechtigt wären und die im Bedarfsfall Hilfeleistungen erhalten müssten. Diese Sozialleistungen müssten weiter verwaltet werden.

Insgesamt dürften die gesamten Einsparungen an Verwaltungskosten im Bereich von wenigen Milliarden Euro jährlich liegen. Es wäre daher unseriös, wenn man die Finanzierbarkeit eines Grundeinkommens hauptsächlich mit einer möglichen erheblichen Einsparung an Verwaltungskosten begründen wollte.

Einfluss des Wirtschaftswachstums

Die Einführung eines bedingungslosen Grundeinkommens ist ein langfristiges Projekt. Es dürfte ein Vorlauf von etwa zehn Jahren bis zur endgültigen Einführung erforderlich sein. In diesen zehn Jahren könnte beispielsweise das reale Bruttoinlandsprodukt um bis zu 10 % ansteigen. Damit würde auch das Aufkommen aus der Flat Tax in etwa in dieser Größenordnung ansteigen. Zudem ist mit einer leicht sinkenden Bevölkerungszahl zu rechnen. Bei gleichen Ausgaben (real gleiche Höhe des Grundeinkommens) könnte somit die Flat Tax bei Einführung des Grundeinkommens im Jahr 2028 um rund 5 Prozentpunkte niedriger angesetzt werden als bei einer fiktiven Einführung im Jahr 2018.

Zusammenfassung

Bei Einführung einer Flat Tax von 60 % bei der Einkommensteuer und einer Abschaffung der Abgeltungssteuer ist die Einführung eines bedingungslosen Grundeinkommens gegenfinanzierbar.

Kurzfristig sind zudem folgende Steuermehreinnahmen erzielbar:

Umsatzsteuer (20 %):	15 Milliarden Euro
Vermögensteuer:	20 Milliarden Euro
<u>Erbschaftsteuer:</u>	<u>15 Milliarden Euro</u>
Summe:	50 Milliarden Euro

Die Ausschöpfung dieser Quellen würde es erlauben, die Flat Tax um rund 4 Prozentpunkte niedriger auf 56 % festzusetzen.

Mittel- und langfristig könnte zudem mit folgenden weiteren Einnahmen gerechnet werden:

Umsatzsteuer (25 %):	60 Milliarden Euro
<u>Lenkungssteuern:</u>	<u>15 Milliarden Euro</u>
Summe:	75 Milliarden Euro

Mittel- und langfristig könnte somit die Flat Tax um 5 weitere Prozentpunkte auf dann noch 51 % abgesenkt werden. Berücksichtigt man noch die weiteren Möglichkeiten der besseren Bekämpfung der Steuerhinterziehung, die Differenzbesteuerung von Steuerpflichtigen mit Auslandswohnsitz, die Besteuerung von Veräußerungsgewinnen und das zu erwartende Wirtschaftswachstum, erscheint langfristig eine Festsetzung der Flat Tax auf unter 50 % durchaus erreichbar.

In den an späterer Stelle gebildeten Rechenbeispielen soll jedoch aus Vorsichtsgründen weiter durchgängig mit der hohen Flat Tax von 60 % gerechnet werden. Denn die Einführung eines bedingungslosen Grundeinkommens darf ja kein »Schönwetterprojekt« sein, das nur bei guter Konjunktur funktioniert, sondern soll auch bei ungünstigen wirtschaftlichen Rahmenbedingungen, die eine Festsetzung der Flat Tax am oberen Rand der Spanne erfordern, die Steuerpflichtigen nicht überlasten. Die Rechenbeispiele werden zeigen, dass selbst bei einer Festsetzung der Flat Tax auf

60 % bei den meisten durchschnittlich verdienenden Personen eine Nettoentlastung eintreten würde.

Erhebung der Einkommensteuer durch den Bund

Aus den vorgenannten Zahlen ergibt sich, dass das Grundeinkommen sicher finanzierbar ist. Die Gegenfinanzierung würde entweder allein aus der neuen Einkommensteuer oder aus einem Mix von Steuererhöhungen erfolgen. Die neue Einkommensteuer würde aber in jedem Fall den Hauptteil der Mehreinnahmen ausmachen.

Da der Bund über die Arbeitsverwaltung künftig die Ausgaben für das Grundeinkommen tragen würde, muss ihm auch das zusätzliche Steueraufkommen zustehen. Bei der Einkommensteuer, die gegenwärtig zwischen Bund, Ländern und Gemeinden aufgeteilt wird, würde dies bedeuten, dass das Aufkommen künftig vollständig (oder jedenfalls weit überwiegend) dem Bund zufließen müsste.

Die Verwaltung der Einkommensteuer sollte daher künftig Bundesbehörden übertragen werden, damit derjenige Rechtsträger die Steuer verwaltet, dem auch das Aufkommen zusteht. Dies würde auch eine gleichmäßigere Steuererhebung und bessere Bekämpfung der Steuerhinterziehung erwarten lassen. Die bisher in den Finanzämtern der Länder mit der Einkommensteuerverwaltung betrauten Landesbeamten würden somit zu den entsprechenden Bundesbehörden (Zollbehörden) versetzt und künftig für den Bund die Einkommensteuer verwalten.

Schrittweise Einführung des bedingungslosen Grundeinkommens in zehn Stufen

Ein bedingungsloses Grundeinkommen kann nicht auf einen Schlag eingeführt werden. Hierfür ist die Umstellung des Steuer- und Sozialsystems bei Weitem zu komplex. Außerdem erscheint es als nicht machbar, zu einem Stichtag eine Auszahlungsbehörde mit mehreren zehntausend Mitarbeitern zu installieren, die in der Einführungsphase auf einen Schlag rund 60 Millionen Leistungsanträge bearbeiten könnte, ohne dass es zu mehrmonatigen Verzögerungen in der Bearbeitung und Auszahlung käme. Derartige Verzögerungen wären den wirklich Bedürftigen aber nicht zuzumuten. Auch wäre vorab eine Vielzahl von Rechtsfragen zu klären, z.B. wie ein vorübergehender Auslandsaufenthalt gewertet werden soll und welchen Einfluss das bedingungslose Grundeinkommen auf andere Sozialleistungen hat. Zudem sollte es eine längere Übergangsphase geben, in der beobachtet werden kann, wie sich die Einführung eines bedingungslosen Grundeinkommens auf die Erwerbsbereitschaft der Menschen auswirkt.

Auch die Steuerbehörden müssen sich erst in einem mehrjährigen Umstellungsprozess darauf einrichten, dass die Einkommensteuer nunmehr nach anderen Regeln erhoben wird und dass ihr Aufkommen um mehrere Hundert Milliarden Euro jährlich ansteigen muss.

Es wird daher vorgeschlagen, die Einführung eines Grundeinkommens in zehn Stufen zu vollziehen, die beispielsweise in zehn Jahresschritten umgesetzt werden könnten. Nach jeder Einführung einer neuen Stufe hätte man somit ein Jahr Zeit, auf Fehlentwicklungen und Finanzierungsprobleme zu reagieren und rechtzeitig gegenzusteuern.

Die Stufen sind so gewählt, dass mit jeder neuen Stufe ein zusätzliches Maß an Gerechtigkeit eintritt und das angestrebte Ziel näher rückt. Keine Stufe ist jedoch von der nächsten abhängig, d.h. man kann den Prozess auch auf der fünften oder sechsten Stufe vorläufig unterbrechen, falls schwerwiegende Probleme auftauchen, die nicht binnen eines Jahres gelöst werden können.

Erste Stufe: Verfassungsrechtliche Verankerung, Ausarbeitung eines Einführungsplans

Die Einführung eines bedingungslosen Grundeinkommens wäre eine sehr grundlegende Umgestaltung des deutschen Sozial- und Steuersystems. Eine solche Umgestaltung kann nicht von wechselnden politischen Mehrheiten abhängig gemacht werden. In einem ersten Schritt ist daher ein parteiübergreifender Konsens über die grundsätzliche Einführung eines bedingungslosen Grundeinkommens herbeizuführen.

Die geplante schrittweise Einführung eines bedingungslosen Grundeinkommens sollte sodann als Verfassungsauftrag im Grundgesetz verankert werden. Da für diese Grundgesetzänderung eine Zwei-Drittel-Mehrheit im Bundestag und Bundesrat erforderlich ist, wäre auch bei einem späteren Regierungswechsel die neue Bundesregierung an diesen Verfassungsauftrag gebunden (solange nicht die neue Koalition über eine verfassungsändernde Mehrheit verfügt).

Ein individuell einklagbares Grundrecht auf ein bedingungsloses Grundeinkommen kann allerdings zu diesem Zeitpunkt noch nicht geschaffen werden. Die Schaffung eines Grundrechts auf ein Grundeinkommen sollte erst erfolgen, wenn der Reformprozess erfolgreich durchgeführt wurde und sich das Grundeinkommen in der Praxis bewährt hat.

Nach dem Beschluss über die grundsätzliche Einführung eines Grundeinkommens wäre nun ein detaillierter Einführungsplan mit Zeitangaben und dem jeweiligen Finanzvolumen pro Umsetzungsschritt auszuarbeiten. Wie ein solcher Einführungsplan inhaltlich aussehen könnte, wird im Folgenden skizziert:

Zweite Stufe: Erhöhung der Freibeträge und Einführung eines 3-Stufen-Tarifs im Einkommensteuerrecht

In einem zweiten Schritt sollten zunächst das Einkommensteuerrecht einfacher und gerechter gestaltet und untere Einkommensbezieher gezielt entlastet werden. Dazu sollten die Grundfreibeträge auf 17.200 Euro jährlich für Erwachsene sowie die Kinderfreibeträge auf 9.000 Euro angehoben werden.

Oberhalb dieser Freibeträge sollte die Einkommensteuer in eine Stufensteuer umgewandelt werden, mit drei Stufen von 35, 42 und 45 % Grenzbelastung (siehe das Kapitel: Umstellung der progressiven Einkommensteuer auf Flat Tax in Deutschland).

Zugleich sollte die Werbungskostenpauschale moderat von 1.000 Euro pro Jahr auf 1.200 Euro angehoben werden, damit sich ein glatter Betrag von 100 Euro Werbungskostenpauschale monatlich ergibt, was die Ermittlung der monatlichen Lohnsteuer vereinfacht und zu einer Angleichung mit den Anrechnungsvorschriften des ALG II führt.

Wie bisher sollte gelten, dass vom Finanzamt mit der jährlichen Einkommensteuerprüfung eine Günstigerprüfung für den Steuerpflichtigen durchgeführt wird, ob der nunmehr erhöhte Kinderfreibetrag bei der Einkommensteuer (9.000 Euro jährlich) oder das Kindergeld (194 Euro monatlich) für den Steuerpflichtigen günstiger ist.

Bei dieser Reform ist mit jährlichen Steuerausfällen im Volumen von rund 15 Milliarden Euro zu rechnen. Die Entlastung betrifft vor allem die unteren und mittleren Einkommensbezieher, die bereits jetzt relativ wenig Einkommensteuer zahlen. Bei den wichtigen Gutverdienern bleibt das Steueraufkommen konstant. Das Steueraufkommen von Lohn- und Einkommensteuer sowie Solidaritätszuschlag abzüglich Kindergeld würde sich somit von derzeit rund 255 Milliarden Euro jährlich auf geschätzt nur noch 240 Milliarden Euro jährlich verringern. (Zu diesen Zahlen ist anzumerken, dass es natürlich äußerst schwierig zu prognostizieren ist, wie sich das Einkommensteueraufkommen innerhalb von zehn Jahren und unter dem Einfluss mehrerer Steuerreformen entwickeln könnte. Die hier gemachten Zahlenangaben sind daher als eine grobe Vorabschätzung zu verstehen, die während des Reformprozesses laufend an die reale Entwicklung angepasst werden müsste.)

Wegen der Bedeutung einer solchen Reform für die Herstellung von Steuergerechtigkeit und die Einführung eines Grundeinkommens sollten diese Steuerausfälle zunächst in Kauf genommen werden. Die Steuerausfälle könnten allerdings vollständig kompensiert werden, indem der reguläre Umsatzsteuertarif von 19 % auf 20 % angehoben wird (erbringt rund 10 Milliarden Euro jährlich) und einige unsinnige Ermäßigungen bei der Umsatzsteuer (z.B. auf Katzenfutter) gestrichen werden. Darüber hinaus sollte zur Verbesserung der staatlichen Finanzlage der Kampf gegen Steuerhinterziehung intensiviert werden. Mit diesen Maßnahmen könnte diese Stufe zu 100 % gegenfinanziert werden.

Im Folgenden soll zu jeder Stufe anhand einer fiktiven Lohnabrechnung verdeutlicht werden, wie sich dieser Reformschritt auf das individuell verfügbare Einkommen auswirken würde. Bei einem bzw. einer fiktiven alleinerziehenden Steuerpflichtigen mit einem Kind und einem Bruttoeinkommen von 3.000 Euro monatlich würde sich durch die zweite Stufe die Lohnabrechnung wie folgt ändern:

Lohnabrechnung nach Rechtslage 2018:

Bruttolohn:	3.000,00 Euro
Rentenversicherung:	- 279,00 Euro
Krankenversicherung:	- 252,00 Euro
Pflegeversicherung:	- 38,25 Euro
Arbeitslosenversicherung:	- 45,00 Euro
Lohnsteuer (Steuerklasse 2):	- 336,50 Euro
Solidaritätszuschlag:	- 11,11 Euro
Nettoeinkommen:	1.998,08 Euro
zzgl. Kindergeld:	194,00 Euro
verfügbares Einkommen:	2.192,08 Euro

Lohnabrechnung neu (bei Inanspruchnahme Kindergeld):

Bruttolohn:	3.000,00 Euro
Rentenversicherung:	- 279,00 Euro
Krankenversicherung:	- 252,00 Euro
Pflegeversicherung:	- 38,25 Euro
Arbeitslosenversicherung:	- 45,00 Euro
Lohnsteuer (3-Stufen-Tarif):	- 365,66 Euro
Solidaritätszuschlag:	- 11,11 Euro
Nettoeinkommen:	2.008,98 Euro
zzgl. Kindergeld:	194,00 Euro
verfügbares Einkommen:	2.202,98 Euro

Das verfügbare Einkommen hat sich durch die Einführung des 3-Stufen-Tarifs leicht um 10,90 Euro erhöht. Da kein Steuerpflichtiger durch diese Reform belastet wird, ist nicht damit zu rechnen, dass die Reform dazu führen würde, dass die Erwerbsbereitschaft sinkt.

Dritte Stufe: Abschaffung der paritätischen Beitragserhebung bei den Sozialversicherungen

In einem dritten Schritt sollte eine Bereinigung der hälftigen Beitragszahlung in der Sozialversicherung erfolgen: Die Kranken-, Pflege- und Rentenversicherungsbeiträge sollten auf die alleinige Zahlung durch die Arbeitnehmer umgestellt werden. Damit wird klargestellt, dass die Vorsorge für die Gesundheit und das Alter in der Verantwortung des Arbeitnehmers liegt. Arbeitnehmer wären damit beitragsrechtlich Selbstständigen und Werkdienstleistern gleichgestellt.

Bei der Arbeitslosenversicherung bliebe es jedoch bei der paritätischen Beitragszahlung wegen der Verantwortung der Arbeitgeber für den Abbau der Arbeitslosigkeit.

Die Bruttolöhne der von der Umstellung betroffenen Arbeitnehmer sollten kraft Gesetzes um den weggefallenen Arbeitgeberanteil angehoben werden. Dieser gesetzliche Eingriff verstößt nicht gegen die Vertragsfreiheit, da ja die Arbeitgeberanteile auch bereits jetzt Teil des Lohnaufwandes sind und die Umstellung lediglich für mehr Transparenz sorgen würde. Zugleich würden sich wegen der damit verbundenen Erhöhung der Bemessungsgrundlage die prozentualen Beitragssätze leicht verringern.

Wesentliche Kosten (bis auf den einmaligen Umstellungsaufwand in den Lohnbüros) sind mit dieser Stufe nicht verbunden. Die nunmehr vom Arbeitnehmer allein getragenen Sozialversicherungsbeiträge sollten in voller Höhe vom zu versteuernden Einkommen absetzbar sein. Dies gilt auch für die Rentenversicherungsbeiträge. Die Rente sollte künftig vollständig nachgelagert (bei der Auszahlung im Alter) zu versteuern sein.

Die Lohnabrechnung des fiktiven Steuerpflichtigen würde nunmehr wie folgt aussehen:

Bruttolohn:	3.491,25 Euro
Rentenversicherung:	- 558,00 Euro
Krankenversicherung:	- 471,00 Euro
Pflegeversicherung:	- 76,50 Euro
Arbeitslosenversicherung:	- 45,00 Euro
Lohnsteuer (3-Stufen-Tarif):	- 365,66 Euro
Solidaritätszuschlag:	- 11,11 Euro
Nettoeinkommen:	2.008,98 Euro
zzgl. Kindergeld:	194,00 Euro
verfügbares Einkommen:	2.202,98 Euro

Es hat sich somit der Bruttolohn erhöht und parallel dazu die Arbeitnehmerbeiträge zur Sozialversicherung. Das Nettoeinkommen bleibt hingegen gleich. Weder Arbeitgeber noch Arbeitnehmer werden in irgendeiner Weise be- oder entlastet.

Während der Umsetzung dieser Stufe, die nicht mit wesentlichen Kosten verbunden ist, sollte parallel überprüft werden, ob eine ausreichende Gegenfinanzierung der Reform der zweiten Stufe tatsächlich eingetreten ist; sollte dies nicht der Fall sein, wäre die Einkommensteuer in diesem Jahr anzuheben.

Vierte Stufe: Schaffung eines BGE-Gesetzes als neues Buch des Sozialgesetzbuchs (SGB)

In einem vierten Schritt wäre nunmehr ein Grundeinkommensgesetz als neues Gesetzbuch des SGB zu erlassen. Dieses Gesetz würde zunächst als »Vorratsgesetz« erlassen, d.h. seine Anwendung würde unter den Vorbehalt gestellt, dass ein bestimmter Personenkreis ausdrücklich von diesem Gesetz erfasst wird. Zunächst wären noch keine Personen von diesem Gesetzbuch des SGB erfasst. Bereits zu diesem Zeitpunkt sollten mit dem neuen Gesetz die wesentlichen rechtlichen Fragen des künftigen Grundeinkommensbezugs detailliert geregelt werden, wie z.B. die erforderliche legale Mindestaufenthaltsdauer in Deutschland, der Bezug bei vorübergehendem Auslandsaufenthalt, die Behandlung von Grenzgängern, die Aussetzung und Aberkennung des Grundeinkommens, der Ausschluss des Bezugs bei mangelnder Erwerbsbereitschaft usw.

Die anderen Bücher des SGB (z.B. Buch zwei – Leistungen für Arbeitsuchende) blieben zunächst noch parallel dazu in Kraft, auch bezüglich der Leistungen, die nach Einführung eines Grundeinkommens später abgeschafft würden (z.B. ALG II).

Fünfte Stufe: Grundeinkommen für Kinder statt Kindergeld

Bisher wurden nur vorbereitende Maßnahmen durchgeführt. Nunmehr kann damit begonnen werden, Schritt für Schritt das Grundeinkommen in die Praxis umzusetzen. In einem fünften Schritt sollte ein Grundeinkommen zunächst für Kinder und Jugendliche bis 17 Jahre in Höhe von 450 Euro monatlich eingeführt werden. Über die notwendige Förderung und Entlastung von Familien dürfte sicherlich Konsens zu erzielen sein, sodass es vertretbar ist, die Einführung eines Grundeinkommens zunächst ausschließlich auf Personen unter 18 Jahre zu beschränken. (Oberhalb der Grenze von 18 Jahren sollte es bei kindergeldberechtigten Personen zunächst bei dem gewohnten Kindergeld von 194 Euro monatlich bleiben, der Kinderfreibetrag sollte bestehen bleiben sowie auch die bekannten Fördermöglichkeiten für junge Erwachsene wie z.B. das BAföG.)

Diese Reform würde vor allem eine wesentliche Verbesserung des verfügbaren Einkommens bei kinderreichen Mittelschichtfamilien mit sich bringen. Damit werden gezielt die derzeit am meisten belasteten Bevölkerungsgruppen gefördert. Bei Haushalten mit geringem Einkommen tritt hingegen nur eine geringe Erhöhung ein, weil diese Haushalte jetzt auch schon die Kosten für ihre Kinder über ALG II oder Sozialhilfe im Wesentlichen erstattet bekommen. Und die Einkommensbezieher an der Spitze würden auch keine wesentliche Einkommenserhöhung erhalten, weil diese Personen bereits jetzt auch schon über den großzügigen Kinderfreibetrag eine erhebliche finanzielle Förderung erhalten.

Die Auszahlung würde (wie beim jetzigen Kindergeld) über die Familienkassen der Arbeitsverwaltung erfolgen. Für alle Kinder, für die das Grundeinkommen gewährt wird, würde der Kinderfreibetrag im Einkommensteuerrecht komplett entfallen. Einer Günstigerprüfung bedarf es insoweit nicht mehr, weil das Grundeinkommen von 450 Euro monatlich immer günstiger als der Steuerfreibetrag von 9.000 Euro jährlich ist (solange der Spitzensteuersatz noch unter 60 % liegt).

Für Kinder, die nicht grundeinkommensberechtigt wären (z.B. Kinder im Ausland), sollte es wie bisher beim Kindergeld in Höhe von 184 Euro monatlich bleiben. Zudem sollten die Finanzämter dann die Günstigerprüfung weiter durchführen, ob die Kindergeldzahlung oder der Freibetrag von 8.000 Euro bei der Einkommensteuer günstiger ist, wobei der Freibetrag wegen der Berücksichtigung ausländischer Verhältnisse möglicherweise zu reduzieren ist.

Dieses Kinder-Grundeinkommen könnte bis zu 73 Milliarden Euro jährlich kosten, wenn man davon ausgeht, dass nahezu alle in Deutschland lebenden Kinder und Jugendlichen anspruchsberechtigt wären.

Zur Gegenfinanzierung dieser Reformstufe sollte im Einkommensteuerrecht nunmehr die Eingangsstufe von 35 % gestrichen werden, sodass alle Einkünfte oberhalb des Freibetrages von 17.200 Euro mit 42 % zu versteuern wären (die weitere 45-%-Stufe und der Solidaritätszuschlag blieben zunächst erhalten). Zudem würden für alle grundeinkommensberechtigten Kinder Kindergeld bzw. Kinderfreibeträge entfallen.

Bei einer solchen Reform des Einkommensteuerrechts wäre mit Mehreinnahmen von rund 75 Milliarden Euro zu rechnen. Das Steueraufkommen würde von 240 Milliarden Euro auf geschätzt rund 315 Milliarden Euro steigen. Damit ist diese Stufe gegenfinanziert.

Die Lohnabrechnung des fiktiven Steuerpflichtigen würde sich dadurch wie folgt ändern:

Bruttolohn:	3.491,25 Euro
Rentenversicherung:	- 558,00 Euro
Krankenversicherung:	- 471,00 Euro
Pflegeversicherung:	- 76,50 Euro
Arbeitslosenversicherung:	- 45,00 Euro
Lohnsteuer (2-Stufen-Tarif):	- 381,12 Euro
Solidaritätszuschlag:	- 20,96 Euro
Nettoeinkommen:	1.938,67 Euro
zzgl. BGE Kind:	450,00 Euro
verfügbares Einkommen:	2.388,67 Euro

Lohnsteuer und Solidaritätszuschlag sind in diesem fiktiven Beispiel zwar gestiegen, aber dies wird überkompensiert durch die Einführung des Kinder-Grundeinkommens von 450 Euro. Per Saldo ist das verfügbare Einkommen gestiegen. Diese fiktive Person (alleinerziehend, mittleres Einkommen) würde somit zu den Profiteuren der Einführung eines Kinder-Grundeinkommens gehören.

Sechste Stufe: Grundeinkommen für Eltern statt Elterngeld

In einem sechsten Schritt sollte das gegenwärtige Elterngeld so umgestellt werden, dass es nicht mehr nach dem Nettoeinkommen des Elternteils vor der Geburt des Kindes berechnet, sondern einheitlich in Höhe von 860 Euro monatlich gezahlt wird. Statt Elterngeld sollte somit ein bedingungsloses Grundeinkommen während der Elternzeit gezahlt werden. Besserverdienende Eltern, die derzeit ein höheres Elterngeld als 860 Euro erhalten, hätten somit künftig weniger, gering verdienende Eltern hätten künftig mehr.

Da die 860 Euro etwa auf dem Niveau der gegenwärtigen durchschnittlichen Zahlungen des Elterngeldes liegen, wäre mit Mehraufwendungen durch die Einführung dieser Stufe nicht zu rechnen. Diese Stufe sollte wiederum genutzt werden, um zu prüfen, ob die Gegenfinanzierung der vorangegangenen Stufe sichergestellt ist; ggf. wäre der Einkommensteuertarif anzupassen.

Siebte Stufe: Grundeinkommen für Arbeitsuchende statt ALG I und II

In einem siebten Schritt sollten diejenigen arbeitslosen oder arbeitsuchenden Personen bzw. Haushalte, die bisher ALG I oder ALG II erhalten haben, ebenfalls Ansprüche auf ein steuerfinanziertes Grundeinkommen erhalten. Die Familienkassen und die Auszahlstellen für das bisherige ALG I und ALG II würden damit zu Grundeinkommenskassen vereinigt. Das Grundeinkommen für Arbeitsuchende würde zunächst nicht bedingungslos geleistet, d.h. die Gewährung hinge davon ab, dass der Begünstigte dem Arbeitsmarkt zur Verfügung steht.

Bisheriges ALG I und ALG II würden entfallen. (Aus Gründen des Bestandsschutzes müssten natürlich all diejenigen Personen, die noch vor dem Umstellungsstichtag arbeitslos geworden sind, das bisherige ALG I in der gewohnten Dauer beziehen dürfen bzw. das ALG I sollte schrittweise auslaufen, damit die durch Beiträge erworbenen Anwartschaften nicht ersatzlos verfallen.)

Die Umstellung bedeutet, dass die Höhe der Unterstützungsleistung künftig vom ersten Tag der Arbeitslosigkeit an von der Haushaltsgröße der Bedarfsgemeinschaft des Arbeitslosen abhängt, nicht mehr vom bisherigen Verdienst vor Eintritt der Arbeitslosigkeit. Es gäbe künftig einen einheitlichen Auszahlbetrag für die gesamte Dauer der Arbeitslosigkeit (860 Euro monatlich bei einem 1-Personen-Haushalt, 1.720 Euro monatlich bei einem 2-Personen-Haushalt; die mit im Haushalt lebenden Kinder erhalten bereits ihr Kinder-Grundeinkommen [siehe fünfte Stufe]). Im

Vergleich zum bisherigen ALG I könnte sich bei gut verdienenden Personen (die nun nicht mehr »Versicherte« einer ALV sind) eine Verringerung ergeben, im Bereich des bisherigen ALG II würde sich durch die Erhöhung auf 860 Euro für den Arbeitslosen und seinen Partner eine signifikante Erhöhung ergeben (je nachdem, welche Wohnkosten derzeit nach ALG II erstattet werden).

Weitere Folge wäre, dass die Arbeitsverwaltung nicht mehr die Mietkosten im Einzelnen erstatten, sondern nur die Pauschale von 860 Euro pro Person zahlen würde. Einzelne Personen, die nicht mit den 860 Euro auskommen können, müssten dann einen ergänzenden Wohnkostenzuschuss beim kommunalen Sozialamt beantragen.

Dadurch, dass vom ersten Tag der Arbeitslosigkeit an der Einheitsbetrag von 860 Euro pro erwachsener Person der Bedarfsgemeinschaft geleistet würde, würde es sich von Anfang an lohnen, auch eine geringer bezahlte Tätigkeit anzunehmen, da der Betreffende dadurch nicht mehr den bisher höheren ALG-I-Anspruch einbüßen kann. Der Anreiz zur Aufnahme einer neuen Arbeit wäre gerade am Beginn der Arbeitslosigkeit stärker.

Das neue Grundeinkommen für Arbeitsuchende könnten auch nicht arbeitslose Geringverdiener als Aufstockungsbetrag beantragen (wie beim jetzigen ALG II). Einkommen aus Hinzuverdienst und das Einkommen des Partners sollten künftig einheitlich zu 60 % angerechnet werden, statt wie jetzt zu 80 bis 90 %. Durch die günstiger gestalteten Anrechnungsvorschriften würden deutlich mehr Haushalte als jetzt die Möglichkeit haben, ihr Einkommen aufzustocken.

Hinsichtlich der Berücksichtigung des Vermögens des Arbeitslosen sollte differenziert werden: Innerhalb eines Jahres nach Eintritt der Arbeitslosigkeit sollte weiterhin die Regelung greifen, dass das Vorhandensein von Vermögen dem Bezug des neuen Grundeinkommens nicht schadet (entspricht dem jetzigen ALG I). Nach dieser Frist sollte wie beim jetzigen ALG II zunächst das eigene Vermögen eingesetzt werden, bevor der Grundeinkommensanspruch greift. Jedoch sollten die Freibeträge deutlich erhöht werden.

Da die Bezieher dieses Grundeinkommens für Arbeitsuchenden keine Versicherten mehr wären (die Leistungen sind nicht von vorherigen Beitragszahlungen abhängig), sollten die Arbeitnehmerbeiträge zur Arbeitslosenversicherung entfallen. Das zu versteuernde Einkommen der Arbeitnehmer würde sich entsprechend erhöhen. Die Arbeitgeberbeiträge sollten als Umlage zur Finanzierung der Arbeitsverwaltung mit ihren sonstigen Aufgaben (Vermittlung, Förderung, Umschulung, ABM usw.) erhalten bleiben.

Für diese Stufe wird mit neuen Ausgaben für das Grundeinkommen von bis zu 60 Milliarden Euro pro Jahr gerechnet. Zum einen liegt dies daran, dass die Personen, die bisher ALG I bekamen, das neue Grundeinkommen beziehen würden und zum anderen die Personen, die bisher ALG II bezogen haben, verbesserte Leistungen erhalten würden. Im Gegenzug entfallen jedoch die bisherigen Ausgaben für das ALG II (knapp 30 Milliarden Euro jährlich), sodass nur neue Mehrausgaben von 30 Milliarden Euro jährlich gegenfinanziert werden müssen.

Für diese Gegenfinanzierung sollte der Eingangstarif von 42 % bei der Einkommensteuer gestrichen werden. Es würde somit eine Flat Tax von 45 % für alle Einkünfte über 17.200 Euro jährlich gelten; die bisherige »Reichensteuer« würde im neuen Tarif aufgehen. Der Solidaritätszuschlag bliebe noch erhalten. Bei einer solchen Einkommensteuerreform wäre mit Mehreinnahmen aus der Einkommensteuer im Umfang von rund 30 Milliarden Euro jährlich zu rechnen; das Steueraufkommen aus Lohn- und Einkommensteuer und Solidaritätszuschlag würde von rund 315 Milliarden Euro jährlich auf rund 345 Milliarden Euro jährlich ansteigen. Damit ist die Gegenfinanzierung gesichert.

Die Lohnabrechnung des fiktiven Steuerpflichtigen würde nunmehr wie folgt aussehen:

Bruttolohn:	3.491,25 Euro
Rentenversicherung:	- 558,00 Euro
Krankenversicherung:	- 471,00 Euro
Pflegeversicherung:	- 76,50 Euro
Lohnsteuer (45 % Flat Tax):	- 428,59 Euro
Solidaritätszuschlag:	- 23,57 Euro
Nettoeinkommen:	1.933,59 Euro
zzgl. BGE Kind:	450,00 Euro
verfügbares Einkommen:	2.383,59 Euro

Das verfügbare Einkommen der fiktiven Person würde sich bei dieser Stufe leicht verringern.

Achte Stufe: Umstellung auf ein steuerfinanziertes Gesundheitssystem

In einem achten Schritt sollten die Kosten des Gesundheitssystems von einer Lohnumlage für Arbeitnehmer auf ein steuerfinanziertes System umgestellt werden. Die Sozialversicherungsbeiträge für die gesetzliche Kranken- und Pflegeversicherung würden damit abgeschafft. Stattdessen würden die Kosten des Gesundheitssystems künftig aus dem allgemeinen Steueraufkommen getragen.

Die kostenlose Familienmitversicherung bei den gesetzlichen Krankenkassen würde ebenfalls abgeschafft. Die gesetzlichen Krankenkassen würden wie die privaten Krankenversicherungen einen gesonderten Beitrag pro versicherter Person erheben.

Die Beiträge der gesetzlichen Krankenkassen sollten ebenso wie die der privaten Krankenversicherungen nach Alter gestaffelt werden, d.h. für jüngere Versicherte sollten geringere Beiträge zu entrichten sein als für ältere Versicherte. Dadurch würde das Risiko der gesetzlichen Krankenkassen, ältere Versicherte aufzunehmen, sinken und der Risikostrukturausgleich der gesetzlichen Krankenkassen könnte abgeschafft werden.

Die gesetzlichen Krankenkassen sollten wie bisher auch verpflichtet sein, jeden Versicherungswilligen zu dem Beitrag, der für die entsprechende Altersgruppe gilt, aufzunehmen. Es sollte keine Gesundheitsprüfung und keine Zuschläge für chronisch kranke Versicherte geben.

Die neuen Beiträge der gesetzlichen Krankenkassen sollten künftig von den neuen Grundeinkommenskassen direkt an die Krankenkassen überwiesen werden. Gesetzlich Versicherte müssten keine eigenen Beiträge an die Versicherung mehr leisten. Die Mitgliedschaft in einer gesetzlichen Krankenkasse wäre somit künftig für die Versicherten und deren Familien kostenlos (abgesehen von den Zuzahlungen für Medikamente oder sonstigen Eigenbeteiligungen). Personen, die sich privat versichert haben, würden die gleichen Beträge wie die gesetzlich Versicherten erhalten, und zwar als Direktzahlung auf das eigene Konto als Zuschuss zur privaten Versicherung.

In den Genuss der Kostenübernahme der Gesundheitsbeiträge kämen alle diejenigen Personen, die auch anspruchsberechtigt bezüglich eines Grundeinkommens wären. Dazu muss die Person die erforderliche Mindestaufenthaltsdauer in Deutschland absolviert haben (Erwachsene fünf Jahre, bei Kindern und Jugendlichen wäre die Frist kürzer) und die Person muss – solange das Grundeinkommen noch nicht bedingungslos gewährt wird – nachweisen, dass sie ihrer Erwerbsobliegenheit nachkommt. Personen, die nach diesen Maßstäben nicht grundeinkommensberechtigt wären, müssten sich nunmehr auf eigene Kosten krankenversichern. Bei finanzieller Überforderung könnten sie einen Kostenzuschuss von der Sozialhilfe beantragen.

Im Durchschnitt wird mit monatlichen Kosten von rund 200 Euro pro Person gerechnet. Potenziell begünstigt wären alle Personen bis 64 Jahre. Insgesamt wird daher mit Kosten für diese Stufe von rund 147 Milliarden Euro pro Jahr gerechnet.

Die Gegenfinanzierung würde zum Teil erfolgen, indem künftig im Einkommensteuerrecht keine Abzugsfähigkeit mehr für die – ja entfallenen – Krankenversicherungsbeiträge gegeben ist. Zum anderen sollte der Tarif der Einkommensteuer auf eine Flat Tax von (bis zu) 60 % umgestellt werden. Der Solidaritätszuschlag würde in dieser neuen Flat Tax aufgehen. Durch diese Reform wird mit Mehreinnahmen von rund 150 Milliarden Euro jährlich gerechnet. Das Aufkommen aus der neuen Lohn- und Einkommensteuer würde von 345 Milliarden Euro jährlich auf rund 495 Milliarden Euro jährlich ansteigen. Zudem würde die öffentliche Hand von Beihilfeleistungen für Beamte im Umfang von bis zu 12 Milliarden Euro jährlich entlastet und der Bundeszuschuss zur GKV im Umfang von 14 Milliarden Euro jährlich könnte entfallen. Damit wäre die Gegenfinanzierung dieser Stufe gesichert bzw. es entstünde sogar ein Überschuss.

Die Umsetzung dieser Stufe bewirkt, dass nunmehr (fast) alle Kinder und Erwachsenen bis 64 Jahre bei der Grundeinkommenskasse registriert werden und Leistungen (Kostenübernahmen) erhalten. Die Grundeinkommenskassen würden dadurch ihre volle Arbeitsfähigkeit erlangen müssen; ihre Arbeitsfähigkeit könnte getestet werden. Dabei wäre es nicht so problematisch, wenn in der Anfangsphase die Auszahlungen an die Krankenkassen nicht reibungslos verlaufen würden, weil die Krankenkassen die Ausfälle vorübergehend auffangen könnten. Es würde somit ein »Probelauf« hinsichtlich des künftigen Grundeinkommens durchgeführt.

Mit dieser Stufe würden vor allem Geringverdiener massiv entlastet, da die Umstellung der Gesundheitskosten von einer lohnabhängigen Umlage hin zu einer Einkommensteuererhöhung bedeutet, dass das erzielte Einkommen bis zum Grundfreibetrag von jährlich 17.200 Euro (1.433,33 Euro monatlich) künftig nicht mehr zur Finanzierung des Gesundheitssystems herangezogen wird. Dagegen werden Gutverdiener belastet, da die Steuererhöhung im Einkommensteuerrecht um 15 Prozentpunkte selbstverständlich auch über die bisherigen Beitragsbemessungsgrenzen hinaus ohne Deckelung wirken würde. Es müssten dann auch von hohen und höchsten Einkünften künftig 15 % in das Gesundheitssystem eingezahlt werden.

Die Lohnabrechnung des fiktiven Arbeitnehmers würde nunmehr wie folgt aussehen:

Bruttolohn:	3.491,25 Euro
Rentenversicherung:	- 558,00 Euro
Lohnsteuer (60 % Flat Tax):	- 899,95 Euro
Nettoeinkommen:	2.033,30 Euro
zzgl. BGE Kind:	450,00 Euro
verfügbares Einkommen:	2.483,30 Euro

Das Rechenbeispiel zeigt, dass die Einführung einer Flat Tax von 60 % auf alle Einkünfte überhaupt kein Horrorszenario darstellt, sondern normalverdienende Arbeitnehmer von ihrer Einführung sogar profitieren würden.

Für Rentner würde diese Stufe bedeuten, dass ihre gesetzliche Krankenkasse künftig einen altersabhängigen Beitrag erheben würde. Dies würde über die solidarische Besteuerung der Rente finanziert (siehe den Abschnitt: Solidarische Rente).

Neunte Stufe: Nicht bedingungsloses Grundeinkommen für alle Erwachsenen

In einem neunten Schritt würden nunmehr alle erwachsenen Personen bis 64 Jahre Anspruch auf ein Grundeinkommen von 860 Euro monatlich erhalten. Das Grundeinkommen würde zunächst nur gegen den Nachweis der Erwerbsbemühungen geleistet. Personen, die nicht erwerbstätig sein wollen (z.B. Vermögende), erhielten noch kein Grundeinkommen. Sie könnten sich ein Negativattest ausstellen lassen, dass sie kein Grundeinkommen beziehen, und ihnen bliebe der Freibetrag im Einkommensteuerrecht erhalten. Das bloße Vorhandensein von Vermögen würde jedoch (bei ausgeübter Erwerbstätigkeit) das Grundeinkommen nicht ausschließen. Bei längerfristig arbeitslosen Personen würde nunmehr ebenfalls keine Anrechnung des Vermögens auf den

Grundeinkommensanspruch mehr stattfinden, da diese Personen, wenn sie sich dem Arbeitsmarkt zur Verfügung stellen, ihrer Erwerbsobliegenheit ausreichend nachkommen.

Die Umsetzung dieser Stufe würde bedeuten, dass das Auszahlvolumen der Grundeinkommenskassen um Beträge von bis zu 400 Milliarden Euro jährlich ansteigen würde, je nachdem, ob fast alle erwachsenen Personen das Grundeinkommen in Anspruch nehmen oder ob eine erhebliche Zahl von Erwachsenen weiterhin den Steuerfreibetrag in Anspruch nehmen würde.

Die Gegenfinanzierung dieser Stufe erfolgt weitgehend aufkommensneutral, indem die Grundfreibeträge im Einkommensteuerrecht für alle Grundeinkommensbezieher gestrichen werden. Für eine Person mit einem Einkommen oberhalb des Grundfreibetrages von 17.200 Euro stellt dies eine Steuererhöhung um 9.000 Euro dar. Dies ist exakt der gleiche Betrag, den das Grundeinkommen für diese Person kostet.

Bei Personen mit einem Einkommen von unter 17.200 Euro würden die Mehrkosten darin bestehen, dass sie nicht mehr nur einen Aufstockungsbetrag erhielten (siehe siebte Stufe), sondern die vollen 860 Euro pro Monat. Dafür würde aber auch ihr Einkommen mit 60 % ohne Grundfreibetrag besteuert, sodass auch insoweit weitgehend Aufkommensneutralität erzielt würde.

Weiterhin würde nunmehr die Regelung gelten, dass Personen mit selbst genutztem Wohneigentum, die ein Grundeinkommen erhalten, fiktive Mieteinnahmen bei der Steuererklärung angeben müssten.

Das Aufkommen aus der Lohn- und Einkommensteuer würde nunmehr von 495 Milliarden Euro jährlich um rund 345 Milliarden Euro auf nunmehr 840 Milliarden Euro jährlich ansteigen. Zudem sollte nunmehr die Abgeltungssteuer abgeschafft werden, wodurch weitere 25 Milliarden Euro jährlich eingenommen werden können. Schließlich entfielen auch die Ausgaben des Staates für das BAföG (Einsparung: 3 Milliarden Euro jährlich).

Damit ist die Gegenfinanzierung auch dieser Stufe gesichert.

Die Lohnabrechnung des fiktiven Steuerpflichtigen würde nunmehr wie folgt aussehen:

Bruttolohn:	3.491,25 Euro
Rentenversicherung:	- 558,00 Euro
Lohnsteuer (60 % Flat Tax):	- 1.759,95 Euro
Nettoeinkommen:	1.173,30 Euro
zzgl. BGE Erwachsener:	860,00 Euro
zzgl. BGE Kind:	450,00 Euro
verfügbares Einkommen:	2.483,30 Euro

Da diese fiktive Person ein Einkommen oberhalb des bisherigen Grundfreibetrages von 15.000 Euro (jährlich) bezieht, ist für sie die Einführung des Grundeinkommens nicht mit einer Änderung des verfügbaren Einkommens verbunden.

Zehnte Stufe: Schrittweise Abschaffung des Nachweises der Erwerbsbemühungen

In einem zehnten Schritt würde das Abfordern des Nachweises der Erwerbsbemühungen schrittweise auslaufen, je nach der Beschäftigungssituation auf dem Arbeitsmarkt und dem Umfang der freiwilligen Arbeitslosigkeit. Sollten keine negativen Auswirkungen auftreten, würde das Grundeinkommen am Ende des mehrjährigen Prozesses bedingungslos an alle geleistet.

Sollten negative Auswirkungen am Arbeitsmarkt auftreten, könnte jederzeit wieder die Obliegenheit, sich dem Arbeitsmarkt zur Verfügung zu stellen, um die Zahlung zu erhalten, eingeführt werden. Personen, die sich nicht ausreichend dem Arbeitsmarkt zur Verfügung stellen, müssten dann mit einer Kürzung oder einer Streichung des Grundeinkommens rechnen. Im Gegenzug erhielten sie dann aber wieder den Freibetrag im Steuerrecht. Anzustrebendes Ziel wäre jedoch natürlich, das Grundeinkommen letztlich dauerhaft bedingungslos zu leisten.

Das bedingungslose Grundeinkommen würde künftig regelmäßig an die sich ändernden Lebenshaltungskosten angepasst. Je nach Finanzierungssituation würde die Flat Tax bei Bedarf angehoben oder abgesenkt, um den Staatshaushalt ausgeglichen zu halten.

Nach der vollständigen Umsetzung dieser Stufe wäre mit Mehraufwendungen für diejenigen Personen zu rechnen, die nicht dem Arbeitsmarkt zur Verfügung stehen wollen, nun aber gleichwohl ein bedingungsloses Grundeinkommen beziehen. Dabei handelt es sich jedoch zum großen Teil um Vermögende oder Ehepartner eines Verdienenden, die sich bisher auf die Hausfrauen- bzw. Hausmannsrolle beschränkt haben. Für diese Personen galt bereits bisher, dass für sie ein Freibetrag im Einkommensteuerrecht geltend gemacht werden konnte. Mit Zahlung eines Grundeinkommens an diese Personen würde der Freibetrag entfallen. Die Hereinnahme dieser Person in das bedingungslose Grundeinkommen führt somit nicht zu wesentlichen Mehrausgaben.

Im Übrigen wäre nun in gewissem Umfang damit zu rechnen, dass manche Personen ihre Erwerbstätigkeit aufgeben, um ausschließlich vom bedingungslosen Grundeinkommen zu leben. Für diese Personen könnten jedoch bisher Arbeitslose die Arbeitsstellen nachbesetzen. Im Extremfall könnte dies bedeuten, dass bisher 3 Millionen unfreiwillig Arbeitslose nunmehr Arbeitsplätze besetzen können und stattdessen 3 Millionen Personen freiwillig aus dem Erwerbsleben ausscheiden. Diese 3 Millionen freiwillig Arbeitslosen könnten aus den Geldern finanziert werden, die bisher an die 3 Millionen unfreiwillig Arbeitslosen gezahlt werden mussten. Mehrkosten entstehen dadurch nicht. Es wäre mit einer höheren Lebenszufriedenheit und höherer Arbeitsproduktivität bei gleichen Kosten zu rechnen.

Damit wäre auch diese Stufe letztlich aufkommensneutral finanzierbar.

Übersicht über die finanziellen Auswirkungen der einzelnen Stufen

Die (als grobe Schätzung) prognostizierten finanziellen Auswirkungen der einzelnen Reformstufen lassen sich in einer Übersicht wie folgt zusammenfassen:

Stufe 1:
    Keine finanziellen Auswirkungen

Stufe 2:

Mindereinnahmen Einkommensteuer	- 15 Mrd. Euro
Mehreinnahmen Umsatzsteuer	15 Mrd. Euro
Saldo	0 Mrd. Euro

Stufe 3:
    Keine finanziellen Auswirkungen

Stufe 4:
    Keine finanziellen Auswirkungen

Stufe 5:

Ausgaben Grundeinkommen Kinder	- 73 Mrd. Euro
Mehreinnahmen Einkommensteuer	75 Mrd. Euro
verbleibender Saldo	2 Mrd. Euro

Stufe 6:

Ausgaben Grundeinkommen Eltern	- 6,5 Mrd. Euro
Einsparung Wegfall Elterngeld	6,5 Mrd. Euro
verbleibender Saldo	2 Mrd. Euro

Stufe 7:

Ausgaben Grundeinkommen Arbeitslose	- 60 Mrd. Euro
Einsparung Wegfall ALG II	30 Mrd. Euro
Mehreinnahmen Einkommensteuer	30 Mrd. Euro
verbleibender Saldo	2 Mrd. Euro

Stufe 8:

Ausgaben Gesundheitsbeiträge	- 147 Mrd. Euro
Mehreinnahmen Einkommensteuer	150 Mrd. Euro
Einsparung Wegfall Bundeszuschuss GKV	14 Mrd. Euro
Einsparung Wegfall Beihilfe	12 Mrd. Euro

| verbleibender Saldo | 31 Mrd. Euro |

Stufe 9:

Ausgaben Grundeinkommen Erwachsene	- 400 Mrd. Euro
Mehreinnahmen Einkommensteuer	345 Mrd. Euro
Abschaffung Abgeltungssteuer	25 Mrd. Euro
Einsparung Wegfall BAföG	3 Mrd. Euro
verbleibender Saldo	4 Mrd. Euro

Stufe 10:

Keine finanziellen Auswirkungen

Insgesamt sieht die Übersicht über die kumulierten finanziellen Auswirkungen aller Reformstufen so aus:

Summe Ausgaben Grundeinkommen	- 686,5 Mrd. Euro
Mehreinnahmen Einkommensteuer	+585,0 Mrd. Euro
Abschaffung Abgeltungssteuer	+25,0 Mrd. Euro
Mehreinnahmen Umsatzsteuer	+15 Mrd. Euro
Wegfall Elterngeld	+6,5 Mrd. Euro
Wegfall ALG II	+30,0 Mrd. Euro
Wegfall BAföG	+3,0 Mrd. Euro
Wegfall Bundeszuschuss GKV	+14,0 Mrd. Euro
Wegfall Beihilfe	+12,0 Mrd. Euro
Finanzierungsüberschuss	4,0 Mrd. Euro

Es ist bei diesem Szenario ein leichter Finanzierungsüberschuss von 4 Milliarden Euro jährlich entstanden. Das Szenario zeigt, dass das Grundeinkommen sowohl in der Einführungsphase als auch nach der Volleinführung permanent solide gegenfinanzierbar ist. Da das Szenario mit einem Umsatzsteuertarif von 20 Prozent berechnet wurde und zudem nicht alle gegebenen Steuererhöhungsmöglichkeiten ausgeschöpft wurden, kann davon ausgegangen werden, dass das Grundeinkommen auch bei schlechteren ökonomischen Rahmenbedingungen finanzierbar wäre.

Zusammenfassung

Die zehn vorgeschlagenen Reformschritte bewirken, dass man sich, vom gegenwärtigen Rechtszustand ausgehend, schrittweise immer mehr auf das bedingungslose Grundeinkommen zubewegt. Dabei ist die erste finanzwirksame Maßnahme zunächst nur die Erhöhung der Freibeträge im Einkommensteuerrecht und die Etablierung eines 3-Stufen-Tarifs (zweite Stufe). Über die Richtigkeit einer solchen Maßnahme dürfte sicherlich auch mit den Gegnern eines bedingungslosen Grundeinkommens Konsens zu erzielen sein. Sie führt zu einer Entlastung der Steuerpflichtigen um 15 Milliarden Euro in der Einkommensteuer. Mit einer Veränderung der Erwerbsbereitschaft ist dabei nicht zu rechnen; dazu sind die Entlastungen zu gering.

Die nächste finanzwirksame Stufe ist die Einführung eines Grundeinkommens für Kinder (fünfte Stufe). Für Haushalte mit hohem steuerpflichtigem Einkommen ist dies mit keiner wesentlichen Veränderung verbunden, weil im Gegenzug zur Einführung des Grundeinkommens der Kinderfreibetrag gestrichen wird. Für bedürftige Familien ist die Änderung ebenfalls gering, weil im Gegenzug kinderbezogene Leistungen im ALG II entfallen. Eine wesentliche Verbesserung bringt diese Stufe für kinderreiche Mittelschichtfamilien. Über die notwendige Entlastung dieser Bevölkerungsgruppe dürfte Konsens bestehen.

Mit der sechsten Stufe wird mehr Gerechtigkeit beim Elterngeld geschaffen. Mit der siebten Stufe wird das ALG I und das ALG II durch ein Grundeinkommen ersetzt, das sich an der Haushaltsgröße orientiert. Dadurch, dass das anzurechnende Einkommen künftig zu 60 % angerechnet würde, würde ein stärkerer Anreiz zur Aufnahme einer Erwerbsarbeit gesetzt.

Mit der achten Stufe erfolgt die Umstellung auf ein steuerfinanziertes Gesundheitswesen. Diese Stufe ist mit einer erheblichen Umverteilungswirkung verbunden. Untere Einkommensbezieher werden entlastet, obere Einkommensbezieher werden belastet. Dadurch erfolgt eine Umverteilung von oben nach unten.

Es wird jedoch keine Bevölkerungsgruppe so belastet, dass bei ihr der Erwerbsanreiz verloren geht.

Damit ist die Einführung eines Grundeinkommens durch mehrere sinnvolle Maßnahmen vorbereitet worden. Die Einführung eines (noch) nicht bedingungslosen Grundeinkommens (neunte Stufe) ist dann im Prinzip lediglich eine technische Umstellung (Grundeinkommen statt Steuerfreibetrag), ohne dass damit eine Umverteilungswirkung verbunden ist. Es wird lediglich der bisherige Steuerfreibetrag von 17.200 Euro durch eine Direktzahlung von 10.320 Euro jährlich ausgetauscht. Die Einführung dieser Stufe erscheint als unproblematisch und hat absolut keine Auswirkungen auf die Arbeitsbereitschaft, da Personen, die nicht am Erwerbsleben teilnehmen wollen, ja auf den Steuerfreibetrag verwiesen werden und (noch) kein Grundeinkommen erhalten.

So ist es erst die zehnte und letzte Stufe, die aus dem nicht bedingungslosen Grundeinkommen ein bedingungsloses Grundeinkommen macht. Hier geht es lediglich darum, welche Anstrengungen hinsichtlich der Erwerbsbereitschaft die Grundeinkommensbehörde abfordert bzw. welche Nachweise sie verlangt, um das Grundeinkommen zu gewähren. Diese Umstellung auf eine vollständige Bedingungslosigkeit des Grundeinkommens kann in einem längeren, mehrjährigen Prozess erfolgen, bei dem die Auswirkungen auf den Arbeitsmarkt laufend beobachtet werden können. Der Prozess kann jederzeit gestoppt oder gar umgekehrt werden, wenn negative Auswirkungen sichtbar werden.

Vor einer schrittweisen Einführung eines bedingungslosen Grundeinkommens, wie hier beschrieben, braucht sich somit niemand zu fürchten. Die ersten Schritte erscheinen völlig unproblematisch und die Frage, ob das Grundeinkommen wirklich bedingungslos sein soll, wird bis nach ganz zuletzt aufgeschoben.

Die schrittweise Einführung eines bedingungslosen Grundeinkommens ist also möglich, schafft mehr Gerechtigkeit, ist finanzierbar und hat keine negativen Auswirkungen auf Wirtschaft und Staatsfinanzen.

Rechenbeispiele

Bei den zehn Stufen, die im vorigen Abschnitt beschrieben wurden, hatte sich für die fiktive Lohnabrechnung bei vier Stufen (zweite, fünfte, siebte und achte Stufe) jeweils eine Änderung des individuell verfügbaren Einkommens ergeben. Der gesamte Reformprozess hatte für diese fiktive Person im Ergebnis eine Erhöhung des verfügbaren Einkommens um 291,22 Euro monatlich bewirkt. Dieses Ergebnis kann natürlich nicht verallgemeinert werden; je nach den individuellen Verhältnissen einer Person würde die Änderung des verfügbaren Einkommens anders ausfallen.

Es stellt sich nun natürlich für jeden Leser die Frage, wie sich die Einführung eines solchen bedingungslosen Grundeinkommens auf die eigene Lohnabrechnung auswirken würde. Wer würde profitieren, wer hätte künftig weniger netto? Dies soll nun anhand einiger Beispiele dargestellt werden.

Entwickelt wurde hier folgender Vorschlag:

- Einführung eines Grundeinkommens mit 860 Euro monatlich für Erwachsene und 450 Euro für Kinder;
- Tragung der Kosten für die gesetzliche Kranken- und Pflegeversicherung durch die öffentliche Hand;
- Umstellung der Rentenversicherungsbeiträge auf die Arbeitnehmer;
- Wegfall der Arbeitnehmeranteile zur Arbeitslosenversicherung;

- gesetzliche Erhöhung der Bruttolöhne um die wegfallenden Arbeitgeberbeiträge zur Sozialversicherung (KV, PV und RV);
- Einführung einer Flat Tax von 60 % auf das zu versteuernde Einkommen (Bruttoeinkommen abzüglich der Werbungskosten und der Aufwendungen für die Altersvorsorge).

Es soll nun beispielhaft dargestellt werden, wie sich dadurch die Brutto-Netto-Einkünfte bei verschiedenen ausgewählten Bevölkerungsgruppen ändern würden. Jeder Leser kann selbst entscheiden, welches der folgenden Beispiele seiner persönlichen Lebenssituation am ähnlichsten ist.

Die Auswirkungen auf das eigene verfügbare Einkommen können aber auch ganz exakt berechnet werden. Mittels folgender vier Rechenschritte kann jeder Leser, sofern er ein sozialversicherungspflichtig Beschäftigter ist, anhand der letzten Lohnabrechnung selbst leicht errechnen, ob er persönlich von der Einführung eines Grundeinkommens nach dem hier vorgestellten Modell profitieren würde:

1. Schritt: Errechnen des neuen Bruttolohns
Der neue Bruttomonatslohn wird berechnet, indem zum jetzigen Bruttolohn die Arbeitgeberanteile für die Kranken-, Pflege- und Rentenversicherung hinzugerechnet werden. Sind die genauen Arbeitgeberanteile nicht bekannt, so kann stattdessen bei normalen Einkommensverhältnissen mit einer Erhöhung des Bruttolohns um 16,375 % gerechnet werden.

2. Schritt: Errechnen der neuen Lohnsteuerschuld
Vom neuen Bruttolohn werden zunächst die Rentenversicherungsbeiträge (bisheriger Arbeitgeber- und Arbeitnehmeranteil zusammen) abgezogen, die der Arbeitnehmer künftig allein trägt (dies sollte gerundet 16,0 % des neuen Bruttolohns betragen). Des Weiteren werden die individuellen Werbungskos-

ten (oder eine Pauschale von 100 Euro) abgezogen. Das Ergebnis ist das neue lohnsteuerpflichtige Einkommen. Es wird mit 60 % multipliziert, dies ergibt die künftige Lohnsteuerschuld für den betreffenden Monat.

3. Schritt: Errechnen des neuen Nettolohns
Der neue Nettolohn wird errechnet, indem vom neuen Bruttolohn (1. Schritt) die Rentenversicherungsbeiträge (Arbeitgeber- und Arbeitnehmeranteil) sowie die neue Steuerschuld (2. Schritt) abgezogen werden. Kirchensteuerpflichtige Arbeitnehmer müssen zudem noch die Kirchensteuer abziehen.

4. Schritt: Errechnen des neuen verfügbaren Einkommens
Das neue verfügbare Einkommen wird errechnet, indem zum neuen Nettolohn (3. Schritt) das persönliche Grundeinkommen von 860 Euro (und ggf. weitere Grundeinkommenszahlungen für den Partner und die Kinder) hinzugerechnet wird.

Beispiel 1: Aushilfskraft (alleinstehend, ohne Kind)

Als erstes Beispiel soll das Nettoeinkommen einer alleinstehenden Aushilfskraft ohne Kind mit einem monatlichen Bruttoeinkommen von nur 1.300,00 Euro dargestellt werden. Die Person möge Mietkosten von 289 Euro und Heizkosten von 53 Euro haben. (Die Kirchensteuer soll in den folgenden Beispielen immer unberücksichtigt bleiben.)

Nettoverdienst nach Rechtslage 2018:

Bruttolohn:	1.300,00 Euro
Rentenversicherung:	- 120,90 Euro
Arbeitslosenversicherung:	- 19,50 Euro
Krankenversicherung:	- 109,20 Euro
Pflegeversicherung:	- 19,83 Euro
Lohnsteuer (Steuerklasse 1):	- 36,66 Euro
<u>ALG II:</u>	<u>203,42 Euro</u>
Verfügbares Einkommen:	1.197,33 Euro

Nettoverdienst nach Einführung eines Grundeinkommens:

Bruttolohn:	1.512,88 Euro
Rentenversicherung:	- 241,80 Euro
Lohnsteuer (60 % Flat Tax):	- 702,65 Euro
<u>BGE:</u>	<u>860,00 Euro</u>
Verfügbares Einkommen:	1.428,43 Euro

Durch die Einführung des Grundeinkommens würde sich das verfügbare Einkommen nur leicht um 231,10 Euro erhöhen, was zeigt, dass das Grundeinkommen nicht zu einer solch massiven Begünstigung unterer Einkommensgruppen führt, dass bei ihnen jeglicher Arbeitsanreiz verloren ginge.

Beispiel 2: Geringverdiener (alleinerziehend, mit einem Kind)

Als zweites Beispiel soll das Einkommen einer Person (alleinerziehend, ein Kind) aus einer unteren Gehaltsklasse (z.B. 30-jährige Erzieherin) mit einem Bruttogehalt von 2.500 Euro monatlich dargestellt werden.

Nettoverdienst nach Rechtslage 2018:

Bruttolohn:	2.500,00 Euro
Rentenversicherung:	- 232,50 Euro
Arbeitslosenversicherung:	- 37,50 Euro
Krankenversicherung:	- 210,00 Euro
Pflegeversicherung:	- 31,88 Euro
Lohnsteuer (Steuerklasse 2):	- 256,58 Euro
Kindergeld:	194,00 Euro
Verfügbares Einkommen:	1.925,54 Euro

Nettoverdienst nach Einführung eines Grundeinkommens:

Bruttolohn:	2.909,38 Euro
Rentenversicherung:	- 465,00 Euro
Lohnsteuer (60 % Flat Tax):	- 1.406,63 Euro
BGE Erwachsener:	860,00 Euro
BGE Kind:	450,00 Euro
Verfügbares Einkommen:	2.347,75 Euro

Das verfügbare Einkommen würde sich bei diesem Beispiel um 422,21 Euro erhöhen. Gegenüber dem ersten Beispiel fällt die Erhöhung deutlicher aus, was an der besseren finanziellen Förderung von Familien bzw. Personen mit Kindern liegt.

Beispiel 3: Alleinverdienerehe mit zwei Kindern (mittleres Gehalt)

Als drittes Beispiel soll nun das Einkommen eines Ehepaares mit einem alleinverdienenden Ehemann (40 Jahre) mit einem Bruttoeinkommen von 4.000,00 Euro und zwei Kindern dargestellt werden:

Nettoverdienst nach Rechtslage 2018:

Bruttolohn:	4.000,00 Euro
Rentenversicherung:	- 372,00 Euro
Arbeitslosenversicherung:	- 60,00 Euro
Krankenversicherung:	- 336,00 Euro
Pflegeversicherung:	- 51,00 Euro
Lohnsteuer (Steuerklasse 3):	- 394,50 Euro
Kindergeld Kind 1:	194,00 Euro
Kindergeld Kind 2:	194,00 Euro
Verfügbares Einkommen:	3.174,50 Euro

Nettoverdienst nach Einführung eines Grundeinkommens:

Bruttolohn:	4.655,00 Euro
Rentenversicherung:	- 744,00 Euro
Lohnsteuer (60 % Flat Tax):	- 2.286,60 Euro
BGE Ehemann:	860,00 Euro
BGE Ehefrau:	860,00 Euro
BGE Kind 1:	450,00 Euro
BGE Kind 2:	450,00 Euro
Verfügbares Einkommen:	4.244,40 Euro

Bei dieser Familie würde sich das verfügbare Einkommen deutlich um 1.069,90 Euro erhöhen. Das Rechenbeispiel zeigt, dass das jetzige Steuer- und Sozialsystem Familien aus der Mittelschicht immer noch stark benachteiligt.

Beispiel 4: Hinzuverdienerehe mit einem Kind

Als nächstes Beispiel soll das verfügbare Einkommen einer Familie mit einem Kind dargestellt werden. Der Ehemann (45 Jahre) möge in Vollzeit tätig sein (Bruttoeinkommen 4.000 Euro), die Ehefrau (40 Jahre) in Teilzeit (Bruttoeinkommen 2.000 Euro):

Nettoverdienst nach Rechtslage 2018:

Bruttolohn Ehemann:	4.000,00 Euro
Rentenversicherung (Mann):	- 372,00 Euro
Arbeitslosenversicherung (Mann):	- 60,00 Euro
Krankenversicherung (Mann):	- 336,00 Euro
Pflegeversicherung (Mann):	- 51,00 Euro
Lohnsteuer Mann (Steuerklasse 3):	- 407,47 Euro
Bruttolohn Ehefrau:	2.000,00 Euro
Rentenversicherung (Frau):	- 186,00 Euro
Arbeitslosenversicherung (Frau):	- 30,00 Euro
Krankenversicherung (Frau):	- 168,00 Euro
Pflegeversicherung (Frau):	- 25,50 Euro
Lohnsteuer Frau (Steuerklasse 5):	- 417,50 Euro
Solidaritätszuschlag (Frau):	- 22,96 Euro
Kindergeld:	194,00 Euro
Verfügbares Einkommen:	4.117,57 Euro

Nettoverdienst nach Einführung eines Grundeinkommens:

Bruttolohn Ehemann:	4.655,00 Euro
Rentenversicherung (Mann):	- 744,00 Euro
Lohnsteuer Mann (60 % Flat Tax):	- 2.286,60 Euro
Bruttolohn Ehefrau:	2.327,50 Euro
Rentenversicherung (Frau):	- 372,00 Euro
Lohnsteuer Frau (60 % Flat Tax):	- 1.113,30 Euro
BGE Ehemann:	860,00 Euro
BGE Ehefrau:	860,00 Euro
BGE Kind:	450,00 Euro
Verfügbares Einkommen:	4.636,60 Euro

Das verfügbare Familieneinkommen würde sich in dieser Konstellation um 519,03 Euro monatlich erhöhen. Die Erhöhung ist deutlich geringer als im zuvor dargestellten Beispiel, weil diese Familie nur ein Kind hat und über ein erheblich höheres Erwerbseinkommen verfügt.

Beispiel 5: Gut verdienender Single ohne Kinder

Als weiteres Beispiel soll das Einkommen eines gut verdienenden Singles (35 Jahre) mit einem monatlichen Bruttoeinkommen von 6.000,00 Euro dargestellt werden. (Im Interesse der Vergleichbarkeit wird dabei angenommen, dass diese Person derzeit gesetzlich krankenversichert ist.)

Nettoverdienst nach Rechtslage 2018:

Bruttolohn:	6.000,00 Euro
Rentenversicherung:	- 558,00 Euro
Arbeitslosenversicherung:	- 90,00 Euro
Krankenversicherung:	- 371,70 Euro
Pflegeversicherung:	- 67,48 Euro
Lohnsteuer (Steuerklasse 1):	- 1.417,58 Euro
Solidaritätszuschlag:	- 77,96 Euro
Verfügbares Einkommen:	3.417,28 Euro

Nettoverdienst nach Einführung eines Grundeinkommens:

Bruttolohn:	7.006,18 Euro
Rentenversicherung:	- 1.116,00 Euro
Lohnsteuer (60 % Flat Tax):	- 3.474,11 Euro
BGE:	860,00 Euro
Verfügbares Einkommen:	3.276,07 Euro

Das verfügbare Einkommen würde sich bei dieser relativ gut verdienenden Person ohne Unterhaltsverpflichtungen um 141,21 Euro verringern.

Beispiel 6: Kinderloses Ehepaar mit einem Topverdiener

Als letztes Beispiel soll das Einkommen eines kinderlosen Ehepaares dargestellt werden, bei dem der 60-jährige Ehemann ein Topverdiener mit einem Monatsgehalt von 50.000 Euro (Jahresgehalt 600.000 Euro) ist. (Es wird wieder angenommen, dass das Ehepaar gesetzlich krankenversichert ist.)

Nettoverdienst nach Rechtslage 2018:

Bruttolohn:	50.000,00 Euro
Rentenversicherung:	- 604,50 Euro
Arbeitslosenversicherung:	- 97,50 Euro
Krankenversicherung:	- 371,70 Euro
Pflegeversicherung:	- 67,48 Euro
Lohnsteuer (Steuerklasse 3):	- 19.334,00 Euro
Solidaritätszuschlag:	- 1.063,37 Euro
Verfügbares Einkommen:	28.461,45 Euro

Nettoverdienst nach Einführung eines Grundeinkommens:

Bruttolohn:	51.073,68 Euro
Rentenversicherung:	- 1.209,00 Euro
Lohnsteuer (60 % Flat Tax):	- 29.858,81 Euro
BGE Ehemann:	860,00 Euro
BGE Ehefrau:	860,00 Euro
Verfügbares Einkommen:	21.725,87 Euro

Das verfügbare Einkommen würde sich bei diesem Ehepaar deutlich um 6.735,58 Euro verringern.

Fazit

Die Beispiele zeigen, dass vor allem Geringverdiener (leicht) und durchschnittlich verdienende Familien mit mehreren Kindern (stark) von der Einführung eines Grundeinkommens profitieren würden. Dagegen würden Bezieher von höheren Einkünften, vor allem, wenn sie Single oder kinderlos sind, durch die Umstellung auf ein Grundeinkommen belastet werden. Die Umstellung führt damit zu einer sozial gerechten Umverteilung der verfügbaren Einkommen weg von den Topverdienern und hin zu den Unterstützungsbedürftigen, also im Wesentlichen den Familien mit mehreren Kindern.

Die Beispiele wurden mit einer Flat Tax in Höhe von 60 % berechnet. Bei guter Konjunktur und der Erschließung anderer Steuerquellen (Vermögensteuer, Erbschaftsteuer) könnte die Flat Tax möglicherweise geringer angesetzt werden (z.B. auf 55 %), dann ergäbe sich natürlich in den Rechenbeispielen eine höhere Entlastung bzw. geringere Belastung nach dem neuen Modell.

Gesellschaftliche Auswirkungen

Finanzielle Auswirkungen

Die Einführung eines bedingungslosen Grundeinkommens ist in erster Linie eine Reform zur Herstellung von mehr Gerechtigkeit im Sozial- und Steuerrecht. Künftig würde nach den beiden Devisen verfahren: »Jeder erhält sein Existenzminimum gewährt.« und »Jedes Einkommen wird gleich besteuert.« Dass die Anwendung dieser einfachen Gerechtigkeitsgrundsätze zu einer massiven Besserstellung von kinderreichen Familien im Vergleich zu jetzt führen würde, zeigt, dass diese Familien derzeit ungerecht benachteiligt werden.

Im Übrigen sind die finanziellen Auswirkungen überschaubar. Niemand wird über Gebühr belastet. Einbußen haben nur die Bevölkerungsgruppen, die derzeit über besonders hohen Wohlstand verfügen. Es würde künftig mehr von oben nach unten verteilt, und da es sich nur um einen geänderten Umverteilungsmechanismus handelt, bliebe die volkswirtschaftliche Gesamtkaufkraft gleich.

Ein wesentlicher Vorteil des Grundeinkommens ist, für alle Personen ein verlässliches Basiseinkommen zu schaffen, das sie durchs Leben begleitet. Jeder könnte sich darauf verlassen, jederzeit sein Existenzminimum gesichert zu haben. Dies ist insbesondere in Übergangsphasen im Leben (z.B. beim Berufseinstieg oder im Fall einer Existenzgründung) von unschätzbarem Wert. Das volkswirtschaftlich schädliche Angstsparen würde sich verringern. Durch die Umverteilung von oben nach unten würde der private Konsum stabilisiert und die Massenkaufkraft gestärkt.

Familien mit mehreren Kindern hätten generell ein höheres Einkommen und könnten sich z.B. eher für den Erwerb eines Eigenheims entscheiden, da sie durch das höhere und stabilere Einkommen kreditwürdiger wären und zuverlässig die Raten für den Hauserwerb abzahlen könnten, sogar im Fall vorübergehender Arbeitslosigkeit.

Auswirkungen auf die Erwerbsbereitschaft

Die Auswirkungen auf die Erwerbsneigung dürften relativ gering sein. Koppelt man die Auszahlung des Grundeinkommens an die Erwerbsbereitschaft, ergeben sich ohnehin keine Änderungen zur jetzigen Lage. Aber auch, wenn man das Grundeinkommen wirklich bedingungslos zahlt, dürfte die Erwerbsbereitschaft nicht merklich nachlassen. Bekanntermaßen ist Arbeitslosigkeit eine wesentliche Ursache für persönliche Unzufriedenheit und Krankheit – und dies nicht nur wegen der finanziellen Einbußen. Auch nach Einführung eines bedingungslosen Grundeinkommens dürfte die weit überwiegende Zahl der Erwerbstätigen ihren Arbeitsplatz behalten.

Womit relativ sicher gerechnet werden könnte, wäre die Prognose, dass sich eine erhebliche Zahl von Erwerbstätigen künftig auf eine Teilzeitstelle beschränken würde. Denn das Grundeinkommen deckt das Einkommen ab, welches sonst mit einem Teil des Arbeitstages verdient werden muss. Volkswirtschaftlich wäre ein solcher Trend zur Teilzeitbeschäftigung zu begrüßen. Zum einen könnte damit die Arbeitslosigkeit verringert werden, zum anderen stiege die durchschnittliche Arbeitsproduktivität: Denn die siebte und achte Arbeitsstunde eines Acht-Stunden-Arbeitstages sind ohnehin die unproduktivsten, gerade bei Bürojobs, die Konzentration und Kreativität erfordern. Die Arbeitgeber zahlen derzeit für diese Arbeitsstunden Löhne, ohne eine entsprechend werthaltige Gegenleistung zu bekommen. Durch einen breiten Trend zur 30-Stunden-Woche würde daher die durchschnittliche Arbeitsproduktivität pro Stunde (und damit die erbrachte Arbeitsleistung pro gezahltem Euro Lohn) deutlich ansteigen.

Auswirkungen auf die Arbeitswelt

Deutliche Auswirkungen sind auf die Arbeitswelt im Allgemeinen zu erwarten: Die Arbeitnehmer hätten ein größeres Selbstbewusstsein, weil die finanziellen Auswirkungen einer Kündigung des Arbeitsverhältnisses deutlich geringer wären als jetzt, gerade bei berufstätigen Eltern.

Das Argument, dass Arbeitgeber das Grundeinkommen nutzen könnten, um die Löhne flächendeckend zu senken (weil ja die Familien der Arbeitnehmer nicht mehr existenziell auf die Löhne angewiesen sind), dürfte nicht durchgreifen. Dem steht nämlich nunmehr das Argument entgegen, dass die Arbeitnehmer künftig jederzeit die Freiheit und die tatsächliche Möglichkeit haben, ein zu schlechtes Lohnangebot auszuschlagen. Es wären künftig Lohnverhandlungen auf Augenhöhe möglich.

Im Übrigen wäre zu erwarten, dass sich die Arbeitnehmer künftig tendenziell weniger nach dem gezahlten Lohn, sondern eher nach der Art der Tätigkeit für eine Arbeitsstelle entscheiden würden. Sinnstiftende und erfüllende Tätigkeiten würden auch bei geringem Gehalt stark nachgefragt, bis hin zum unbezahlten ehrenamtlichen Engagement. Dagegen wären bei monotonen, schmutzigen, gefährlichen oder belastenden Tätigkeiten Arbeitnehmer nur noch bei deutlich höherem Lohn bereit, diese Tätigkeiten zu verrichten. Für Arbeitgeber würde ein Anreiz gesetzt, diese unangenehmen Tätigkeiten künftig abwechslungsreicher, erfüllender, gesünder und sauberer zu gestalten oder diese Arbeiten durch Maschinen erledigen zu lassen.

Was auf jeden Fall zu beobachten sein dürfte, wäre, dass künftig Menschen, die von einer bestimmten Vision als Erfinder, Künstler oder Wissenschaftler erfüllt sind, das Grundeinkommen nutzen werden, um sich ihren Lebenstraum zu erfüllen. Sie werden bereit sein, einige Jahre ausschließlich vom Grundeinkommen zu leben, um ihr Projekt voranzutreiben. Davon werden sicherlich viele Projekte scheitern, aber es werden auch viele neue Erfindungen gemacht, unternehmerische Ideen verwirklicht und Kunstwerke geschaffen. Es könnte eine echte neue Gründerzeitmentalität entstehen. Deutschland könnte wieder einen weltweiten Spitzenplatz als Erfinder-, Wissenschafts- und Künstlernation erlangen.

Keine »Stilllegungsprämie« für unproduktive Bevölkerungsgruppen

Gegen die Einführung eines bedingungslosen Grundeinkommens wird vorgebracht, es stelle eine »Stilllegungsprämie« für unproduktive Bevölkerungsgruppen dar (so ausdrücklich der ehemalige SPD-Generalsekretär *Hubertus Heil*[37]). Der Staat versuche dann gar nicht mehr, diese Personen in den Arbeitsmarkt zu integrieren, sondern finde sie mit Geld ab. Diese Sichtweise übersieht jedoch die gewaltigen Veränderungen, die durch die weiteren technischen Entwicklungen in der Arbeitswelt auf uns zukommen werden.

Bereits in der Vergangenheit sind immer wieder Berufe verschwunden bzw. durch die technische Entwicklung obsolet geworden. Beispiele sind z.B. der Kutscher auf der Postkutsche, der Heizer auf der Dampflok oder die Vermittlerin in der Telefonzentrale. Diese Personen mussten, ob sie es wollten oder nicht, irgendwann ihre Berufe aufgeben. Alle Versuche, die Berufsbilder zu erhalten, mussten zwangsläufig scheitern.

Bisher war es meist möglich, für die betroffenen Personen neue Betätigungsfelder zu finden. Doch dieses Zeitalter geht unweigerlich zu Ende. Nehmen wir den Heizer auf der Dampflok: Er war es gewohnt, seinen Lebensunterhalt mit schwerer körperlicher Arbeit zu verdienen. Solche Berufe werden aber nicht neu entstehen. Schwere körperliche Arbeit wird künftig praktisch ausschließlich durch Maschinen oder Roboter erledigt werden. Die Mikroelektronik und Computertechnik wird darüber hinaus viele Bürotätigkeiten zum Verschwinden bringen. Angesichts dieser absehbaren Entwicklungen ist es Illusion, wenn man den Anspruch haben möchte, auch in ferner Zukunft noch alle arbeitswilligen Personen am ersten Arbeitsmarkt unterzubringen.

Menschen künftig nur dann soziale Fürsorge zuteil werden zu lassen, wenn sie sich ständig dem Arbeitsmarkt zur Verfügung halten und darauf hoffen, vermittelt zu werden, demütigt diese Menschen nur umso mehr.

Auf lange Sicht ist es daher richtig, die Menschen auch ohne Teilhabe am Arbeitsmarkt sozial abzusichern. Es handelt sich beim bedingungslosen Grundeinkommen gerade nicht um eine »Stilllegungsprämie«, vielmehr eröffnet das Grundeinkommen den nicht erwerbstätigen Menschen die Möglichkeit, sich ohne Herabwürdigung eine sinnvolle Beschäftigung außerhalb der herkömmlichen Arbeitsformen zu suchen. Die Menschen werden nicht mit Geld abgefunden, sondern das bedingungslose Grundeinkommen gibt ihnen die Möglichkeit, unter den künftigen gesellschaftlichen Verhältnissen ihre Talente bestmöglich zu entfalten.

Stärkung des Gemeinsinns und der Steuerehrlichkeit

Das hier vorgestellte Modell wurde auf der Basis der gegenwärtigen Wirtschafts- und Finanzdaten berechnet. Es wurde weder ein »Hoffnungsfaktor« für wegfallende Verwaltungskosten noch für eine Verringerung der Schwarzarbeit oder Steuerhinterziehung unterstellt. Das Modell funktioniert auch mit dem gegenwärtig vorhandenen Ausmaß der Schattenwirtschaft.

Nichtsdestotrotz kann damit gerechnet werden, dass die Einführung eines bedingungslosen Grundeinkommens zu mehr Steuerehrlichkeit führen würde. Das Grundeinkommen führt zunächst zu einer generellen Stärkung des Gemeinsinns. Die verschiedenen

Bevölkerungsgruppen sind nicht mehr entweder nur Transfer-empfänger oder nur Einzahler, sondern die meisten sind Einzahler und Empfänger zugleich. Alle erhalten den gleichen Betrag vom Staat und alle sind verpflichtet, den gleichen Anteil ihres Einkommens an den Staat abzugeben. Die Bürger würden sich dadurch eher als gleichberechtigte Mitglieder des Gemeinwesens fühlen, als dies jetzt der Fall ist. Es würde nicht mehr zum Gegeneinander von Arm und Reich, von Kinderlosen und Familien kommen, sondern jeder kinderlose Nettozahler wüsste, dass er mit seiner Steuerzahlung ganz konkret den Unterhalt seines Nachbarn und dessen Kinder mit sicherstellt und dürfte auch den entsprechenden Respekt hierfür erwarten.

Sozialmissbrauch würde weitgehend entfallen, da fast alle Bürger Anspruch auf das gleiche Grundeinkommen erhielten. Damit würde auch das Argument etlicher Steuerzahler entfallen, dass man mit seinen Steuerzahlungen ja doch nur »die Faulen durchfüttern« würde. Gegenwärtig herrscht in Teilen der Bevölkerung immer noch die Auffassung vor, dass Steuerhinterziehung als eine Form der »Notwehr« gegenüber einem übermächtigen und gefräßigen Staat, der das Geld nur verschwendet, gerechtfertigt ist. Bei Einführung eines bedingungslosen Grundeinkommens würde der Staat seinen Bürgern jedoch einen Vertrauensvorschuss gewähren. Jeder bekäme in jedem Monat sein Grundeinkommen aufs Konto überwiesen. Für jeden wäre damit ohne Weiteres ersichtlich, dass diese Zahlungen irgendwie gegenfinanziert werden müssen und dass sich jeder nach seiner Leistungsfähigkeit hieran beteiligen muss. Damit würden die Skrupel, Steuern zu hinterziehen, künftig wachsen.

Generell würden Schwarzarbeit und Steuerhinterziehung stärker geächtet. Die Regel, dass jeder 60 % seines zu versteuernden Einkommens abzugeben hat, ist eine so einfache und klare Regel, dass Verstöße hiergegen moralisch nicht mehr zu begründen sind. Steuersünder würden nicht mehr als besonders gewitzt, sondern als antisozial angesehen. Die gesellschaftliche Akzeptanz von Verstößen gegen die Steuergesetze würde massiv abnehmen. Jeder weiß dann: »Wenn mein Nachbar Steuern hinterzieht, gefährdet er damit mein eigenes Grundeinkommen!«

Es ist somit zu erwarten, dass das neue System in der Bevölkerung einen starken Rückhalt erlangen würde. Das System würde sich durch seine monatlichen gleichen und gerechten Zahlungen an alle selbst rechtfertigen. Man würde dann gegenseitig darauf achten, dass jeder auch ehrlich seine Steuern zahlt. Politische Diskussionen am Stammtisch würden nicht mehr mit dem platten Argument geführt, dass der Staat zu viele Steuern kassiert, sondern es würde eher darum gestritten, ob ein erhöhtes Steueraufkommen besser in Form einer Senkung der Flat Tax oder in Form einer Erhöhung des Grundeinkommens wieder an die Bevölkerung zurückgegeben werden sollte.

Nachwort

Die Untersuchung hat gezeigt, dass die Einführung eines bedingungslosen Grundeinkommens grundsätzlich möglich, praktikabel und wünschenswert ist. Die Finanzierbarkeit ist ohne Probleme gegeben. Die Umsetzung des Reformvorhabens ist jedoch relativ komplex und dürfte einen Zeitraum von zehn Jahren in Anspruch nehmen. Eine Vielzahl von Folgeregelungen ist – noch über die in diesem Buch dargestellten hinaus – zu bedenken und stets ist darauf zu achten, dass während des Reformprozesses einzelne Bevölkerungsgruppen nicht zwischenzeitlich doppelte oder zu geringe Ansprüche oder Zahlungspflichten haben. Der Gerechtigkeitsgewinn aus der Einführung eines bedingungslosen Grundeinkommens ist jedoch so groß, dass der Weg unbedingt eingeschlagen werden sollte. Man muss in Deutschland jedenfalls nicht darauf warten, erst Erfahrungen in anderen Ländern zu beobachten, sondern kann selbst als erster Staat der Welt, der dieses Experiment in Angriff nimmt, vorangehen.

Das hier vorgestellte Modell der schrittweisen Einführung eines bedingungslosen Grundeinkommens (erst Erhöhung der Freibeträge, dann Grundeinkommen für Kinder, Eltern und Arbeitslose, dann Übernahme der Krankenversicherungskosten, dann Grundeinkommen mit Erwerbsobliegenheit, zuletzt bedingungsloses Grundeinkommen) hat den Vorteil, dass immer jede weitere Stufe ohne eine zu radikale Umstellung des Steuer- und Sozialsystems eingeführt werden kann. Man geht vielmehr planvoll Schritt für Schritt vor. Mit jeder neuen Stufe tritt sukzessive ein Mehr an Gerechtigkeit ein und das Ziel eines Grundeinkommens für alle rückt näher. Trotzdem kann man nach jeder Stufe den Prozess unterbrechen, um zu evaluieren, welche Auswirkungen auf die Arbeitsbereitschaft, die Konjunktur und die Staatsfinanzen eintreten. Bei schlechter Konjunktur kann man den Prozess stoppen, ebenso, wenn Fehlentwicklungen sichtbar werden, die vor Einführung einer neuen Stufe zunächst korrigiert werden sollen. Mit erfolgreicher Umsetzung jeder neuen Stufe dürfte die Zahl der Befürworter eines bedingungslosen Grundeinkommens anwachsen. Hat sich das Grundeinkommen etabliert und sind keine negativen Auswirkungen auf den Arbeitsmarkt sichtbar, so dürfte letztendlich die überwiegende Mehrheit der Bevölkerung für eine Abschaffung der Erwerbsobliegenheit eintreten, also bereit sein, den letzten Schritt zur völligen Bedingungslosigkeit des Grundeinkommens zu gehen.

Bei der Ausarbeitung des hier vorgestellten Modells wurde stark auf die reale Machbarkeit geachtet. Diese Machbarkeit ergibt sich vor allem aus der Erhaltung der in der Bundesrepublik Deutschland gewohnten Institutionen: Gesetzliche und private Krankenversicherungen blieben erhalten, ebenso die Rentenversicherungsträger. Die Einkommen- und Umsatzsteuer bliebe erhalten, wobei lediglich die Verwaltung der Einkommensteuer künftig auf den Bund überginge, was aber ohnehin sinnvoll ist. Die Arbeitsverwaltung (künftig von den Arbeitgebern finanziert) mit ihren Aufgaben der Vermittlung und Umschulung der Arbeitslosen bliebe ebenfalls erhalten. Die Auszahlung des bedingungslosen Grundeinkommens würde künftig von der Arbeitsverwaltung mit erfolgen (Verschmelzung von Familienkassen und ALG-II-Verwaltung zu Grundeinkommenskassen). Die kommunalen Sozialämter blieben in der jetzigen Form schließlich ebenfalls erhalten.

Die Einführung eines bedingungslosen Grundeinkommens wäre somit möglich, ohne zugleich das gewachsene Sozial- und Steuersystem der Bundesrepublik Deutschland zu zerschlagen. Auch wenn die Einführung eines bedingungslosen Grundeinkommens zweifellos ein gewaltiges Projekt ist, so sind bei näherer Betrachtung die nötigen organisatorischen Eingriffe in das Finanz- und

Sozialsystem relativ geringfügig. Mit dem hier vorgelegten Modell wird bei geringstem Umstellungsaufwand die größtmögliche Wirkung erzielt.

Das bedingungslose Grundeinkommen ist eine großartige Idee. Es stellt die richtige Antwort auf die kommenden Herausforderungen des 21. Jahrhunderts für den Sozialstaat dar. Das bedingungslose Grundeinkommen kann eingeführt werden, es sollte eingeführt werden und ohne Zweifel wird es auch irgendwann eingeführt werden. Je eher dieser Reformprozess in Gang gesetzt wird, desto besser kann Deutschland für die Umwälzungen der nächsten Jahrzehnte fit gemacht werden.

Weiterführende Literatur und Internetseiten (Auswahl)

Literatur

Dieter Althaus und *Hermann Binkert* (Hrsg.): Solidarisches Bürgergeld, Books on Demand GmbH, Norderstedt.

Götz W. Werner: Einkommen für alle, Kiepenheuer & Witsch, Köln.

Netzwerk Grundeinkommen (Hrsg.): Kleines ABC des bedingungslosen Grundeinkommens, AG SPAK Bücher, Holzheimer Straße 7, 89233 Neu-Ulm.

Yannick Vanderborght und *Philippe Van Parijs*: Ein Grundeinkommen für alle?, Campus, Frankfurt am Main

Internetseiten

www.aktiongrundeinkommen.de (Website des Forums Aktion Grundeinkommen).

www.basicincome.org (Website des International Basic Income Network – BIEN).

www.forum-grundeinkommen.de (Website der Initiative Bedingungsloses Grundeinkommen).

www.grundeinkommen.de (Website des Netzwerks Grundeinkommen).

www.initiative-grundeinkommen.ch (Website der Schweizer Initiative Grundeinkommen).

www.insa-online.de (Website des Instituts für neue soziale Antworten).

www.unternimm-die-zukunft.de (Website der von *Götz W. Werner*
begründeten Initiative für ein bedingungsloses Grundeinkommen).

Anmerkungen

1 Zitiert nach: Franziska Fickel und Sylvia Kreyßel-Minar: Von der Utopie zum realisierbaren Konzept, in: Althaus/Binkert (Hrsg.), Solidarisches Bürgergeld, S. 27.

2 Zur Begriffsklärung siehe ausführlich Yannick Vanderborght und Philippe Van Parijs: Ein Grundeinkommen für alle?, S. 13 bis 15.

3 Hermann Binkert und Wolfgang Stock: Das Solidarische Bürgergeld rechnet sich! in: Althaus/Binkert (Hrsg.), Solidarisches Bürgergeld, S. 204.

4 Sachverständigenrat der Bundesregierung zur Begutachtung der gesamtwirtschaftlichen Entwicklung, Jahresgutachten 2007/2008, S. 224 ff.

5 Hermann Binkert und Wolfgang Stock: Das Solidarische Bürgergeld rechnet sich! in: Althaus/Binkert (Hrsg.), Solidarisches Bürgergeld, S. 209.

6 Quelle: de.wikipedia.org (Seite: Vermögensverteilung in Deutschland).

7 Siehe z.B. Götz W. Werner, Einkommen für alle, S. 145 ff.

8 Hermann Binkert und Wolfgang Stock: Das Solidarische Bürgergeld rechnet sich! in: Althaus/Binkert (Hrsg.), Solidarisches Bürgergeld, S. 195 ff.

9 Siehe z.B. Solidarisches Bürgergeld – das weiterentwickelte Konzept, in: Althaus/Binkert (Hrsg.), Solidarisches Bürgergeld, S. 79 f.: Die Steuerbelastung sowohl der Geringverdiener als auch der Durchschnittsverdiener und der Gutverdiener soll signifikant sinken.

10 Siehe zur Kritik z.B. im Internet: de.wikipedia.org (Seite: Elterngeld [Deutschland]).

11 Siehe z.B. die Studie »Bedingungsloses Grundeinkommen« der Gesellschaft für angewandte Wirtschaftsforschung mbH (Quelle: www.unternimm-die-zukunft.de).

12 Für ein bedingungsloses Grundeinkommen sprechen sich z.B. die Piratenpartei, die Partei für soziale Gleichheit, die Deutsche Demokratische Partei und Die Violetten aus.

13 Quelle: de.wikipedia.org (Seite: Alaska Permanent Fund).

14 Quelle: de.wikipedia.org (Seite: Brasilien/Wirtschaft).

15 BVerwG, Entscheidung vom 24.06.1954 (Az.: V C 78.54) = BVerwGE 1, 159.

16 https://www.bundesfinanzministerium.de/Content/DE /Monatsberichte/2016/11/Inhalte/Kapitel-3-Analysen/3-4-existenzminimumbericht.html

17 Bei einer Bedarfsgemeinschaft mit einem minderjährigen Kind tritt an die Stelle des Betrages von 1.200 Euro ein Betrag von 1.500 Euro.

18 Alle Zahlenbeispiele wurden unter Zuhilfenahme des Internet-Tools www.brutto-netto-rechner.info berechnet.

19 Siehe: www.grundeinkommen-ulm.de

20 Milton Friedman, Freiheit und Kapitalismus, 1962.

21 Das Grundeinkommen in Brasilien soll auch erst nach einem fünfjährigen Aufenthalt im Land eingreifen.

22 Quelle: http://www.bundesfinanzministerium.de/Content/DE/Downl oads/BMF_Schreiben/Steuerarten/Einkommensteuer/2013-11-18-auslaendische-verhaeltnisse-laendergruppeneinteilung-2014.pdf?_blob=publicationFile&v=1

23 Dieser Vorschlag findet naturgemäß eher Anhänger in Ländern mit hohen Studienkosten (z.B. den USA). Ein derartiges Grundeinkommen würde somit vorrangig dazu dienen, für gerechte Berufschancen sorgen.

24 In Sachsen ist der Buß- und Bettag noch gesetzlicher Feiertag; hier zahlen die Arbeitnehmer die Pflegeversicherungsbeiträge allein.

25 Siehe § 1361 Abs. 2 BGB.

26 Siehe § 1569 BGB.

27 Siehe dazu www.olg-duesseldorf.nrw.de

²⁸ Dies entspricht der Verteilung 750 Euro zu 400 Euro.

²⁹ Siehe § 1579 Ziffer 4 BGB.

³⁰ Quelle: www.test.de/Niedrige-Verwaltungsausgaben-Gesetzliche-Rente-effektiv-4453139-0/

³¹ Die Auszahlbeträge schwanken naturgemäß stark je nach dem Umfang der Arbeitslosigkeit. Die ausgereichten Leistungen liegen derzeit in etwa bei 30 Milliarden Euro jährlich; die Verwaltungskosten liegen bei über 4 Milliarden Euro jährlich.

³² Quelle: www.bundeshaushalt-info.de

³³ Quelle: www.bpb.de/nachschlagen/datenreport-2013/gesundheit-und-soziale-sicherung/173708/das-sozialbudget

³⁴ Quelle: www.vgrdl.de/Arbeitskreis_VGR/tbls/tab.asp?tbl=tab10

³⁵ Quelle: www.destatis.de/DE/Publikationen/StatistischesJahrbuch/VGR.pdf?_blob=publicationFile

³⁶ Siehe dazu z.B. Yascha Mounk: Steuerpflicht für alle! Quelle: http://www.zeit.de/wirtschaft/2012-07/steuerpflicht

³⁷ Siehe: http://www.forum-grundeinkommen.de/grundeinkommen/konservative-stilllegungspraemie